The Book of Job

A Hebrew Reader

Timothy A. Lee Publishing

The Book of Job: A Hebrew Reader

Timothy A. Lee Publishing, Cambridge, England
www.timothyalee.com
@Timothy_A_Lee
@TimothyALeePub

First Edition 2023
ISBN: 978-1-916854-36-9

Contents

Introduction

This is a Hebrew reader for The Book of Job. It is designed as a useful cost-efficient tool for two groups of people. First, for students learning Biblical Hebrew after a year's worth of study this series provides the material to grow in reading ability from the primary texts. Second, this series is designed for pastors, rabbis, scholars, and curious lay people looking to refresh their Hebrew, or use them in preparation for their work of study, preaching, and teaching.

The book immerses the reader in the biblical texts in order to build confidence reading Biblical Hebrew as quickly as possible. The transition from translating basic sentences to reading whole passages and books is a steep learning curve that can be discouraging to students. To help bridge this gap, the reader's generous glosses enable the student with only one year's worth of vocabulary to begin reading whole passages. Specifically, all uncommon words that occur 80 times or fewer in the Bible are glossed as footnotes. This enables the reader to continue reading every passage unhindered. Therefore, the book complements traditional language grammars and is especially ideal for beginner and intermediate students learning to read Biblical Hebrew. However, even advanced readers will appreciate the glossing of the rare words, since it saves time reading the text.

How to use this reader

In order to aid the reader and simplify the reading process, this book contains a collection of useful data around and within the main body of text. Information includes:

- The glossing of uncommon words that the reader might not know or struggle to recall.
- The morphological parsing of difficult forms.
- Potentially difficult proper nouns shaded in grey.
- Qere readings are listed with vowels in the margins

This reader includes basic glosses and morphology when relevant in footnotes. These are displayed in two separate levels of footnotes. The primary level contains the glosses of all the rarer words, and if necessary their morphology. The secondary level is only for displaying complex morphology of common words that might be useful for beginner and intermediate readers.

Glossing

All uncommon words are glossed with English translation possibilities in the primary footnotes. These less frequent words are defined as those that occur 80 times or fewer in the Hebrew Bible. It is assumed that after one year's study, a student will know the common words. These 389 distinct lexemes occur 5,326 times in The Book of Job. This accounts for 63.8% of the 8,342 Hebrew words found in the book.[1] An alphabetical list of these common words may be consulted in the glossary found among the appendices of this book.

[1] According to the Westminster Leningrad Codex base text and MorphHB parsing scheme adopted by this book.

For example, in Genesis 1:1, we encounter the word בְּרֵאשִׁית[a]. The word is uncommon, occurring only 51 times in the Hebrew Bible. Therefore, it is glossed in the primary footnotes. The lexeme behind the word is in bold type **רֵאשִׁית**. After the underlying lexeme, basic English glosses are supplied followed by the frequency of the lexeme in the Hebrew Bible in parentheses. These glosses contain the main translation possibilities for the word. They are consistent throughout the reader, not context specific. This means they are suitable for memorising as the readers works through the book. It also means a reader learns not to depend too heavily upon glosses, given a word can have an unusual, or very specific meaning determined by the context.

The glosses are primarily those of BDB.[2] I have lightly updated the language and translations offered. The glosses offer the more common translations of the words, though context is key for meaning. Given these glosses are primarily for the general reader, a dictionary such as HALOT is recommended where exegetical points are under question.[3] These glosses are spelled according to British English.

The primary footnotes are alphabetical, not numerical. They restart at *a* on every new page and chapter. If a word appears multiple times in a single page, then subsequent occurrences will refer to the first gloss using the same alphabetical footnote mark. For example, בְּרֵאשִׁית[b] ... בְּרֵאשִׁית[b].

Verbs that primarily occur in stems other than Qal and do not occur in the Qal stem in the *qaṭal* or *yiqṭol* moods are listed without vowels and in square brackets. Even if a verb

[2] Frances Brown, S. R. Driver, and Charles A. Briggs. *The Brown-Driver-Briggs Hebrew and English Lexicon. With an appendix containing the Biblical Aramaic.* London: Oxford University Press, 1906.
[3] Ludwig Köhler et al., eds. *The Hebrew and Aramaic Lexicon of the Old Testament (2 Volumes).* Leiden: Brill, 2001

a **רֵאשִׁית** (f) first, beginning, chief. (51)
b **רֵאשִׁית** (f) first, beginning, chief. (51)

generally does not occur in Qal, but exists in the Qal stem in either *qaṭal* or *yiqṭol* moods, even if only once, then I retain the vowels. Hence you will find [ברך], because even though it is common in the Qal passive participle form בָּרוּךְ, it is primarily found in the Pi^{c}el stem, and never occurs in Qal *qaṭal* or *yiqṭol*.

Parsing

Difficult word forms are parsed in the footnotes. For uncommon words these are supplied alongside the gloss, for example, יִקָּווּ.[a] This indicates the form יִקָּווּ is a niph^{c}al jussive third-person masculine plural from the verb [קוה]. For common words that contain a difficult form, a secondary set of footnotes are supplied. These footnotes contain no glosses as the reader is expected to know the basic glosses. Instead only the underlying lexeme in the present tense is displayed with the relevant morphological parsing. For example, in Genesis 1:22 יֵרֶב.[1] is a jussive form, from the pe-yod verb יֵרֶב. Unlike the primary footnotes, these secondary footnotes are listed numerically. This allows the reader who is competent with morphological forms to skip over these words without distraction. These grey italicised footnotes should not be confused with verse numbers (e.g.,**1**) which are bold and sans-serif.

Uncommon Proper Nouns

To aid the reader, all uncommon proper nouns are marked in grey; for example, בְּעֵדֶן. These are the proper nouns that occur 80 times or fewer in the Hebrew Bible. Common proper nouns are left in black as it is assumed the reader is familiar with these. For example, אַבְרָהָם is not glossed.

a [קוה] to collect. (2) *ni. juss. 3mp*

[1] רָבָה *qal juss. 3ms*

Qere / Ketiv

Qere markings are in the side margins and identified with their corresponding word through the usual circle above its word.[4] The vowels are on the Qere making it easier to read. The Ketivs are left in the text without any vowels which differs to the Masoretic tradition, but is more user-friendly.[5]

Verb and noun paradigms

To help the reader recall paradigms the most common paradigms are listed among the appendices. These include verbs, nouns, and adjectives.

Masoretic accent tables

To aid the learner, I list the Masoretic accents found in this book among the appendices.[6] These accents are useful since they indicate stress and divide the verses into phrases. Learning just the main disjunctive accents can significantly aid the reader for they break up long sentences into more manageable units.[7]

[4] Or occasionally absence of a word, see Ruth 3:5.

[5] The Qere/Ketivs are the only items from the Masorah Parva that I have retained. If students wish to learn more about the other Masoretic notes found in BHS and most manuscripts, then I recommend reading Page H. Kelley, Daniel S. Mynatt, and Timothy G. Crawford. *The Masorah of Biblia Hebraica Stuttgartensia. Introduction and Annotated Glossary.* Grand Rapids, MI: Eerdmans, 1998.

[6] Specifically, these are accents from the Tiberian Masoretic tradition. For a brief history of this tradition see, Geoffrey Khan. *A Short Introduction to the Tiberian Masoretic Bible and its Reading Tradition.* Vol. 25. Gorgias Handbooks. Piscataway, NJ: Gorgias Press, 2012.

[7] To further understand how accents are used in the Hebrew Bible, students may consult Sung Jin Park. *The Fundamentals of Hebrew Accents. Divisions and Exegetical Roles beyond Syntax.* Cambridge: Cambridge University Press, 2020.

Sources

The text in this reader is the Leningrad Codex, as transcribed in the Westminster Leningrad Codex project, which is in the public domain. All poetic divisions are based on the first edition of Biblia Hebraica.[8] Determining divisions between prose and poetry can at times be difficult. For instance, I have retained Jeremiah 11.18-19 as poetry, when in later editions of Biblia Hebraica this is changed to prose.[9] Lemma and morphology parsing are from the Open Scriptures Hebrew Bible project.[10] I have occasionally changed the parsing, or underlying lexemes where I disagree with this dataset. Glosses generally follow BDB, but are lightly updated where necessary by the author.[11]

For the maps, I have consulted Hurlbut's Bible Atlas,[12] and public domain maps of ancient highway systems.[13] Place names in ancient languages and direction of travel arrows were all added after consulting the biblical texts. The map projections are equirectangular which means more details can be displayed on each page, though places such as Asia Minor appear vertically compressed.

Contact

I appreciate feedback on this reader, such as how it is being used and ways to improve it. If a reader finds an issue with

[8] Rudolf Kittel, ed. *Biblia Hebraica.* Leipzig: J. C. Hinrichs, 1906.
[9] *Biblia Hebraica Stuttgartensia.* Stuttgart: Deutsche Bibelgesellschaft, 1997.
[10] https://github.com/openscriptures/morphhb
[11] Brown, Driver, and Briggs, *The Brown-Driver-Briggs Hebrew and English Lexicon.*
[12] Jesse Lyman Hurlbut. *Bible Atlas. A Manual of Biblical Geography and History.* Rand, McNally & company: Chicago, IL, 1910.
[13] The consensus on the location of a few places has changed slightly since then. Hence, the location of Ramoth-Gilead has been updated.

this reader, such as morphological parsing problem, or wishes to suggest an improved gloss, then I would like to know so that I can fix it. For these issues and general feedback, please email: reader-suggestions@timothyalee.com.

Acknowledgments

This series has been a side project whilst completing my PhD at the University of Cambridge. Thanks go to the following people who have made all this possible. To Ben Kantor who encouraged me to publish these readers, and shared how he set up KoineGreek.com. To Andrew Keenan, who requested an individual reader before this project started. Also, to Cody Kingham, who drew my attention to the value of producing physical books as opposed to simply reading biblical texts on a computer screen. George Kiraz who has encouraged me to produce a Syriac reader which inspired me to also produce these Greek and Hebrew readers. Conversations with Nathan MacDonald, Geoffrey Kahn, Christian Locatell, Travis Wright, Robert Walker, Tyler Horton, Ben Rae, Ryan Comins, Joshua Parker, Megan Alsene-Parker, Jake Deans, Jack Day, Ellie Weiner, and Kaitlyn Hawn. Thanks to Gareth Peoples who provided the computer database infrastructure to create these books. Thanks to my parents Robert and Janet Lee who encouraged me, and Robert Harris who taught me to program a computer that ultimately led to these books. Thanks also to Lyndon Drake and Nicholas List who gave helpful formatting suggestions. Finally, thanks go to the late James (Jim) Aitken who encouraged me to get this series published before his untimely death.

Emmanuel College, Cambridge
17th October, 2023.

Timothy A. Lee

Abbreviations

1	first person
1cp	first-person common plural
1cs	first-person common singular
2	second person
2cp	second-person common plural
2fp	second-person feminine plural
2fs	second-person feminine singular
2mp	second-person masculine plural
2ms	second-person masculine singular
2p	second-person plural
3	third person
3cp	third-person common plural
3fp	third-person feminine plural
3fs	third-person feminine singular
3mp	third-person masculine plural
3ms	third-person masculine singular
3p	third-person plural
abs.	absolute
coh.	cohortative
com./c.	common (gender)
const./con.	construct
d.	dual

fem./f.	feminine
fp	feminine plural
fs	feminine singular
hi.	hiph^{c}il
hisht.	hishtaph^{c}el
hitp.	hitpa^{c}el
hitpalp.	hitp^{c}alp^{c}el
hitpol.	hitp^{c}ol^{c}el
ho.	hoph^{c}al
impf.	yiqṭol (imperfect)
impv.	imperative
inf.	infinitive
juss.	jussive
masc./m.	masculine
mp	masculine plural
ms	masculine singular
ni.	niph^{c}al
nitp.	nitpa^{c}el
nitpal.	nitp^{c}al^{c}el
pal.	pa^{c}lel
pass.	passive
pf.	qaṭal (perfect)
pi.	pi^{c}el
pil.	pil^{c}el
pilp.	pilp^{c}el
pl.	plural
pol.	pol^{c}el
polp.	polp^{c}al
ptc.	participle
pu.	pu^{c}al

pul.	pul^{c}al
sg.	singular
suf.	suffix
wqtl.	weqaṭal (sequential perfect)
wyqtl.	wayyiqṭol (waw consecutive)

אִיּוֹב

1 אִ֛ישׁ הָיָ֥ה בְאֶֽרֶץ־ע֖וּץ אִיּ֣וֹב שְׁמ֑וֹ וְהָיָ֣ה ׀ הָאִ֣ישׁ
הַה֗וּא תָּ֧ם[a] וְיָשָׁ֛ר וִירֵ֥א[b] אֱלֹהִ֖ים וְסָ֥ר[1] מֵרָֽע׃
2 וַיִּוָּ֥לְדוּ ל֛וֹ שִׁבְעָ֥ה בָנִ֖ים וְשָׁל֥וֹשׁ בָּנֽוֹת׃ 3 וַיְהִ֣י מִ֠קְנֵהוּ[c]
שִֽׁבְעַ֨ת אַלְפֵי־צֹ֜אן וּשְׁלֹ֧שֶׁת אַלְפֵ֣י גְמַלִּ֗ים[d] וַחֲמֵ֨שׁ מֵא֤וֹת
צֶֽמֶד[e]־בָּקָר֙ וַחֲמֵ֣שׁ מֵא֣וֹת אֲתוֹנ֔וֹת[f] וַעֲבֻדָּ֖ה[g] רַבָּ֣ה מְאֹ֑ד
וַיְהִי֙ הָאִ֣ישׁ הַה֔וּא גָּד֖וֹל מִכָּל־בְּנֵי־קֶֽדֶם[h]׃ 4 וְהָלְכ֤וּ בָנָיו֙
וְעָשׂ֣וּ מִשְׁתֶּ֔ה[i] בֵּ֖ית אִ֣ישׁ יוֹמ֑וֹ וְשָׁלְח֗וּ וְקָרְאוּ֙ לִשְׁלֹ֣שֶׁת
אחיתיהם לֶאֱכֹ֥ל וְלִשְׁתּ֖וֹת[2] עִמָּהֶֽם׃ 5 וַיְהִ֡י כִּ֣י הִקִּיפ֩וּ[j] יְמֵ֨י אַחְיוֹתֵיהֶם
הַמִּשְׁתֶּ֜ה[i] וַיִּשְׁלַ֧ח אִיּ֣וֹב וַֽיְקַדְּשֵׁ֗ם[3] וְהִשְׁכִּ֣ים[k] בַּבֹּקֶר֮ וְהֶעֱלָ֣ה
עֹלוֹת֮ מִסְפַּ֣ר כֻּלָּם֒ כִּ֚י אָמַ֣ר אִיּ֔וֹב אוּלַי֙[l] חָטְא֣וּ בָנַ֔י וּבֵרֲכ֥וּ
אֱלֹהִ֖ים בִּלְבָבָ֑ם כָּ֛כָה[m] יַעֲשֶׂ֥ה אִיּ֖וֹב כָּל־הַיָּמִֽים׃ פ

6 וַיְהִ֣י הַיּ֔וֹם וַיָּבֹ֙אוּ֙ בְּנֵ֣י הָאֱלֹהִ֔ים לְהִתְיַצֵּ֖ב[n] עַל־יְהוָ֑ה
וַיָּב֥וֹא גַֽם־הַשָּׂטָ֖ן[o] בְּתוֹכָֽם׃ 7 וַיֹּ֧אמֶר יְהוָ֛ה אֶל־הַשָּׂטָ֖ן[o]
מֵאַ֣יִן[p] תָּבֹ֑א וַיַּ֨עַן[4] הַשָּׂטָ֤ן[o] אֶת־יְהוָה֙ וַיֹּאמַ֔ר מִשּׁ֣וּט[q] בָּאָ֔רֶץ
וּמֵֽהִתְהַלֵּ֖ךְ בָּֽהּ׃ 8 וַיֹּ֤אמֶר יְהוָה֙ אֶל־הַשָּׂטָ֔ן[o] הֲשַׂ֤מְתָּ[5] לִבְּךָ֙
עַל־עַבְדִּ֣י אִיּ֔וֹב כִּ֛י אֵ֥ין כָּמֹ֖הוּ בָּאָ֑רֶץ אִ֣ישׁ תָּ֧ם[a] וְיָשָׁ֛ר

1

a תָּם complete. (14)
b יָרֵא afraid. (54)
c מִקְנֶה livestock, cattle. (76)
d גָּמָל camel. (54)
e צֶמֶד couple, pair. (15)
f אָתוֹן (f) she-ass. (34)
g עֲבֻדָּה (f) service. (2)
h קֶדֶם front, east. (61)
i מִשְׁתֶּה feast, drink, banquet. (46)
j [נקף] to go around, surround. (17)
k [שׁכם] to rise early. (65)
l אוּלַי perhaps. (45)
m כָּכָה thus. (37)
n [יצב] to station oneself, take stand. (48)
o שָׂטָן adversary; Satan. (27)
p אַיִן from where? (16)
q שׁוּט to go or rove about. (11)

1

[1] סוּר *qal ptc. ms abs.*
[2] שָׁתָה *qal inf. con.*
[3] קָדַשׁ *pi. wyqtl. 3ms + 3mp suf.*
[4] עָנָה *qal wyqtl. 3ms*
[5] שׂוּם *qal pf. 2ms*

יָרֵא[a] אֱלֹהִים וְסָר[1] מֵרָע׃ 9 וַיַּעַן[2] הַשָּׂטָן[b] אֶת־יְהוָה
וַיֹּאמַר הַחִנָּם[c] יָרֵא אִיּוֹב אֱלֹהִים׃ 10 הֲלֹא־אַתְּ[d] שַׂכְתָּ[e] אַתָּה
בַעֲדוֹ וּבְעַד־בֵּיתוֹ וּבְעַד כָּל־אֲשֶׁר־לוֹ מִסָּבִיב מַעֲשֵׂה
יָדָיו בֵּרַכְתָּ וּמִקְנֵהוּ[f] פָּרַץ[g] בָּאָרֶץ׃ 11 וְאוּלָם[h] שְׁלַח־נָא
יָדְךָ וְגַע בְּכָל־אֲשֶׁר־לוֹ אִם־לֹא עַל־פָּנֶיךָ יְבָרְכֶךָּ[3]׃
12 וַיֹּאמֶר יְהוָה אֶל־הַשָּׂטָן[b] הִנֵּה כָל־אֲשֶׁר־לוֹ בְּיָדֶךָ
רַק אֵלָיו אַל־תִּשְׁלַח יָדֶךָ וַיֵּצֵא הַשָּׂטָן[b] מֵעִם[i] פְּנֵי
יְהוָה׃ 13 וַיְהִי הַיּוֹם וּבָנָיו וּבְנֹתָיו אֹכְלִים וְשֹׁתִים[4] יַיִן
בְּבֵית אֲחִיהֶם הַבְּכוֹר׃ 14 וּמַלְאָךְ בָּא[5] אֶל־אִיּוֹב וַיֹּאמַר
הַבָּקָר הָיוּ חֹרְשׁוֹת[j] וְהָאֲתֹנוֹת[k] רֹעוֹת[6] עַל־יְדֵיהֶם׃
15 וַתִּפֹּל[7] שְׁבָא וַתִּקָּחֵם[8] וְאֶת־הַנְּעָרִים הִכּוּ לְפִי־חָרֶב
וָאִמָּלְטָה[9] רַק־אֲנִי לְבַדִּי לְהַגִּיד לָךְ׃ 16 עוֹד ׀ זֶה
מְדַבֵּר וְזֶה בָּא[5] וַיֹּאמַר אֵשׁ אֱלֹהִים נָפְלָה מִן־הַשָּׁמַיִם
וַתִּבְעַר בַּצֹּאן וּבַנְּעָרִים וַתֹּאכְלֵם[10] וָאִמָּלְטָה[9] רַק־אֲנִי
לְבַדִּי לְהַגִּיד לָךְ׃ 17 עוֹד ׀ זֶה מְדַבֵּר וְזֶה בָּא[5]
וַיֹּאמַר כַּשְׂדִּים שָׂמוּ[11] ׀ שְׁלֹשָׁה רָאשִׁים וַיִּפְשְׁטוּ[l]
עַל־הַגְּמַלִּים[m] וַיִּקָּחוּם[12] וְאֶת־הַנְּעָרִים הִכּוּ לְפִי־חָרֶב
וָאִמָּלְטָה[9] רַק־אֲנִי לְבַדִּי לְהַגִּיד לָךְ׃ 18 עַד זֶה מְדַבֵּר

---

a יָרֵא afraid. (54)
b שָׂטָן adversary; Satan. (27)
c חִנָּם for nothing, without cause. (32)
d אַתְּ you. (57)
e שׂוּךְ to hedge or fence up, about. (2) *qal pf. 2ms*
f מִקְנֶה livestock, cattle. (76)
g פָּרַץ to break through. (49)
h אוּלָם but, but indeed. (19)
i מֵעִם from with, beside. (71)
j חָרַשׁ to cut in, engrave, plough, devise. (25)
k אָתוֹן (f) she-ass. (34)
l פָּשַׁט to strip off, make a dash, raid. (43)
m גָּמָל camel. (54)

---

1 סוּר *qal ptc. ms abs.*
2 עָנָה *qal wyqtl. 3ms*
3 [ברך] *pi. impf. 3ms + 2ms suf.*
4 שָׁתָה *qal ptc. mp abs.*
5 בּוֹא *qal pf. 3ms*
6 רָעָה *qal ptc. fp abs.*
7 נָפַל *qal wyqtl. 3fs*
8 לָקַח *qal wyqtl. 3fs + 3mp suf.*
9 [מלט] *ni. wyqtl. 1cs*
10 אָכַל *qal wyqtl. 3fs + 3mp suf.*
11 שׂוּם *qal pf. 3cp*
12 לָקַח *qal wyqtl. 3mp + 3mp suf.*

וְזֶה בָּא[1] וַיֹּאמַר בָּנֶיךָ וּבְנוֹתֶיךָ אֹכְלִים וְשֹׁתִים[2] יַיִן בְּבֵית
אֲחִיהֶם הַבְּכוֹר׃ 19 וְהִנֵּה רוּחַ גְּדוֹלָה בָּאָה[3] ׀ מֵעֵבֶר
הַמִּדְבָּר וַיִּגַּע[4] בְּאַרְבַּע פִּנּוֹת[a] הַבַּיִת וַיִּפֹּל[5] עַל־הַנְּעָרִים
וַיָּמוּתוּ וָאִמָּלְטָה[6] רַק־אֲנִי לְבַדִּי לְהַגִּיד לָךְ׃ 20 וַיָּקָם
אִיּוֹב וַיִּקְרַע[b] אֶת־מְעִלוֹ[c] וַיָּגָז[d] אֶת־רֹאשׁוֹ וַיִּפֹּל[5] אַרְצָה
וַיִּשְׁתָּחוּ[7]׃ 21 וַיֹּאמֶר עָרֹם[e] יצתי מִבֶּטֶן[f] אִמִּי וְעָרֹם[e] יָצָאתִי
אָשׁוּב שָׁמָּה יְהוָה נָתַן וַיהוָה לָקָח יְהִי שֵׁם יְהוָה
מְבֹרָךְ׃ 22 בְּכָל־זֹאת לֹא־חָטָא אִיּוֹב וְלֹא־נָתַן תִּפְלָה[g]
לֵאלֹהִים׃ פ

2 וַיְהִי הַיּוֹם וַיָּבֹאוּ בְּנֵי הָאֱלֹהִים לְהִתְיַצֵּב[a] עַל־יְהוָה
וַיָּבוֹא גַם־הַשָּׂטָן[b] בְּתֹכָם לְהִתְיַצֵּב[a] עַל־יְהוָה׃
2 וַיֹּאמֶר יְהוָה אֶל־הַשָּׂטָן[b] אֵי[c] מִזֶּה תָּבֹא וַיַּעַן[1] הַשָּׂטָן[b]
אֶת־יְהוָה וַיֹּאמַר מִשֻּׁט[d] בָּאָרֶץ וּמֵהִתְהַלֵּךְ בָּהּ׃ 3 וַיֹּאמֶר
יְהוָה אֶל־הַשָּׂטָן[b] הֲשַׂמְתָּ[2] לִבְּךָ אֶל־עַבְדִּי אִיּוֹב כִּי אֵין
כָּמֹהוּ בָּאָרֶץ אִישׁ תָּם[e] וְיָשָׁר יְרֵא[f] אֱלֹהִים וְסָר[3] מֵרָע

---

a פִּנָּה (f) corner. (29)
b קָרַע to tear. (63)
c מְעִיל robe. (28)
d גָּזַז to shear. (15) *qal wyqtl. 3ms*
e עָרוֹם naked. (16)
f בֶּטֶן (f) belly, body, womb. (72)
g תִּפְלָה (f) (moral) unsavouriness, unseemliness. (3)

2

a [יצב] to station oneself, take stand. (48)
b שָׂטָן adversary; Satan. (27)
c אַי where? (37)
d שׁוּט to go or rove about. (11)
e תָּם complete. (14)
f יָרֵא afraid. (54)

---

1 בּוֹא *qal pf. 3ms*
2 שָׁתָה *qal ptc. mp abs.*
3 בּוֹא *qal pf. 3fs*
4 נָגַע *qal wyqtl. 3ms*
5 נָפַל *qal wyqtl. 3ms*
6 [מלט] *ni. wyqtl. 1cs*
7 [חוה] *hitp. wyqtl. 3ms*

2

1 עָנָה *qal wyqtl. 3ms*
2 שׂוּם *qal pf. 2ms*
3 סוּר *qal ptc. ms abs.*

וְעֹדֶ֙נּוּ֙ מַחֲזִ֣יק בְּתֻמָּת֔וֹ[a] וַתְּסִיתֵ֥נִי[b] ב֖וֹ לְבַלְּע֥וֹ[c] חִנָּֽם[d]׃
[4] וַיַּ֧עַן[1] הַשָּׂטָ֛ן[e] אֶת־יְהוָ֖ה וַיֹּאמַ֑ר ע֣וֹר בְּעַד־ע֗וֹר וְכֹל֙
אֲשֶׁ֣ר לָאִ֔ישׁ יִתֵּ֖ן[2] בְּעַ֥ד נַפְשֽׁוֹ׃ [5] אוּלָ֗ם[f] שְֽׁלַֽח־נָ֤א יָֽדְךָ֙
וְגַ֥ע אֶל־עַצְמ֖וֹ וְאֶל־בְּשָׂר֑וֹ אִם־לֹ֖א אֶל־פָּנֶ֣יךָ יְבָרְכֶֽךָּ[3]׃
[6] וַיֹּ֧אמֶר יְהוָ֛ה אֶל־הַשָּׂטָ֖ן[e] הִנּ֣וֹ בְיָדֶ֑ךָ אַ֖ךְ אֶת־נַפְשׁ֥וֹ שְׁמֹֽר׃
[7] וַיֵּצֵא֙ הַשָּׂטָ֔ן[e] מֵאֵ֖ת פְּנֵ֣י יְהוָ֑ה וַיַּ֤ךְ[4] אֶת־אִיּוֹב֙ בִּשְׁחִ֣ין[g] רָ֔ע
וְעַד מִכַּ֥ף רַגְל֖וֹ עֹ֥ד קָדְקֳדֽוֹ[h]׃ [8] וַיִּֽקַּֽח[5]־ל֣וֹ חֶ֔רֶשׂ[i] לְהִתְגָּרֵ֖ד[j]
בּ֑וֹ וְה֖וּא יֹשֵׁ֥ב[6] בְּתוֹךְ־הָאֵֽפֶר[k]׃ [9] וַתֹּ֤אמֶר לוֹ֙ אִשְׁתּ֔וֹ עֹדְךָ֖
מַחֲזִ֣יק בְּתֻמָּתֶ֑ךָ[a] בָּרֵ֥ךְ אֱלֹהִ֖ים וָמֻֽת׃ [10] וַיֹּ֣אמֶר אֵלֶ֗יהָ
כְּדַבֵּ֞ר אַחַ֤ת הַנְּבָלוֹת֙[l] תְּדַבֵּ֔רִי גַּ֣ם אֶת־הַטּ֗וֹב נְקַבֵּל֙[m] מֵאֵ֣ת
הָֽאֱלֹהִ֔ים וְאֶת־הָרָ֖ע לֹ֣א נְקַבֵּ֑ל[m] בְּכָל־זֹ֛את לֹא־חָטָ֥א אִיּ֖וֹב
בִּשְׂפָתָֽיו׃ פ

[11] וַֽיִּשְׁמְע֞וּ שְׁלֹ֣שֶׁת ׀ רֵעֵ֣י אִיּ֗וֹב אֵ֣ת כָּל־הָרָעָ֣ה הַזֹּאת֮
הַבָּ֣אָה[7] עָלָיו֒ וַיָּבֹ֙אוּ֙ אִ֣ישׁ מִמְּקֹמ֔וֹ אֱלִיפַ֤ז הַתֵּֽימָנִי֙ וּבִלְדַּ֣ד
הַשּׁוּחִ֔י וְצוֹפַ֖ר הַנַּֽעֲמָתִ֑י וַיִּוָּעֲד֣וּ[n] יַחְדָּ֔ו לָב֥וֹא לָנֽוּד[o]־ל֖וֹ
וּֽלְנַחֲמֽוֹ[8]׃ [12] וַיִּשְׂא֨וּ[9] אֶת־עֵינֵיהֶ֤ם מֵֽרָחוֹק֙ וְלֹ֣א הִכִּירֻ֔הוּ[p]

---

a תֻּמָּה (f) integrity. (5)
b [סות] to incite, allure, instigate. (18) *hi. wyqtl. 2ms + 1cs suf.*
c בָּלַע to swallow up, consume. (49) *pi. inf. con. + 3ms suf.*
d חִנָּם for nothing, without cause. (32)
e שָׂטָן adversary; Satan. (27)
f אוּלָם but, but indeed. (19)
g שְׁחִין boil, eruption. (13)
h קָדְקֹד head, crown of head. (11)
i חֶרֶשׂ earthenware, potsherd. (17)
j [גרד] to scrape, scratch. (1)
k אֵפֶר ashes. (22)
l נָבָל foolish, senseless. (18)
m [קבל] to receive, take. (13)
n יָעַד to appoint. (29)
o נוּד to move to and fro, wander. (24)
p [נכר] to recognise, regard. (42) *hi. pf. 3cp + 3ms suf.*

---

1 עָנָה *qal wyqtl. 3ms*
2 נָתַן *qal impf. 3ms*
3 [ברך] *pi. impf. 3ms + 2ms suf.*
4 [נכה] *hi. wyqtl. 3ms*
5 לָקַח *qal wyqtl. 3ms*
6 יָשַׁב *qal ptc. ms abs.*
7 בּוֹא *qal pf. 3fs*
8 [נחם] *pi. inf. con. + 3ms suf.*
9 נָשָׂא *qal wyqtl. 3mp*

וַיִּשְׂאוּ[1] קוֹלָם וַיִּבְכּוּ[2] וַיִּקְרְעוּ[a] אִישׁ מְעִלוֹ[b] וַיִּזְרְקוּ[c] עָפָר
עַל־רָאשֵׁיהֶם הַשָּׁמָיְמָה׃ 13 וַיֵּשְׁבוּ אִתּוֹ לָאָרֶץ שִׁבְעַת
יָמִים וְשִׁבְעַת לֵילוֹת וְאֵין־דֹּבֵר אֵלָיו דָּבָר כִּי רָאוּ
כִּי־גָדַל הַכְּאֵב[d] מְאֹד׃

3 אַחֲרֵי־כֵן פָּתַח אִיּוֹב אֶת־פִּיהוּ וַיְקַלֵּל אֶת־יוֹמוֹ׃ פ

2 וַיַּעַן[1] אִיּוֹב וַיֹּאמַר׃
3 יֹאבַד יוֹם אִוָּלֶד בּוֹ וְהַלַּיְלָה אָמַר הֹרָה[a] גָבֶר[b]׃
4 הַיּוֹם הַהוּא יְהִי[2] חֹשֶׁךְ[c] אַל־יִדְרְשֵׁהוּ[3] אֱלוֹהַּ[d] מִמָּעַל
וְאַל־תּוֹפַע[e] עָלָיו נְהָרָה[f]׃
5 יִגְאָלֻהוּ[4] חֹשֶׁךְ[c] וְצַלְמָוֶת[g] תִּשְׁכָּן־עָלָיו עֲנָנָה[h] יְבַעֲתֻהוּ[i]
כִּמְרִירֵי[j] יוֹם׃
6 הַלַּיְלָה הַהוּא יִקָּחֵהוּ[5] אֹפֶל[k] אַל־יִחַדְּ[l] בִּימֵי שָׁנָה
בְּמִסְפַּר יְרָחִים[m] אַל־יָבֹא׃
7 הִנֵּה הַלַּיְלָה הַהוּא יְהִי[2] גַלְמוּד[n] אַל־תָּבֹא רְנָנָה[o] בוֹ׃

---

a קָרַע to tear. (63)
b מְעִיל robe. (28)
c זָרַק to scatter, throw abundantly. (35)
d כְּאֵב pain. (6)

3

a הָרָה to conceive, become pregnant. (43)
b גֶּבֶר man, strong man. (65)
c חֹשֶׁךְ darkness, obscurity. (80)
d אֱלוֹהַּ god, God. (60)
e [יפע] to shine out or forth, send out beams. (8) *hi. juss. 3fs*
f נְהָרָה (f) light, daylight. (1)
g צַלְמָוֶת deep shadow, shadow of death. (18)
h עֲנָנָה (f) cloud. (1)
i [בעת] to terrify, fall upon. (16) *pi. impf. 3mp + 3ms suf.*
j כִּמְרִיר darkness, gloominess. (1)
k אֹפֶל darkness, gloom. (9)
l חָדָה to rejoice. (3) *qal juss. 3ms*
m יֶרַח month. (13)
n גַּלְמוּד hard, barren. (4)
o רְנָנָה (f) exultation. (4)

---

[1] נָשָׂא *qal wyqtl. 3mp*
[2] בָּכָה *qal wyqtl. 3mp*

3

[1] עָנָה *qal wyqtl. 3ms*
[2] הָיָה *qal juss. 3ms*
[3] דָּרַשׁ *qal juss. 3ms + 3ms suf.*
[4] גָּאַל *qal impf. 3mp + 3ms suf.*
[5] לָקַח *qal impf. 3ms + 3ms suf.*

8 יִקְּבֻהוּ[a] אֹרְרֵי[b]־יוֹם הָעֲתִידִים[c] עֹרֵר[d] לִוְיָתָֽן[e]׃
9 יֶחְשְׁכוּ[f] כּוֹכְבֵי[g] נִשְׁפּוֹ[h] יְקַו[i]־לְאוֹר וָאַיִן וְאַל־יִרְאֶה[1]
בְּעַפְעַפֵּי[j]־שָֽׁחַר[k]׃
10 כִּי לֹא סָגַר דַּלְתֵי בִטְנִי[l] וַיַּסְתֵּר עָמָל[m] מֵעֵינָֽי׃
11 לָמָּה לֹּא מֵרֶחֶם[n] אָמוּת מִבֶּטֶן[l] יָצָאתִי וְאֶגְוָֽע[o]׃
12 מַדּוּעַ[p] קִדְּמוּנִי[q] בִרְכָּיִם[r] וּמַה־שָּׁדַיִם[s] כִּי אִינָֽק[t]׃
13 כִּֽי־עַתָּה שָׁכַבְתִּי וְאֶשְׁקוֹט[u] יָשַׁנְתִּי[v] אָז ׀ יָנוּחַ[w] לִֽי׃
14 עִם־מְלָכִים וְיֹעֲצֵי[x] אָרֶץ הַבֹּנִים[2] חֳרָבוֹת[y] לָֽמוֹ׃
15 אוֹ עִם־שָׂרִים זָהָב לָהֶם הַֽמְמַלְאִים בָּתֵּיהֶם כָּֽסֶף׃
16 אוֹ כְנֵפֶל[z] טָמוּן[aa] לֹא אֶהְיֶה כְּעֹלְלִים[ab] לֹא־רָאוּ אֽוֹר׃
17 שָׁם רְשָׁעִים חָדְלוּ[ac] רֹגֶז[ad] וְשָׁם יָנוּחוּ[w] יְגִיעֵי[ae] כֹֽחַ׃

a נָקַב to pierce. (22) *qal impf. 3mp + 3ms suf.*
b אָרַר to curse. (63)
c עָתִיד ready, prepared. (5)
d עוּר to rouse oneself, awake. (80) *pol. inf. con.*
e לִוְיָתָן Leviathan, serpent, dragon. (6)
f חָשַׁךְ to grow dark. (18)
g כּוֹכָב star. (37)
h נֶשֶׁף twilight. (12)
i [קוה] to wait for. (46)
j עַפְעַף eyelid. (10)
k שַׁחַר dawn. (24)
l בֶּטֶן (f) belly, body, womb. (72)
m עָמָל trouble, labour, toil. (55)
n רֶחֶם womb. (26)
o גָּוַע to expire, perish, die. (24)
p מַדּוּעַ why? (72)
q [קדם] to meet, come or be in front. (26) *pi. pf. 3cp + 1cs suf.*
r בֶּרֶךְ (f) knee. (25)
s שַׁד breast. (21)
t יָנַק to suck. (32)
u שָׁקַט to be quiet, undisturbed. (41)
v יָשֵׁן to sleep. (21)
w נוּחַ to rest, come to rest. (67)
x יָעַץ to advise, counsel. (79) *qal ptc. mp con.*
y חָרְבָּה (f) waste, desolation, ruin. (42)
z נֵפֶל untimely birth, abortion. (3)
aa טָמַן to hide, conceal. (31) *qal pass. ptc. ms abs.*
ab עוֹלֵל child, boy. (20)
ac חָדַל to cease, leave off. (58)
ad רֹגֶז agitation, excitement, raging. (7)
ae יָגִיעַ weary. (1)

[1] רָאָה *qal juss. 3ms*

[2] בָּנָה *qal ptc. mp abs.*

18 יַחַד[a] אֲסִירִים[b] שַׁאֲנָנוּ[c] לֹא שָׁמְעוּ קוֹל נֹגֵשׂ[d]׃
19 קָטֹן[e] וְגָדוֹל שָׁם הוּא וְעֶבֶד חָפְשִׁי[f] מֵאֲדֹנָיו׃
20 לָמָּה יִתֵּן[1] לְעָמֵל[g] אוֹר וְחַיִּים לְמָרֵי[h] נָפֶשׁ׃
21 הַמְחַכִּים[i] לַמָּוֶת וְאֵינֶנּוּ וַיַּחְפְּרֻהוּ[j] מִמַּטְמוֹנִים[k]׃
22 הַשְּׂמֵחִים אֱלֵי־גִיל[l] יָשִׂישׂוּ[m] כִּי יִמְצְאוּ־קָבֶר[n]׃
23 לְגֶבֶר[o] אֲשֶׁר־דַּרְכּוֹ נִסְתָּרָה וַיָּסֶךְ[p] אֱלוֹהַּ[q] בַּעֲדוֹ׃
24 כִּי־לִפְנֵי לַחְמִי אַנְחָתִי[r] תָבֹא וַיִּתְּכוּ[s] כַמַּיִם שַׁאֲגֹתָי[t]׃
25 כִּי פַחַד[u] פָּחַדְתִּי[v] וַיֶּאֱתָיֵנִי[w] וַאֲשֶׁר יָגֹרְתִּי[x] יָבֹא לִי׃
26 לֹא שָׁלַוְתִּי[y] ׀ וְלֹא שָׁקַטְתִּי[z] וְלֹא־נָחְתִּי[aa] וַיָּבֹא רֹגֶז[ab]׃
פ

---

a יַחַד unitedness. (44)
b אָסִיר bondman, prisoner. (12)
c [שׁאן] to be at ease or at peace, rest securely. (5) *pal. pf. 3cp*
d נָגַשׂ to press, drive, oppress, exact. (23) *qal ptc. ms abs.*
e קָטֹן small, insignificant. (55)
f חָפְשִׁי free. (17)
g עָמֵל labourer, sufferer. (4)
h מַר bitter, bitterness. (39)
i [חכה] to wait, await. (14) *pi. ptc. mp abs.*
j חָפַר to dig, search for. (22) *qal wyqtl. 3mp + 3ms suf.*
k מַטְמוֹן hidden treasure, treasure. (5)
l גִּיל rejoicing. (9)
m שׂוּשׂ to exult, rejoice. (27)
n קֶבֶר grave, sepulchre. (67)
o גֶּבֶר man, strong man. (65)
p [סוך] to hedge, or fence about, shut in. (2)
q אֱלוֹהַּ god, God. (60)
r אֲנָחָה (f) sighing, groaning. (11)
s נָתַךְ to pour out, pour forth. (21) *qal wyqtl. 3mp*
t שְׁאָגָה (f) roaring. (7)
u פַּחַד dread. (49)
v פָּחַד to dread, be in awe. (25)
w אָתָה to come. (21) *qal wyqtl. 3ms + 1cs suf.*
x יָגֹר to be afraid, fear. (5)
y שָׁלָה to be quiet, at ease. (5) *qal pf. 1cs*
z שָׁקַט to be quiet, undisturbed. (41)
aa נוּחַ to rest, come to rest. (67) *qal pf. 1cs*
ab רֹגֶז agitation, excitement, raging. (7)

---

[1] נָתַן *qal impf. 3ms*

4

1 וַיַּעַן[1] אֱלִיפַז הַתֵּימָנִי וַיֹּאמַר׃
2 הֲנִסָּה[a] דָבָר אֵלֶיךָ תִּלְאֶה[b] וַעְצֹר[c] בְּמִלִּין[d] מִי
יוּכָל׃
3 הִנֵּה יִסַּרְתָּ[e] רַבִּים וְיָדַיִם רָפוֹת[f] תְּחַזֵּק׃
4 כּוֹשֵׁל[g] יְקִימוּן[2] מִלֶּיךָ[d] וּבִרְכַּיִם[h] כֹּרְעוֹת[i] תְּאַמֵּץ[j]׃
5 כִּי עַתָּה ׀ תָּבוֹא אֵלֶיךָ וַתֵּלֶא[k] תִּגַּע[3] עָדֶיךָ וַתִּבָּהֵל[l]׃
6 הֲלֹא יִרְאָתְךָ[m] כִּסְלָתֶךָ[n] תִּקְוָתְךָ[o] וְתֹם[p] דְּרָכֶיךָ׃
7 זְכָר־נָא מִי הוּא נָקִי[q] אָבָד וְאֵיפֹה[r] יְשָׁרִים נִכְחָדוּ[s]׃
8 כַּאֲשֶׁר רָאִיתִי[4] חֹרְשֵׁי[t] אָוֶן[u] וְזֹרְעֵי[v] עָמָל[w] יִקְצְרֻהוּ[x]׃
9 מִנִּשְׁמַת[y] אֱלוֹהַּ[z] יֹאבֵדוּ וּמֵרוּחַ אַפּוֹ יִכְלוּ׃

4

a [נסה] to test, try. (36)
b לָאָה to be weary, impatient. (19)
c עָצַר to restrain, retain. (46)
d מִלָּה (f) word, speech, utterance. (38)
e יָסַר to discipline, chasten, admonish. (43)
f רָפֶה slack. (4)
g כָּשַׁל to stumble, stagger, totter. (63)
h בֶּרֶךְ (f) knee. (25)
i כָּרַע to bow down, kneel. (36)
j אָמֵץ to be strong, firm, bold. (41)
k לָאָה to be weary, impatient. (19) *qal wyqtl. 2ms*
l [בהל] to dismay, be disturbed. (37)
m יִרְאָה (f) fear. (42)
n כִּסְלָה (f) stupidity, confidence. (2)
o תִּקְוָה (f) hope. (32)
p תֹּם completeness, integrity. (24)
q נָקִי clean, free from, exempt. (41)
r אֵיפֹה where? of what kind? (10)
s [כחד] to hide, efface. (32)
t חָרַשׁ to cut in, engrave, plough, devise. (25)
u אָוֶן iniquity, wickedness. (79)
v זָרַע to sow, scatter seed. (56)
w עָמָל trouble, labour, toil. (55)
x קָצַר to reap, harvest. (34) *qal impf. 3mp + 3ms suf.*
y נְשָׁמָה (f) breath. (24)
z אֱלוֹהַּ god, God. (60)

4

[1] עָנָה *qal wyqtl. 3ms*
[2] קוּם *hi. impf. 3mp + paragogic nun suf.*
[3] נָגַע *qal impf. 3fs*
[4] רָאָה *qal pf. 1cs*

10 שַׁאֲגַ֣ת[a] אַ֭רְיֵה[b] וְק֣וֹל שָׁ֑חַל[c] וְשִׁנֵּ֖י[d] כְפִירִ֣ים[e] נִתָּֽעוּ[f]׃
11 לַ֗יִשׁ[g] אֹבֵ֥ד מִבְּלִי[h]־טָ֑רֶף[i] וּבְנֵ֥י לָ֝בִ֗יא[j] יִתְפָּרָֽדוּ[k]׃
12 וְ֭אֵלַי דָּבָ֣ר יְגֻנָּ֑ב[l] וַתִּקַּ֥ח[1] אָ֝זְנִ֗י שֵׁ֣מֶץ[m] מֶֽנְהֽוּ׃
13 בִּ֭שְׂעִפִּים[n] מֵֽחֶזְיֹנ֣וֹת[o] לָ֑יְלָה בִּנְפֹ֥ל תַּ֝רְדֵּמָ֗ה[p]
עַל־אֲנָשִֽׁים׃
14 פַּ֣חַד[q] קְ֭רָאַנִי[r] וּרְעָדָ֑ה[s] וְרֹ֖ב עַצְמוֹתַ֣י הִפְחִֽיד[t]׃
15 וְ֭רוּחַ עַל־פָּנַ֣י יַחֲלֹ֑ף[u] תְּ֝סַמֵּ֗ר[v] שַׂעֲרַ֥ת[w] בְּשָׂרִֽי׃
16 יַעֲמֹ֤ד ׀ וְֽלֹא־אַכִּ֬יר[x] מַרְאֵ֗הוּ
תְּ֭מוּנָה[y] לְנֶ֣גֶד עֵינָ֑י דְּמָמָ֖ה[z] וָק֣וֹל אֶשְׁמָֽע׃
17 הַ֭אֱנוֹשׁ[aa] מֵאֱל֣וֹהַּ[ab] יִצְדָּ֑ק[ac] אִ֥ם מֵ֝עֹשֵׂ֗הוּ[2]
יִטְהַר־גָּֽבֶר[ad]׃
18 הֵ֣ן בַּ֭עֲבָדָיו לֹ֣א יַאֲמִ֑ין וּ֝בְמַלְאָכָ֗יו יָשִׂ֥ים תָּהֳלָֽה[ae]׃
19 אַ֤ף ׀ שֹׁכְנֵ֬י בָֽתֵּי־חֹ֗מֶר[af] אֲשֶׁר־בֶּעָפָ֥ר יְסוֹדָ֑ם[ag]

a שְׁאָגָה (f) roaring. (7)
b אַרְיֵה lion. (46)
c שַׁחַל lion. (7)
d שֵׁן (f) tooth, ivory. (55)
e כְּפִיר young lion. (31)
f [נתע] to break, break down, or out. (1)
g לַיִשׁ lion. (3)
h בְּלִי without, not. (58)
i טֶרֶף prey, food; leaf. (23)
j לָבִיא lion. (11)
k [פרד] to separate, divide. (26)
l גָּנַב to steal. (40)
m שֵׁמֶץ whisper. (2)
n שְׂעִפִּים disquietings. (2)
o חִזָּיוֹן vision. (9)
p תַּרְדֵּמָה (f) deep sleep. (7)
q פַּחַד dread. (49)
r קָרָא to encounter, befall. (37) *qal pf. 3ms + 1cs suf.*
s רְעָדָה (f) trembling. (4)
t פָּחַד to dread, be in awe. (25)
u חָלַף to pass on or away, pass through. (28)
v סָמַר to bristle up. (2)
w שַׂעֲרָה (f) a single hair. (7)
x [נכר] to recognise, regard. (42) *hi. impf. 1cs*
y תְּמוּנָה (f) likeness, form. (10)
z דְּמָמָה (f) (silence) whisper. (3)
aa אֱנוֹשׁ man, humankind. (42)
ab אֱלוֹהַּ god, God. (60)
ac צָדֵק to be just, righteous. (41)
ad גֶּבֶר man, strong man. (65)
ae תָּהֳלָה (f) error. (1)
af חֹמֶר cement, mortar, clay. (16)
ag יְסוֹד (f) foundation, base. (20)

[1] לָקַח *qal wyqtl. 3fs*

[2] עָשָׂה *qal ptc. ms con. + 3ms suf.*

יְ֝דַכְּא֗וּם[a] לִפְנֵי־עָֽשׁ[b]׃ 20 מִבֹּ֣קֶר לָעֶ֣רֶב
יֻכַּ֑תּוּ[c] מִבְּלִ֥י[d] מֵ֝שִׂ֗ים לָנֶ֥צַח[e] יֹאבֵֽדוּ׃
21 הֲלֹא־נִסַּ֣ע יִתְרָ֣ם[f] בָּ֑ם יָ֝מ֗וּתוּ וְלֹ֣א בְחָכְמָֽה׃

5 קְֽרָא־נָ֭א הֲיֵ֣שׁ עוֹנֶ֑ךָּ[1] וְאֶל־מִ֥י מִקְּדֹשִׁ֣ים תִּפְנֶֽה׃
2 כִּֽי־לֶ֭אֱוִיל[a] יַהֲרָג־כָּ֑עַשׂ[b] וּ֝פֹתֶ֗ה[c] תָּמִ֥ית קִנְאָֽה[d]׃
3 אֲֽנִי־רָ֭אִיתִי[2] אֱוִ֣יל[a] מַשְׁרִ֑ישׁ[e] וָאֶקּ֖וֹב[f] נָוֵ֣הוּ[g] פִתְאֹֽם[h]׃
4 יִרְחֲק֣וּ[i] בָנָ֣יו מִיֶּ֑שַׁע[j] וְיִֽדַּכְּא֥וּ[k] בַ֝שַּׁ֗עַר וְאֵ֣ין מַצִּֽיל[3]׃
5 אֲשֶׁ֤ר קְצִירוֹ֨[l] ׀ רָ֘עֵ֤ב[m] יֹאכֵ֗ל וְֽאֶל־מִצִּנִּ֥ים[n] יִקָּחֵ֑הוּ[4]
וְשָׁאַ֖ף[o] צַמִּ֣ים[p] חֵילָֽם׃
6 כִּ֤י ׀ לֹא־יֵצֵ֣א מֵעָפָ֣ר אָ֑וֶן[q] וּ֝מֵאֲדָמָ֗ה לֹא־יִצְמַ֥ח[r] עָמָֽל[s]׃
7 כִּֽי־אָ֭דָם לְעָמָ֣ל[s] יוּלָּ֑ד וּבְנֵי־רֶ֝֗שֶׁף[t] יַגְבִּ֥יהוּ[u] עֽוּף[v]׃

---

a [דכא] to crush. (18) *pi. impf. 3mp + 3mp suf.*
b עָשׁ moth. (7)
c כָּתַת to beat, crush by beating. (17) *ho. impf. 3mp*
d בְּלִי without, not. (58)
e נֵ֫צַח forever, enduring, everlasting, eminence. (43)
f יֶ֫תֶר cord. (6)

5

a אֱוִיל foolish. (26)
b כַּעַשׂ anger, vexation. (4)
c פָּתָה to be simple, entice, deceive. (25)
d קִנְאָה (f) ardour, zeal, jealousy. (43)
e [שׁרשׁ] to deal with the roots. (8)
f קָבַב to utter a curse against, curse. (9) *qal wyqtl. 1cs*
g נָוֶה abode, habitation. (34)
h פִּתְאֹם suddenly, suddenness. (25)
i רָחַק to remove, become far, distant. (58)
j יֵ֫שַׁע deliverance, rescue, salvation; safety. (36)
k [דכא] to crush. (18)
l קָצִיר harvesting, harvest. (49)
m רָעֵב hungry. (20)
n צֵן thorn, barb. (2)
o שָׁאַף to gasp, pant, pant after, long for. (8)
p צַמִּים snare, trap. (2)
q אָ֫וֶן iniquity, wickedness. (79)
r צָמַח to sprout, spring up. (33)
s עָמָל trouble, labour, toil. (55)
t רֶ֫שֶׁף flame, fire-bolt. (7)
u גָּבַהּ to be high, proud, exalted. (34)
v עוּף to fly. (29)

5

1 עָנָה *qal ptc. ms con. + 2ms suf.*
2 רָאָה *qal pf. 1cs*
3 [נצל] *hi. ptc. ms abs.*
4 לָקַח *qal impf. 3ms + 3ms suf.*

8 אוּלָם[a] אֲנִי אֶדְרֹשׁ אֶל־אֵל וְאֶל־אֱלֹהִים אָשִׂים
דִּבְרָתִי[b]׃
9 עֹשֶׂה גְדֹלוֹת וְאֵין חֵקֶר[c] נִפְלָאוֹת[d] עַד־אֵין מִסְפָּר׃
10 הַנֹּתֵן[1] מָטָר[e] עַל־פְּנֵי־אָרֶץ וְשֹׁלֵחַ מַיִם עַל־פְּנֵי
חוּצוֹת׃
11 לָשׂוּם שְׁפָלִים[f] לְמָרוֹם[g] וְקֹדְרִים[h] שָׂגְבוּ[i] יֶשַׁע[j]׃
12 מֵפֵר[k] מַחְשְׁבוֹת[l] עֲרוּמִים[m] וְלֹא־תַעֲשֶׂינָה יְדֵיהֶם
תּוּשִׁיָּה[n]׃
13 לֹכֵד חֲכָמִים בְּעָרְמָם[o] וַעֲצַת נִפְתָּלִים[p] נִמְהָרָה[q]׃
14 יוֹמָם[r] יְפַגְּשׁוּ[s]־חֹשֶׁךְ[t] וְכַלַּיְלָה יְמַשְׁשׁוּ[u] בַצָּהֳרָיִם[v]׃
15 וַיֹּשַׁע[2] מֵחֶרֶב מִפִּיהֶם וּמִיַּד חָזָק[w] אֶבְיוֹן[x]׃
16 וַתְּהִי לַדַּל[y] תִּקְוָה[z] וְעֹלָתָה[aa] קָפְצָה[ab] פִּיהָ׃

a אוּלָם but, but indeed. (19)
b דִּבְרָה (f) cause, reason, manner. (5)
c חֵקֶר searching, something searched out. (12)
d [פלא] to be extraordinary, wonderful. (71)
e מָטָר rain. (38)
f שָׁפָל low. (19)
g מָרוֹם height. (54)
h קָדַר to be dark. (17)
i שָׂגַב to be high, exalt. (20)
j יֶשַׁע deliverance, rescue, salvation; safety. (36)
k [פרר] to break, frustrate. (47) *hi. ptc. ms abs.*
l מַחֲשָׁבָה (f) thought, device, plan. (56)
m עָרוּם crafty, shrewd, prudent. (11)
n תּוּשִׁיָּה (f) sound, efficient wisdom. (11)
o עֹרֶם craftiness. (1) *qal inf. con. + 3mp suf.*
p [פתל] to twist. (5)
q [מהר] to hasten. (63)
r יוֹמָם by day, daily. (51)
s פָּגַשׁ to meet, encounter. (14)
t חֹשֶׁךְ darkness, obscurity. (80)
u מָשַׁשׁ to feel, grope. (9)
v צֹהַר midday, noon. (23)
w חָזָק strong, stout, mighty. (56)
x אֶבְיוֹן in want, needy, poor. (61)
y דַּל low, poor, weak, thin. (47)
z תִּקְוָה (f) hope. (32)
aa עַוְלָה (f) injustice, unrighteousness, wrong. (31)
ab קָפַץ to draw together, shut. (7)

[1] נָתַן *qal ptc. ms abs.*
[2] [ישע] *hi. wyqtl. 3ms*

17 הִנֵּ֣ה אַשְׁרֵ֣י[a] אֱ֭נוֹשׁ[b] יוֹכִחֶ֣נּוּ[c] אֱל֑וֹהַּ[d] וּמוּסַ֥ר[e] שַׁ֝דַּ֗י
אַל־תִּמְאָֽס[f]׃
18 כִּ֤י ה֣וּא יַכְאִ֣יב[g] וְיֶחְבָּ֑שׁ[h] יִ֝מְחַ֗ץ[i] וידו תִּרְפֶּֽינָה[j]׃ וִֽידָ֗יו
19 בְּשֵׁ֣שׁ צָ֭רוֹת[k] יַצִּילֶ֑ךָּ[1] וּבְשֶׁ֓בַע ׀ לֹא־יִגַּ֖ע[2] בְּךָ֣ רָֽע׃
20 בְּ֭רָעָב פָּֽדְךָ֣[l] מִמָּ֑וֶת וּ֝בְמִלְחָמָ֗ה מִ֣ידֵי חָֽרֶב׃
21 בְּשׁ֣וֹט[m] לָ֭שׁוֹן תֵּחָבֵ֑א[n] וְֽלֹא־תִירָ֥א מִ֝שֹּׁ֗ד[o] כִּ֣י יָבֽוֹא׃
22 לְשֹׁ֣ד[o] וּלְכָפָ֣ן[p] תִּשְׂחָ֑ק[q] וּֽמֵחַיַּ֥ת הָ֝אָ֗רֶץ אַל־תִּירָֽא׃
23 כִּ֣י עִם־אַבְנֵ֣י הַשָּׂדֶ֣ה בְרִיתֶ֑ךָ וְחַיַּ֥ת הַ֝שָּׂדֶ֗ה
הָשְׁלְמָה[r]־לָֽךְ׃
24 וְֽ֭יָדַעְתָּ כִּי־שָׁל֣וֹם אָהֳלֶ֑ךָ וּֽפָקַדְתָּ֥ נָ֝וְךָ֗[s] וְלֹ֣א תֶחֱטָֽא׃
25 וְֽ֭יָדַעְתָּ כִּי־רַ֣ב זַרְעֶ֑ךָ וְ֝צֶאֱצָאֶ֗יךָ[t] כְּעֵ֣שֶׂב[u] הָאָֽרֶץ׃
26 תָּב֣וֹא בְכֶ֣לַח[v] אֱלֵי־קָ֑בֶר[w] כַּעֲל֖וֹת[3] גָּדִ֣ישׁ[x] בְּעִתּֽוֹ׃
27 הִנֵּה־זֹ֭את חֲקַרְנ֥וּהָ[y] כֶּן־הִ֑יא שְׁ֝מָעֶ֗נָּה[4] וְאַתָּ֥ה דַֽע[5]־לָֽךְ׃
פ

a **אֶשֶׁר** happiness, blessedness. (45)
b **אֱנוֹשׁ** man, humankind. (42)
c **[יכח]** to decide, reprove, rebuke. (59) *hi. impf. 3ms + 3ms suf.*
d **אֱלוֹהַּ** god, God. (60)
e **מוּסָר** discipline, chastening, correction. (50)
f **מָאַס** to reject, despise. (74)
g **כָּאַב** to be in pain. (8)
h **חָבַשׁ** to bind, saddle. (33)
i **מָחַץ** to smite through, wound severely, shatter. (14)
j **רָפָא** to heal, mend. (67)
k **צָרָה** (f) distress, trouble. (70)
l **פָּדָה** to ransom, redeem. (59) *qal pf. 3ms + 2ms suf.*
m **שׁוֹט** scourge, whip. (10)
n **[חבא]** to hide, withdraw. (33)
o **שֹׁד** violence, havoc, devastation. (25)
p **כָּפָן** hunger, famine. (2)
q **שָׂחַק** to laugh, jest. (36)
r **[שלם]** to be in covenant of peace. (13)
s **נָוֶה** abode, habitation. (34)
t **צֶאֱצָא** issue, offspring, produce. (11)
u **עֵשֶׂב** herb, herbage, vegetation. (33)
v **כֶּלַח** vigour. (2)
w **קֶבֶר** grave, sepulchre. (67)
x **גָּדִישׁ** heap, stack. (3)
y **חָקַר** to search. (27) *qal pf. 1cp + 3fs suf.*

1 **[נצל]** *hi. impf. 3ms + 2ms suf.*
2 **נָגַע** *qal impf. 3ms*
3 **עָלָה** *qal inf. con.*
4 **שָׁמַע** *qal impv. 2ms + 3fs suf.*
5 **יָדַע** *qal impv. 2ms*

6

וַיַּ֥עַן[1] אִיּ֗וֹב וַיֹּאמַֽר׃

2 לוּ[a] שָׁק֣וֹל[b] יִשָּׁקֵ֣ל[b] כַּעְשִׂ֑י[c] והיתי[d] בְּמֹאזְנַ֥יִם[e] וְהַוָּתִ֗י
יִשְׂאוּ[2]־יָֽחַד[f]׃
3 כִּֽי־עַתָּ֗ה מֵח֣וֹל[g] יַמִּ֣ים יִכְבָּ֑ד עַל־כֵּ֝֗ן דְּבָרַ֥י לָֽעוּ[h]׃
4 כִּ֤י חִצֵּ֪י[i] שַׁדַּ֡י עִמָּדִ֗י[j] אֲשֶׁ֣ר חֲ֭מָתָם שֹׁתָ֣ה רוּחִ֑י בִּעוּתֵ֖י[k]
אֱל֣וֹהַּ[l] יַֽעַרְכֽוּנִי[m]׃
5 הֲיִֽנְהַק[n]־פֶּ֥רֶא[o] עֲלֵי־דֶ֑שֶׁא[p] אִ֥ם יִגְעֶה[q]־שּׁ֝֗וֹר[r]
עַל־בְּלִילֽוֹ[s]׃
6 הֲיֵאָכֵ֣ל תָּ֭פֵל[t] מִבְּלִי[u]־מֶ֑לַח[v] אִם־יֶשׁ־טַ֝֗עַם[w] בְּרִ֣יר[x]
חַלָּמֽוּת[y]׃
7 מֵאֲנָ֣ה[z] לִנְגּ֣וֹעַ נַפְשִׁ֑י הֵ֝֗מָּה כִּדְוֵ֥י[aa] לַחְמִֽי׃
8 מִֽי־יִתֵּ֣ן[3] תָּב֣וֹא שֶׁאֱלָתִ֑י[ab] וְ֝תִקְוָתִ֗י[ac] יִתֵּ֥ן[3] אֱלֽוֹהַּ[l]׃

6

a לוּ if, oh that! (23)

b שָׁקַל to weigh. (22)

c כַּ֫עַשׂ anger, vexation. (4)

d הַיָּה (f) destruction. (1)

e מֹאזֵן balances, scales. (15)

f יַ֫חַד unitedness. (44)

g חוֹל sand. (23)

h לוּעַ to talk wildly. (1) *qal pf. 3cp*

i חֵץ arrow. (44)

j עִמָּד with. (44)

k בִּעוּתִים terrors, alarms. (2)

l אֱלֹ֫הַּ god, God. (60)

m עָרַךְ to arrange, set in order. (70) *qal impf. 3mp + 1cs suf.*

n נָהַק to bray, cry. (2)

o פֶּ֫רֶא wild ass. (10)

p דֶּ֫שֶׁא grass. (15)

q גָּעָה to low. (2)

r שׁוֹר head of cattle, ox, bull. (79)

s בְּלִיל fodder. (3)

t תָּפֵל tasteless, unseasoned. (2)

u בְּלִי without, not. (58)

v מֶ֫לַח salt. (28)

w טַ֫עַם taste, judgement. (13)

x רִיר slimy juice, spittle. (2)

y חַלָּמוּת (f) plant with thick, slimy juice. (1)

z [מאן] to refuse. (41)

aa דְּוַי illness. (2)

ab שְׁאֵלָה (f) request, petition. (14)

ac תִּקְוָה (f) hope. (32)

6

1 עָנָה *qal wyqtl. 3ms*

2 נָשָׂא *qal impf. 3mp*

3 נָתַן *qal impf. 3ms*

9 וְיֹאֵל[a] אֱלוֹהַּ[b] וִידַכְּאֵנִי[c] יַתֵּר[d] יָדוֹ וִיבַצְּעֵנִי[e]׃

10 וּתְהִי[1] עוֹד ׀ נֶחָמָתִי[f] וַאֲסַלְּדָה[g] בְחִילָה[h] לֹא יַחְמוֹל[i]

כִּי־לֹא כִחַדְתִּי[j] אִמְרֵי[k] קָדוֹשׁ׃

11 מַה־כֹּחִי כִי־אֲיַחֵל[l] וּמַה־קִּצִּי[m] כִּי־אַאֲרִיךְ[n] נַפְשִׁי׃

12 אִם־כֹּחַ אֲבָנִים כֹּחִי אִם־בְּשָׂרִי נָחוּשׁ[o]׃

13 הַאִם אֵין עֶזְרָתִי[p] בִי וְתֻשִׁיָּה[q] נִדְּחָה[r] מִמֶּנִּי׃

14 לַמָּס[s] מֵרֵעֵהוּ חָסֶד וְיִרְאַת[t] שַׁדַּי יַעֲזוֹב׃

15 אַחַי בָּגְדוּ[u] כְמוֹ־נָחַל כַּאֲפִיק[v] נְחָלִים יַעֲבֹרוּ׃

16 הַקֹּדְרִים[w] מִנִּי־קָרַח[x] עָלֵימוֹ יִתְעַלֶּם[y]־שָׁלֶג[z]׃

17 בְּעֵת יְזֹרְבוּ[aa] נִצְמָתוּ[ab] בְּחֻמּוֹ[ac] נִדְעֲכוּ[ad] מִמְּקוֹמָם׃

18 יִלָּפְתוּ[ae] אָרְחוֹת[af] דַּרְכָּם יַעֲלוּ בַתֹּהוּ[ag] וְיֹאבֵדוּ׃

---

a [יאל] to be willing, be pleased, determine. (19) *hi. juss. 3ms*

b אֱלֹהַּ god, God. (60)

c [דכא] to crush. (18) *pi. impf. 3ms + 1cs suf.*

d [נתר] to be free, loose. (5)

e בָּצַע to cut off, break off, gain by violence. (16) *pi. impf. 3ms + 1cs suf.*

f נֶחָמָה (f) comfort. (2)

g [סלד] to spring , rejoice. (1)

h חִילָה (f) anguish. (1)

i חָמַל to spare. (41)

j [כחד] to hide, efface. (32)

k אֹמֶר utterance, speech, word. (49)

l [יחל] to wait; await. (40)

m קֵץ end. (67)

n אָרַךְ to prolong. (34)

o נָחוּשׁ bronze. (1)

p עֶזְרָה (f) help, succour, assistance. (26)

q תּוּשִׁיָּה (f) sound, efficient wisdom. (11)

r [נדח] to drive out, banish, expel. (51)

s מָס despairing. (1)

t יִרְאָה (f) fear. (42)

u בָּגַד to act or deal treacherously. (49)

v אָפִיק channel. (19)

w קָדַר to be dark. (17)

x קֶרַח frost, ice. (7)

y [עלם] to conceal. (28)

z שֶׁלֶג snow. (20)

aa [זרב] to be burnt, scorched. (1)

ab צָמַת to put an end to, exterminate. (15)

ac חֹם heat. (14) *qal inf. con. + 3ms suf.*

ad דָּעַךְ to go out, be extinguished. (9)

ae לָפַת to twist, turn, grasp. (3)

af אֹרַח way, path. (59)

ag תֹּהוּ formlessness, emptiness. (20)

---

[1] הָיָה *qal juss. 3fs*

19 הִבִּיטוּ[a] אָרְחוֹת[b] תֵּמָא הֲלִיכֹת[c] שְׁבָא קִוּוּ[d]־לָמוֹ׃
20 בֹּשׁוּ[1] כִּי־בָטָח בָּאוּ[2] עָדֶיהָ וַיֶּחְפָּרוּ[e]׃
21 כִּי־עַתָּה הֱיִיתֶם לֹא תִּרְאוּ חֲתַת[f] וַתִּירָאוּ׃ לוֹ
22 הֲכִי־אָמַרְתִּי הָבוּ[g] לִי וּמִכֹּחֲכֶם שִׁחֲדוּ[h] בַעֲדִי׃
23 וּמַלְּטוּנִי[3] מִיַּד־צָר[i] וּמִיַּד עָרִיצִים[j] תִּפְדּוּנִי[k]׃
24 הוֹרוּנִי[l] וַאֲנִי אַחֲרִישׁ[m] וּמַה־שָּׁגִיתִי[n] הָבִינוּ לִי׃
25 מַה־נִּמְרְצוּ[o] אִמְרֵי[p]־יֹשֶׁר[q] וּמַה־יּוֹכִיחַ[r] הוֹכֵחַ[s] מִכֶּם׃
26 הַלְהוֹכַח[t] מִלִּים[u] תַּחְשֹׁבוּ וּלְרוּחַ אִמְרֵי[p] נֹאָשׁ[v]׃
27 אַף־עַל־יָתוֹם[w] תַּפִּילוּ[4] וְתִכְרוּ[x] עַל־רֵיעֲכֶם׃
28 וְעַתָּה הוֹאִילוּ[y] פְנוּ־בִי וְעַל־פְּנֵיכֶם אִם־אֲכַזֵּב[z]׃
29 שֻׁבוּ־נָא אַל־תְּהִי[5] עַוְלָה[aa] ושבי עוֹד צִדְקִי־בָהּ׃ וְשׁוּבוּ

---

a [נבט] to look. (69)
b אֹרַח way, path. (59)
c הֲלִיכָה (f) going, way, travelling-company. (6)
d [קוה] to wait for. (46)
e חָפֵר to be abashed, ashamed. (17)
f חֲתַת terror. (1)
g יָהַב to give. (33) *qal impv. 2mp*
h שָׁחַד to give a present, bribe. (2)
i צַר adversary, enemy. (75)
j עָרִיץ ruthless, awe-inspiring. (20)
k פָּדָה to ransom, redeem. (59) *qal impf. 2mp + 1cs suf.*
l יָרָה to shoot, throw, teach. (79) *hi. impv. 2mp + 1cs suf.*
m חָרֵשׁ to be silent, deaf. (47)
n שָׁגָה to wander astray, err. (21) *qal pf. 1cs*
o [מרץ] (1) to be sick; (2) strong. (4)
p אֵמֶר utterance, speech, word. (49)
q יֹשֶׁר straightness, uprightness. (14)
r [יכח] to decide, reprove, rebuke. (59) *hi. impf. 3ms*
s [יכח] to decide, reprove, rebuke. (59) *hi. inf. abs.*
t [יכח] to decide, reprove, rebuke. (59) *hi. inf. con.*
u מִלָּה (f) word, speech, utterance. (38)
v [יאשׁ] to despair. (6)
w יָתוֹם orphan. (42)
x כָּרָה to dig. (16)
y [יאל] to be willing, be pleased, determine. (19) *hi. impv. 2mp*
z [כזב] to lie, be a liar. (18)
aa עַוְלָה (f) injustice, unrighteousness, wrong. (31)

---

1 בּוֹשׁ *qal pf. 3cp*
2 בּוֹא *qal pf. 3cp*
3 [מלט] *pi. impv. 2mp + 1cs suf.*
4 נָפַל *hi. impf. 2mp*
5 הָיָה *qal juss. 3fs*

30 הֲיֵשׁ־בִּלְשׁוֹנִי עַוְלָה[a] אִם־חִכִּי[b] לֹא־יָבִין הַוּוֹת[c]׃

7

עֲלֵי הֲלֹא־צָבָא לֶאֱנוֹשׁ[a] עֹל־אָרֶץ וְכִימֵי שָׂכִיר[b] יָמָיו׃
2 כְּעֶבֶד יִשְׁאַף[c]־צֵל[d] וּכְשָׂכִיר[b] יְקַוֶּה[e] פָעֳלוֹ[f]׃
3 כֵּן הָנְחַלְתִּי[g] לִי יַרְחֵי[h]־שָׁוְא[i] וְלֵילוֹת עָמָל[j] מִנּוּ[k]־לִי׃
4 אִם־שָׁכַבְתִּי וְאָמַרְתִּי מָתַי[l] אָקוּם וּמִדַּד[m]־עָרֶב
וְשָׂבַעְתִּי נְדֻדִים[n] עֲדֵי־נָשֶׁף[o]׃
וְגוּשׁ 5 לָבַשׁ בְּשָׂרִי רִמָּה[p] וגִישׁ[q] עָפָר עוֹרִי רָגַע[r] וַיִּמָּאֵס[s]׃
6 יָמַי קַלּוּ[1] מִנִּי־אָרֶג[t] וַיִּכְלוּ[2] בְּאֶפֶס[u] תִּקְוָה[v]׃
7 זְכֹר כִּי־רוּחַ חַיָּי לֹא־תָשׁוּב עֵינִי לִרְאוֹת[3] טוֹב׃
8 לֹא־תְשׁוּרֵנִי[w] עֵין רֹאִי[x] עֵינֶיךָ בִּי וְאֵינֶנִּי׃
9 כָּלָה עָנָן וַיֵּלַךְ כֵּן יוֹרֵד[4] שְׁאוֹל לֹא יַעֲלֶה׃
10 לֹא־יָשׁוּב עוֹד לְבֵיתוֹ וְלֹא־יַכִּירֶנּוּ[y] עוֹד מְקֹמוֹ׃

---

a **עַוְלָה** (f) injustice, unrighteousness, wrong. (31)
b **חֵךְ** palate, roof of mouth. (18)
c **הַוָּה** (f) desire; destruction. (15)

7

a **אֱנוֹשׁ** man, humankind. (42)
b **שָׂכִיר** hired. (17)
c **שָׁאַף** to gasp, pant, pant after, long for. (8)
d **צֵל** shadow. (49)
e **[קוה]** to wait for. (46)
f **פֹּעַל** work, deed, doing. (38)
g **נָחַל** to take possession, inherit. (59)
h **יֶרַח** month. (13)
i **שָׁוְא** emptiness, vanity. (53)
j **עָמָל** trouble, labour, toil. (55)
k **מָנָה** to count, number, assign, appoint. (28)
l **מָתַי** when? (43)
m **[מדד]** to measure. (1)
n **נְדוּד** tossing of sleeplessness. (1)
o **נֶשֶׁף** twilight. (12)
p **רִמָּה** (f) worm. (7)
q **גּוּשׁ** clod, lump. (1)
r **רָגַע** to harden. (1)
s **[מאס]** to flow, run. (2)
t **אֶרֶג** loom. (2)
u **אֶפֶס** end, ceasing; non-existence. (43)
v **תִּקְוָה** (f) hope. (32)
w **שׁוּר** to behold, regard. (16) *qal impf. 3fs + 1cs suf.*
x **רְאִי** looking, seeing, sight. (5)
y **[נכר]** to recognise, regard. (42) *hi. impf. 3ms + 3ms suf.*

7

1 **קָלַל** *qal pf. 3cp*
2 **כָּלָה** *qal wyqtl. 3mp*
3 **רָאָה** *qal inf. con.*
4 **יָרַד** *qal ptc. ms abs.*

11 גַּם־אֲנִי לֹא אֶחֱשָׂךְ[a] פִּי אֲדַבְּרָה בְּצַר[b] רוּחִי אָשִׂיחָה[c]
בְּמַר[d] נַפְשִׁי׃
12 הֲיָם־אָנִי אִם־תַּנִּין[e] כִּי־תָשִׂים עָלַי מִשְׁמָר[f]׃
13 כִּי־אָמַרְתִּי תְּנַחֲמֵנִי[1] עַרְשִׂי[g] יִשָּׂא[2] בְשִׂיחִי[h] מִשְׁכָּבִי[i]׃
14 וְחִתַּתַּנִי[j] בַחֲלֹמוֹת[k] וּמֵחֶזְיֹנוֹת[l] תְּבַעֲתַנִּי[m]׃
15 וַתִּבְחַר מַחֲנָק[n] נַפְשִׁי מָוֶת מֵעַצְמוֹתָי׃
16 מָאַסְתִּי[o] לֹא־לְעֹלָם אֶחְיֶה חֲדַל[p] מִמֶּנִּי כִּי־הֶבֶל[q] יָמָי׃
17 מָה־אֱנוֹשׁ[r] כִּי תְגַדְּלֶנּוּ[3] וְכִי־תָשִׁית אֵלָיו לִבֶּךָ׃
18 וַתִּפְקְדֶנּוּ[4] לִבְקָרִים לִרְגָעִים[s] תִּבְחָנֶנּוּ[t]׃
19 כַּמָּה לֹא־תִשְׁעֶה[u] מִמֶּנִּי לֹא־תַרְפֵּנִי[v] עַד־בִּלְעִי[w]
רֻקִּי[x]׃
20 חָטָאתִי מָה אֶפְעַל[y] ׀ לָךְ נֹצֵר[z] הָאָדָם לָמָה שַׂמְתַּנִי[5]
לְמִפְגָּע[aa] לָךְ וָאֶהְיֶה עָלַי לְמַשָּׂא[ab]׃

a חָשַׂךְ to withhold, refrain. (27)
b צַר straits, distress. (27)
c שִׂיחַ to muse, complain. (20)
d מַר bitter, bitterness. (39)
e תַּנִּין serpent, dragon, sea monster. (14)
f מִשְׁמָר custody, jail. (22)
g עֶרֶשׂ (f) couch, bed. (10)
h שִׂיחַ complaint, musing. (14)
i מִשְׁכָּב place of lying, couch, bed. (46)
j חָתַת to be shattered, dismayed. (51) *pi. wqtl. 2ms + 1cs suf.*
k חֲלוֹם dream. (64)
l חִזָּיוֹן vision. (9)
m [בעת] to terrify, fall upon. (16) *pi. impf. 2ms + 1cs suf.*
n מַחֲנָק strangling, suffocation. (1)
o מָאַס to reject, despise. (74)
p חָדַל to cease, leave off. (58)
q הֶבֶל vanity, vapour, breath. (73)
r אֱנוֹשׁ man, humankind. (42)
s רֶגַע moment. (22)
t בָּחַן to examine, test. (29) *qal impf. 2ms + 3ms suf.*
u שָׁעָה to gaze. (15)
v רָפָה to sink down, relax. (46) *hi. impf. 2ms + 1cs suf.*
w בָּלַע to swallow up, consume. (49) *qal inf. con. + 1cs suf.*
x רֹק spittle. (3)
y פָּעַל to do, make. (56)
z נָצַר to watch, guard, keep. (61) *qal ptc. ms con.*
aa מִפְגָּע thing hit, mark. (1)
ab מַשָּׂא load, burden, lifting, tribute. (38)

[1] [נחם] *pi. impf. 3fs + 1cs suf.*
[2] נָשָׂא *qal impf. 3ms*
[3] גָּדַל *pi. impf. 2ms + 3ms suf.*
[4] פָּקַד *qal wyqtl. 2ms + 3ms suf.*
[5] שׂוּם *qal pf. 2ms + 1cs suf.*

21 וּמֶה ׀ לֹא־תִשָּׂא[1] פִשְׁעִי וְתַעֲבִיר אֶת־עֲוֺנִי כִּי־עַתָּה
לֶעָפָר אֶשְׁכָּב וְשִׁחֲרְתַּנִי[a] וְאֵינֶנִּי׃ פ

8

וַיַּעַן[1] בִּלְדַּד הַשּׁוּחִי וַיֹּאמַר׃
2 עַד־אָן[a] תְּמַלֶּל[b]־אֵלֶּה וְרוּחַ כַּבִּיר[c] אִמְרֵי[d]־פִיךָ׃
3 הַאֵל יְעַוֵּת[e] מִשְׁפָּט וְאִם־שַׁדַּי יְעַוֵּת[e]־צֶדֶק׃
4 אִם־בָּנֶיךָ חָטְאוּ־לוֹ וַיְשַׁלְּחֵם[2] בְּיַד־פִּשְׁעָם׃
5 אִם־אַתָּה תְּשַׁחֵר[f] אֶל־אֵל וְאֶל־שַׁדַּי תִּתְחַנָּן[g]׃
6 אִם־זַךְ[h] וְיָשָׁר אָתָּה כִּי־עַתָּה יָעִיר[i] עָלֶיךָ וְשִׁלַּם נְוַת[j]
צִדְקֶךָ׃
7 וְהָיָה רֵאשִׁיתְךָ[k] מִצְעָר[l] וְאַחֲרִיתְךָ[m] יִשְׂגֶּה[n] מְאֹד׃
8 כִּי־שְׁאַל־נָא לְדֹר רִישׁוֹן וְכוֹנֵן[3] לְחֵקֶר[o] אֲבוֹתָם׃
9 כִּי־תְמוֹל[p] אֲנַחְנוּ וְלֹא נֵדָע כִּי צֵל[q] יָמֵינוּ עֲלֵי־אָרֶץ׃
10 הֲלֹא־הֵם יוֹרוּךָ[r] יֹאמְרוּ לָךְ וּמִלִּבָּם יוֹצְאוּ[4] מִלִּים[s]׃

---

a [שחר] to look early, diligently for. (12) *pi. wqtl. 2ms + 1cs suf.*

8

a אָן where? wither? (42)

b [מלל] to speak, utter, say. (4)

c כַּבִּיר great, mighty, much. (10)

d אֵמֶר utterance, speech, word. (49)

e [עות] to be bent, crooked. (11)

f [שחר] to look early, diligently for. (12)

g חָנַן to be gracious, show favour. (77)

h זַךְ pure, clean. (11)

i עוּר to rouse oneself, awake. (80)

j נָוֶה abode, habitation. (34)

k רֵאשִׁית (f) first, beginning, chief. (51)

l מִצְעָר small thing. (5)

m אַחֲרִית (f) after part, end, last. (61)

n שָׂגָה to grow, grow great. (2)

o חֵקֶר searching, something searched out. (12)

p תְּמוֹל yesterday. (23)

q צֵל shadow. (49)

r יָרָה to shoot, throw, teach. (79) *hi. impf. 3mp + 2ms suf.*

s מִלָּה (f) word, speech, utterance. (38)

---

[1] נָשָׂא *qal impf. 2ms*

8

[1] עָנָה *qal wyqtl. 3ms*

[2] שָׁלַח *pi. wyqtl. 3ms + 3mp suf.*

[3] [כון] *pol. impv. 2ms*

[4] יָצָא *hi. impf. 3mp*

11 הֲיִֽגְאֶה[a]־גֹּמֶא[b] בְּלֹא בִצָּה[c] יִשְׂגֶּה[d]־אָחוּ[e] בְלִי[f]־מָֽיִם׃
12 עֹדֶנּוּ בְאִבּוֹ[g] לֹא יִקָּטֵף[h] וְלִפְנֵי כָל־חָצִיר[i] יִיבָֽשׁ[j]׃
13 כֵּן אָרְחוֹת[k] כָּל־שֹׁכְחֵי אֵל וְתִקְוַת[l] חָנֵף[m] תֹּאבֵֽד׃
14 אֲשֶׁר־יָקוֹט[n] כִּסְלוֹ[o] וּבֵית עַכָּבִישׁ[p] מִבְטַחֽוֹ[q]׃
15 יִשָּׁעֵן[r] עַל־בֵּיתוֹ וְלֹא יַעֲמֹד יַחֲזִיק בּוֹ וְלֹא יָקֽוּם׃
16 רָטֹב[s] הוּא לִפְנֵי־שָׁמֶשׁ וְעַל גַּנָּתוֹ[t] יֹנַקְתּוֹ[u] תֵצֵֽא׃
17 עַל־גַּל[v] שָׁרָשָׁיו[w] יְסֻבָּכוּ[x] בֵּית[y] אֲבָנִים יֶחֱזֶֽה[z]׃
18 אִם־יְבַלְּעֶנּוּ[aa] מִמְּקוֹמוֹ וְכִחֶשׁ[ab] בּוֹ לֹא רְאִיתִֽיךָ[1]׃
19 הֶן־הוּא מְשׂוֹשׂ[ac] דַּרְכּוֹ וּמֵעָפָר אַחֵר יִצְמָֽחוּ[ad]׃
20 הֶן־אֵל לֹא יִמְאַס[ae]־תָּם[af] וְלֹא־יַחֲזִיק בְּיַד־מְרֵעִֽים[2]׃
21 עַד־יְמַלֵּה שְׂחוֹק[ag] פִּיךָ וּשְׂפָתֶיךָ תְרוּעָֽה[ah]׃
22 שֹׂנְאֶיךָ[3] יִלְבְּשׁוּ־בֹשֶׁת[ai] וְאֹהֶל רְשָׁעִים אֵינֶֽנּוּ׃ פ

---

a גָּאָה to rise up. (7)
b גֹּמֶא rush, reed, papyrus. (4)
c בִּצָּה (f) swamp. (3)
d שָׂגָה to grow, grow great. (2)
e אָחוּ reeds, rushes. (3)
f בְּלִי without, not. (58)
g אֵב freshness, fresh green. (2)
h קָטַף to pluck off, or out. (5)
i חָצִיר grass, herbage. (19)
j יָבֵשׁ to be dry, dried up, wither. (73)
k אֹרַח way, path. (59)
l תִּקְוָה (f) hope. (32)
m חָנֵף profane, irreligious. (13)
n קוֹט to break, snap. (1)
o כֶּסֶל loins, stupidity, confidence. (13)
p עַכָּבִישׁ spider. (2)
q מִבְטָח confidence. (15)
r [שׁען] to lean on, support oneself trust in. (22)
s רָטֹב moist, juicy, fresh. (1)
t גַּנָּה (f) garden. (12)
u יוֹנֶקֶת (f) young shoot, twig. (6)
v גַּל heap, wave, billow. (34)
w שֹׁרֶשׁ root. (33)
x סָבַךְ to interweave. (2)
y בֵּית between. (3)
z חָזָה to see, behold. (51)
aa בָּלַע to swallow up, consume. (49) *pi. impf. 3ms + 3ms suf.*
ab כָּחַשׁ to deceive, fail, grow lean. (22)
ac מָשׂוֹשׂ exultation, rejoicing, joy. (17)
ad צָמַח to sprout, spring up. (33)
ae מָאַס to reject, despise. (74)
af תָּם complete. (14)
ag שְׂחֹק laughter, derision. (15)
ah תְּרוּעָה (f) shout, alarm. (36)
ai בֹּשֶׁת (f) shame. (31)

---

1 רָאָה *qal pf. 1cs + 2ms suf.*
2 רָעַע *hi. ptc. mp abs.*
3 שָׂנֵא *qal ptc. mp con. + 2ms suf.*

9 וַיַּעַן[1] אִיּוֹב וַיֹּאמַר׃
2 אָמְנָם[a] יָדַעְתִּי כִּי־כֵן וּמַה־יִּצְדַּק[b] אֱנוֹשׁ[c] עִם־אֵל׃
3 אִם־יַחְפֹּץ[d] לָרִיב[e] עִמּוֹ לֹא־יַעֲנֶנּוּ[2] אַחַת מִנִּי־אָלֶף׃
4 חֲכַם לֵבָב וְאַמִּיץ[f] כֹּחַ מִי־הִקְשָׁה[g] אֵלָיו וַיִּשְׁלָם׃
5 הַמַּעְתִּיק[h] הָרִים וְלֹא יָדָעוּ אֲשֶׁר הֲפָכָם[3] בְּאַפּוֹ׃
6 הַמַּרְגִּיז[i] אֶרֶץ מִמְּקוֹמָהּ וְעַמּוּדֶיהָ יִתְפַלָּצוּן[j]׃
7 הָאֹמֵר לַחֶרֶס[k] וְלֹא יִזְרָח[l] וּבְעַד כּוֹכָבִים[m] יַחְתֹּם[n]׃
8 נֹטֶה[4] שָׁמַיִם לְבַדּוֹ וְדוֹרֵךְ[o] עַל־בָּמֳתֵי יָם׃
9 עֹשֶׂה־עָשׁ[p] כְּסִיל[q] וְכִימָה[r] וְחַדְרֵי[s] תֵמָן[t]׃
10 עֹשֶׂה גְדֹלוֹת עַד־אֵין חֵקֶר[u] וְנִפְלָאוֹת[v] עַד־אֵין מִסְפָּר׃
11 הֵן יַעֲבֹר עָלַי וְלֹא אֶרְאֶה וְיַחֲלֹף[w] וְלֹא־אָבִין לוֹ׃
12 הֵן יַחְתֹּף[x] מִי יְשִׁיבֶנּוּ[5] מִי־יֹאמַר אֵלָיו מַה־תַּעֲשֶׂה׃

9

a אָמְנָם verily, truly. (9)
b צָדֵק to be just, righteous. (41)
c אֱנוֹשׁ man, humankind. (42)
d חָפֵץ to delight in, desire. (74)
e רִיב to strive, contend. (67)
f אַמִּיץ strong, mighty. (6)
g קָשָׁה to harden, be hard, severe. (28)
h עָתַק to proceed, advance. (9)
i רָגַז to be agitated, quake, tremble. (41)
j [פלץ] to shudder. (1) *hitp. impf. 3mp + paragogic nun suf.*
k חֶרֶס sun. (3)
l זָרַח to rise, come forth. (18)
m כּוֹכָב star. (37)
n חָתַם to seal, seal up. (27)
o דָּרַךְ to tread, march. (63)
p עַיִשׁ (f) Bear, constellation. (2)
q כְּסִיל constellation, Orion. (4)
r כִּימָה (f) Pleiades. (3)
s חֶדֶר chamber, room. (38)
t תֵּימָן (f) south, south wind. (23)
u חֵקֶר searching, something searched out. (12)
v [פלא] to be extraordinary, wonderful. (71)
w חָלַף to pass on or away, pass through. (28)
x חָתַף to seize, snatch away. (1)

9

1 עָנָה *qal wyqtl. 3ms*
2 עָנָה *qal impf. 3ms + 3ms suf.*
3 הָפַךְ *qal pf. 3ms + 3mp suf.*
4 נָטָה *qal ptc. ms abs.*
5 שׁוּב *hi. impf. 3ms + 3ms suf.*

13 אֱלוֹהַּ[a] לֹא־יָשִׁיב אַפּוֹ תחתו שָׁחֲחוּ[b] עֹזְרֵי רָהַב׃ תַּחְתָּיו
14 אַף כִּי־אָנֹכִי אֶעֱנֶנּוּ[1] אֶבְחֲרָה דְבָרַי עִמּוֹ׃
15 אֲשֶׁר אִם־צָדַקְתִּי[c] לֹא אֶעֱנֶה לִמְשֹׁפְטִי[2] אֶתְחַנָּן[d]׃
16 אִם־קָרָאתִי וַיַּעֲנֵנִי[3] לֹא־אַאֲמִין כִּי־יַאֲזִין[e] קוֹלִי׃
17 אֲשֶׁר־בִּשְׂעָרָה[f] יְשׁוּפֵנִי[g] וְהִרְבָּה פְצָעַי[h] חִנָּם[i]׃
18 לֹא־יִתְּנֵנִי[4] הָשֵׁב רוּחִי כִּי יַשְׂבִּעַנִי[5] מַמְּרֹרִים[j]׃
19 אִם־לְכֹחַ אַמִּיץ[k] הִנֵּה וְאִם־לְמִשְׁפָּט מִי יוֹעִידֵנִי[l]׃
20 אִם־אֶצְדָּק[c] פִּי יַרְשִׁיעֵנִי[m] תָּם[n]־אָנִי וַיַּעְקְשֵׁנִי[o]׃
21 תָּם[n]־אָנִי לֹא־אֵדַע נַפְשִׁי אֶמְאַס[p] חַיָּי׃
22 אַחַת הִיא עַל־כֵּן אָמַרְתִּי תָּם[n] וְרָשָׁע הוּא מְכַלֶּה׃
23 אִם־שׁוֹט[q] יָמִית פִּתְאֹם[r] לְמַסַּת[s] נְקִיִּם[t] יִלְעָג[u]׃
24 אֶרֶץ ׀ נִתְּנָה בְּיַד־רָשָׁע פְּנֵי־שֹׁפְטֶיהָ[6] יְכַסֶּה אִם־לֹא
אֵפוֹא[v] מִי־הוּא׃

---

a אֱלֹהַּ god, God. (60)

b שָׁחַח to bow, be bowed down, crouch. (21) *qal pf. 3cp*

c צָדֵק to be just, righteous. (41)

d חָנַן to be gracious, show favour. (77)

e [אזן] to give ear, listen, hear. (41)

f שְׂעָרָה (f) storm. (2)

g שׁוּף to bruise. (4) *qal impf. 3ms + 1cs suf.*

h פֶּ֫צַע bruise, wound. (8)

i חִנָּם for nothing, without cause. (32)

j מַמְרוֹר bitter thing. (1)

k אַמִּיץ strong, mighty. (6)

l יָעַד to appoint. (29) *hi. impf. 3ms + 1cs suf.*

m רָשַׁע to be wicked, act wickedly. (35) *hi. impf. 3ms + 1cs suf.*

n תָּם complete. (14)

o [עקשׁ] to twist. (5) *hi. wyqtl. 3ms + 1cs suf.*

p מָאַס to reject, despise. (74)

q שׁוֹט scourge, whip. (10)

r פִּתְאֹם suddenly, suddenness. (25)

s מַסָּה (f) despair. (1)

t נָקִי clean, free from, exempt. (41)

u לָעַג to mock, deride. (18)

v אֵפוֹ then. (15)

---

1 עָנָה *qal impf. 1cs + 3ms suf.*

2 שָׁפַט *poel ptc. ms con. + 1cs suf.*

3 עָנָה *qal wyqtl. 3ms + 1cs suf.*

4 נָתַן *qal impf. 3ms + 1cs suf.*

5 שָׂבֵעַ *hi. impf. 3ms + 1cs suf.*

6 שָׁפַט *qal ptc. mp con. + 3fs suf.*

25 וְיָמַי קַלּוּ[1] מִנִּי־רָץ[2] בָּרְחוּ[a] לֹא־רָאוּ טוֹבָה[b]׃
26 חָלְפוּ[c] עִם־אֳנִיּוֹת[d] אֵבֶה[e] כְּנֶשֶׁר[f] יָטוּשׂ[g] עֲלֵי־אֹכֶל[h]׃
27 אִם־אָמְרִי[3] אֶשְׁכְּחָה שִׂיחִי[i] אֶעֶזְבָה פָנַי וְאַבְלִיגָה[j]׃
28 יָגֹרְתִּי[k] כָל־עַצְּבֹתָי[l] יָדַעְתִּי כִּי־לֹא תְנַקֵּנִי[m]׃
29 אָנֹכִי אֶרְשָׁע[n] לָמָּה־זֶּה הֶבֶל[o] אִיגָע[p]׃
30 אִם־הִתְרָחַצְתִּי[q] בְמוֹ[r]־שָׁלֶג[s] וַהֲזִכּוֹתִי[t] בְּבֹר[u] כַּפָּי׃ בְּמֵי
31 אָז בַּשַּׁחַת[v] תִּטְבְּלֵנִי[w] וְתִעֲבוּנִי[x] שַׂלְמוֹתָי[y]׃
32 כִּי־לֹא־אִישׁ כָּמֹנִי אֶעֱנֶנּוּ[4] נָבוֹא יַחְדָּו בַּמִּשְׁפָּט׃
33 לֹא[z] יֵשׁ־בֵּינֵינוּ מוֹכִיחַ[aa] יָשֵׁת יָדוֹ עַל־שְׁנֵינוּ׃
34 יָסֵר מֵעָלַי שִׁבְטוֹ וְאֵמָתוֹ[ab] אַל־תְּבַעֲתַנִּי[ac]׃
35 אֲדַבְּרָה וְלֹא אִירָאֶנּוּ[5] כִּי לֹא־כֵן אָנֹכִי עִמָּדִי[ad]׃

a בָּרַח to go through, flee. (65)
b טוֹבָה (f) welfare, benefit, good. (64)
c חָלַף to pass on or away, pass through. (28)
d אֳנִיָּה (f) ship. (31)
e אֵבֶה reed, papyrus. (1)
f נֶשֶׁר eagle. (26)
g טוּשׂ to rush, dart. (1)
h אֹכֶל food. (44)
i שִׂיחַ complaint, musing. (14)
j [בלג] to gleam, smile. (4)
k יָגֹר to be afraid, fear. (5)
l עַצֶּבֶת (f) hurt, injury, pain. (5)
m [נקה] to be clear, innocent. (44) *pi. impf. 2ms + 1cs suf.*
n רָשַׁע to be wicked, act wickedly. (35)
o הֶבֶל vanity, vapour, breath. (73)
p יָגַע to toil, grow or be weary. (26)
q רָחַץ to wash, wash off, away, bathe. (72)
r בְּמוֹ in, at, by. (10)
s שֶׁלֶג snow. (20)
t זָכַךְ to be bright, clean, pure. (4)
u בֹּר lye. (2)
v שַׁחַת (f) pit. (23)
w טָבַל to dip. (16) *qal impf. 2ms + 1cs suf.*
x [תעב] to abhor, be abominable. (22) *pi. wqtl. 3cp + 1cs suf.*
y שַׂלְמָה (f) garment, outer garment. (16)
z לוּ if, oh that! (23)
aa [יכח] to decide, reprove, rebuke. (59) *hi. ptc. ms abs.*
ab אֵימָה (f) terror, dread. (17)
ac [בעת] to terrify, fall upon. (16) *pi. juss. 3fs + 1cs suf.*
ad עִמָּד with. (44)

[1] קָלַל *qal pf. 3cp*
[2] רוּץ *qal ptc. ms abs.*
[3] אָמַר *qal inf. con. + 1cs suf.*
[4] עָנָה *qal impf. 1cs + 3ms suf.*
[5] יָרֵא *qal impf. 1cs + 3ms suf.*

10

1 נָֽקְטָה[a] נַפְשִׁי בְּחַיָּי אֶֽעֶזְבָה
עָלַי שִׂיחִי[b] אֲדַבְּרָה בְּמַר[c] נַפְשִׁי׃
2 אֹמַר אֶל־אֱלוֹהַּ[d] אַל־תַּרְשִׁיעֵנִי[e] הוֹדִיעֵנִי[1] עַל
מַה־תְּרִיבֵנִי[f]׃
3 הֲטוֹב לְךָ ׀ כִּי־תַעֲשֹׁק[g] כִּי־תִמְאַס[h] יְגִיעַ[i] כַּפֶּיךָ
וְעַל־עֲצַת רְשָׁעִים הוֹפָעְתָּ[j]׃
4 הַעֵינֵי בָשָׂר לָךְ אִם־כִּרְאוֹת[2] אֱנוֹשׁ[k] תִּרְאֶה׃
5 הֲכִימֵי אֱנוֹשׁ[k] יָמֶיךָ אִם־שְׁנוֹתֶיךָ כִּימֵי גָבֶר[l]׃
6 כִּי־תְבַקֵּשׁ לַעֲוֺנִי וּלְחַטָּאתִי תִדְרוֹשׁ׃
7 עַל־דַּעְתְּךָ כִּי־לֹא אֶרְשָׁע[e] וְאֵין מִיָּדְךָ מַצִּיל[3]׃
8 יָדֶיךָ עִצְּבוּנִי[m] וַיַּעֲשׂוּנִי[4] יַחַד[n] סָבִיב וַתְּבַלְּעֵנִי[o]׃
9 זְכָר־נָא כִּי־כַחֹמֶר[p] עֲשִׂיתָנִי[5] וְאֶל־עָפָר תְּשִׁיבֵנִי[6]׃
10 הֲלֹא כֶחָלָב[q] תַּתִּיכֵנִי[r] וְכַגְּבִנָּה[s] תַּקְפִּיאֵנִי[t]׃
11 עוֹר וּבָשָׂר תַּלְבִּישֵׁנִי[7] וּבַעֲצָמוֹת וְגִידִים[u] תְּסֹכְכֵנִי[v]׃

10

a [נקט] to feel a loathing. (1)
b שִׂיחַ complaint, musing. (14)
c מַר bitter, bitterness. (39)
d אֱלוֹהַּ god, God. (60)
e רָשַׁע to be wicked, act wickedly. (35) *hi. juss. 2ms + 1cs suf.*
f רִיב to strive, contend. (67) *qal impf. 2ms + 1cs suf.*
g עָשַׁק to oppress, wrong, extort. (36)
h מָאַס to reject, despise. (74)
i יְגִיעַ toil, product. (16)
j [יפע] to shine out or forth, send out beams. (8) *hi. pf. 2ms*
k אֱנוֹשׁ man, humankind. (42)
l גֶּבֶר man, strong man. (65)
m [עצב] to shape, fashion. (2) *pi. pf. 3cp + 1cs suf.*
n יַחַד unitedness. (44)
o בָּלַע to swallow up, consume. (49) *pi. wyqtl. 2ms + 1cs suf.*
p חֹמֶר cement, mortar, clay. (16)
q חָלָב milk. (44)
r נָתַךְ to pour out, pour forth. (21) *hi. impf. 2ms + 1cs suf.*
s גְּבִינָה (f) curd, cheese. (1)
t קָפָא to thicken, condense, congeal. (3) *hi. impf. 2ms + 1cs suf.*
u גִּיד sinew. (7)
v [שׂכך] to weave. (1) *poel impf. 2ms + 1cs suf.*

10

1 יָדַע *hi. impv. 2ms + 1cs suf.*
2 רָאָה *qal inf. con.*
3 [נצל] *hi. ptc. ms abs.*
4 עָשָׂה *qal wyqtl. 3mp + 1cs suf.*
5 עָשָׂה *qal pf. 2ms + 1cs suf.*
6 שׁוּב *hi. impf. 2ms + 1cs suf.*
7 לָבַשׁ *hi. impf. 2ms + 1cs suf.*

12 חַ֭יִּים וָחֶ֣סֶד עָשִׂ֣יתָ[1] עִמָּדִ֑י[a] וּ֝פְקֻדָּתְךָ֗[b] שָׁמְרָ֥ה רוּחִֽי׃
13 וְ֭אֵלֶּה צָפַ֣נְתָּ[c] בִלְבָבֶ֑ךָ יָ֝דַ֗עְתִּי כִּי־זֹ֥את עִמָּֽךְ׃
14 אִם־חָ֭טָאתִי וּשְׁמַרְתָּ֑נִי[2] וּ֝מֵעֲוֺנִ֗י לֹ֣א תְנַקֵּֽנִי[d]׃
15 אִם־רָשַׁ֡עְתִּי[e] אַלְלַ֬י[f] לִ֗י וְ֭צָדַקְתִּי[g] לֹא־אֶשָּׂ֣א[3] רֹאשִׁ֑י
שְׂבַ֥ע[h] קָ֝ל֗וֹן[i] וּרְאֵ֥ה[j] עָנְיִֽי[k]׃
16 וְ֭יִגְאֶה[l] כַּשַּׁ֣חַל[m] תְּצוּדֵ֑נִי[n] וְ֝תָשֹׁ֗ב תִּתְפַּלָּא[o]־בִֽי׃
17 תְּחַדֵּ֪שׁ[p] עֵדֶ֡יךָ[q] ׀ נֶגְדִּ֗י
וְתֶ֣רֶב[4] כַּ֭עַשְׂךָ[r] עִמָּדִ֑י[a] חֲלִיפ֖וֹת[s] וְצָבָ֣א עִמִּֽי׃
18 וְלָ֣מָּה מֵ֭רֶחֶם[t] הֹצֵאתָ֑נִי[5] אֶ֝גְוַ֗ע[u] וְעַ֣יִן לֹא־תִרְאֵֽנִי[6]׃
19 כַּאֲשֶׁ֣ר לֹא־הָ֭יִיתִי אֶהְיֶ֑ה מִ֝בֶּ֗טֶן[v] לַקֶּ֥בֶר[w] אוּבָֽל[x]׃
20 הֲלֹא־מְעַ֣ט יָמַ֣י יחדל[y] ישית מִ֝מֶּ֗נִּי וְאַבְלִ֥יגָה[z] מְּעָֽט׃ וַחֲדָ֑ל
21 בְּטֶ֣רֶם[aa] אֵ֭לֵךְ וְלֹ֣א אָשׁ֑וּב אֶל־אֶ֥רֶץ חֹ֝שֶׁ֗ךְ[ab] וְצַלְמָֽוֶת[ac]׃ וְשִׁ֥ית

---

a **עִמָּד** with. (44)
b **פְּקֻדָּה** (f) punishment, visitation, oversight. (32)
c **צָפַן** to hide, treasure up. (31)
d **[נקה]** to be clear, innocent. (44) *pi. impf. 2ms + 1cs suf.*
e **רָשַׁע** to be wicked, act wickedly. (35)
f **אַלְלַי** woe! alas! (2)
g **צָדֵק** to be just, righteous. (41)
h **שָׂבֵעַ** sated, satisfied. (10)
i **קָלוֹן** ignominy, dishonour. (17)
j **רָאֶה** seeing. (1)
k **עֳנִי** affliction, poverty. (36)
l **גָּאָה** to rise up. (7)
m **שַׁחַל** lion. (7)
n **צוּד** to hunt. (17) *qal impf. 2ms + 1cs suf.*
o **[פלא]** to be extraordinary, wonderful. (71)
p **[חדשׁ]** to renew, repair. (10)
q **עֵד** witness, testimony, evidence. (70)
r **כַּעַשׂ** anger, vexation. (4)
s **חֲלִיפָה** (f) change. (12)
t **רֶחֶם** womb. (26)
u **גָּוַע** to expire, perish, die. (24)
v **בֶּטֶן** (f) belly, body, womb. (72)
w **קֶבֶר** grave, sepulchre. (67)
x **[יבל]** to conduct, bear along. (18) *ho. impf. 1cs*
y **חָדַל** to cease, leave off. (58)
z **[בלג]** to gleam, smile. (4)
aa **טֶרֶם** once, before. (56)
ab **חֹשֶׁךְ** darkness, obscurity. (80)
ac **צַלְמָוֶת** deep shadow, shadow of death. (18)

---

[1] **עָשָׂה** *qal pf. 2ms*
[2] **שָׁמַר** *qal wqtl. 2ms + 1cs suf.*
[3] **נָשָׂא** *qal impf. 1cs*
[4] **רָבָה** *hi. juss. 2ms*
[5] **יָצָא** *hi. pf. 2ms + 1cs suf.*
[6] **רָאָה** *qal impf. 3fs + 1cs suf.*

22 אֶרֶץ עֵיפָתָה[a] ׀ כְּמוֹ אֹפֶל[b]   צַלְמָוֶת[c] וְלֹא סְדָרִים[d]
וַתֹּפַע[e] כְּמוֹ־אֹפֶל[b]׃ פ

11 וַיַּעַן[1] צֹפַר הַנַּעֲמָתִי וַיֹּאמַר׃
2 הֲרֹב דְּבָרִים לֹא יֵעָנֶה   וְאִם־אִישׁ שְׂפָתַיִם
יִצְדָּק[a]׃
3 בַּדֶּיךָ[b] מְתִים[c] יַחֲרִישׁוּ[d]   וַתִּלְעַג[e] וְאֵין מַכְלִם[f]׃
4 וַתֹּאמֶר זַךְ[g] לִקְחִי[h]   וּבַר[i] הָיִיתִי בְעֵינֶיךָ׃
5 וְאוּלָם[j] מִי־יִתֵּן[2] אֱלוֹהַּ[k] דַּבֵּר   וְיִפְתַּח שְׂפָתָיו עִמָּךְ׃
6 וְיַגֶּד[3]־לְךָ ׀ תַּעֲלֻמוֹת[l] חָכְמָה כִּי־כִפְלַיִם[m] לְתוּשִׁיָּה[n]
וְדַע[4] כִּי־יַשֶּׁה[o] לְךָ אֱלוֹהַּ[k] מֵעֲוֺנֶךָ׃
7 הַחֵקֶר[p] אֱלוֹהַּ[k] תִּמְצָא   אִם עַד־תַּכְלִית[q] שַׁדַּי תִּמְצָא׃
8 גָּבְהֵי[r] שָׁמַיִם מַה־תִּפְעָל[s]   עֲמֻקָּה[t] מִשְּׁאוֹל מַה־תֵּדָע׃
9 אֲרֻכָּה[u] מֵאֶרֶץ מִדָּהּ[v]   וּרְחָבָה[w] מִנִּי־יָם׃

---

a עֵיפָה (f) darkness. (2)
b אֹפֶל darkness, gloom. (9)
c צַלְמָוֶת deep shadow, shadow of death. (18)
d סֵדֶר arrangement, order. (1)
e [יפע] to shine out or forth, send out beams. (8) *hi. wyqtl. 3fs*

11

a צָדֵק to be just, righteous. (41)
b בַּד empty talk, idle talk. (6)
c מַת male, man. (22)
d חָרֵשׁ to be silent, deaf. (47)
e לָעַג to mock, deride. (18)
f [כלם] to be humiliated, humiliate. (38)
g זַךְ pure, clean. (11)
h לֶקַח learning, teaching. (9)
i בַּר pure, clean. (7)
j אוּלָם but, but indeed. (19)
k אֱלוֹהַּ god, God. (60)
l תַּעֲלֻמָה (f) hidden thing, secret. (3)
m כֶּפֶל double. (3)
n תּוּשִׁיָּה (f) sound, efficient wisdom. (11)
o נָשָׁה to forget. (6) *hi. impf. 3ms*
p חֵקֶר searching, something searched out. (12)
q תַּכְלִית (f) end, completeness. (5)
r גֹּבַהּ height. (17)
s פָּעַל to do, make. (56)
t עָמֹק deep. (17)
u אָרֹךְ long. (3)
v מַד measure, cloth garment. (11)
w רָחָב wide, broad. (21)

11

1 עָנָה *qal wyqtl. 3ms*
2 נָתַן *qal impf. 3ms*
3 [נגד] *hi. impf. 3ms*
4 יָדַע *qal impv. 2ms*

10 אִם־יַחֲלֹף[a] וְיַסְגִּיר וְיַקְהִיל[b] וּמִי יְשִׁיבֶנּוּ[1]׃
11 כִּי־הוּא יָדַע מְתֵי[c]־שָׁוְא[d] וַיַּרְא[2]־אָוֶן[e] וְלֹא יִתְבּוֹנָן׃
12 וְאִישׁ נָבוּב[f] יִלָּבֵב[g] וְעַיִר[h] פֶּרֶא[i] אָדָם יִוָּלֵד׃
13 אִם־אַתָּה הֲכִינוֹתָ לִבֶּךָ וּפָרַשְׂתָּ[j] אֵלָיו כַּפֶּךָ׃
14 אִם־אָוֶן[e] בְּיָדְךָ הַרְחִיקֵהוּ[k] וְאַל־תַּשְׁכֵּן בְּאֹהָלֶיךָ
עַוְלָה[l]׃
15 כִּי־אָז ׀ תִּשָּׂא[3] פָנֶיךָ מִמּוּם[m] וְהָיִיתָ מֻצָק[n] וְלֹא תִירָא׃
16 כִּי־אַתָּה עָמָל[o] תִּשְׁכָּח כְּמַיִם עָבְרוּ תִזְכֹּר׃
17 וּמִצָּהֳרַיִם[p] יָקוּם חָלֶד[q] תָּעֻפָה[r] כַּבֹּקֶר תִּהְיֶה׃
18 וּבָטַחְתָּ כִּי־יֵשׁ תִּקְוָה[s] וְחָפַרְתָּ[t] לָבֶטַח[u] תִּשְׁכָּב׃
19 וְרָבַצְתָּ[v] וְאֵין מַחֲרִיד[w] וְחִלּוּ[x] פָנֶיךָ רַבִּים׃
20 וְעֵינֵי רְשָׁעִים תִּכְלֶינָה
וּמָנוֹס[y] אָבַד מִנְהֶם וְתִקְוָתָם[s] מַפַּח[z]־נָפֶשׁ׃ פ

a חָלַף to pass on or away, pass through. (28)
b [קהל] to assemble, gather. (38)
c מַת male, man. (22)
d שָׁוְא emptiness, vanity. (53)
e אָוֶן iniquity, wickedness. (79)
f נָבַב to hollow out. (4) *qal pass. ptc. ms abs.*
g [לבב] to get understanding, encourage. (3)
h עַיִר male ass. (9)
i פֶּרֶא wild ass. (10)
j פָּרַשׂ to spread out, spread. (67)
k רָחַק to remove, become far, distant. (58) *hi. impv. 2ms + 3ms suf.*
l עַוְלָה (f) injustice, unrighteousness, wrong. (31)
m מוּם blemish, defect. (19)
n יָצַק to pour (out), cast, flow. (51) *ho. pass. ptc. ms abs.*
o עָמָל trouble, labour, toil. (55)
p צֹהַר midday, noon. (23)
q חֶלֶד duration, world. (5)
r תְּעֻפָה (f) gloom. (1) *qal impf. 3fs*
s תִּקְוָה (f) hope. (32)
t חָפַר to dig, search for. (22)
u בֶּטַח security. (42)
v רָבַץ to stretch oneself out, lie down. (30)
w חָרַד to tremble, be terrified. (39)
x [חלה] to beg. (16)
y מָנוֹס (1) flight; (2) place of escape, refuge. (8)
z מַפָּח breathing out. (1)

1 שׁוּב *hi. impf. 3ms + 3ms suf.*
2 רָאָה *qal wyqtl. 3ms*
3 נָשָׂא *qal impf. 2ms*

12

וַיַּעַן[1] אִיּוֹב וַיֹּאמַר׃

2 אָמְנָם[a] כִּי אַתֶּם־עָם   וְעִמָּכֶם תָּמוּת חָכְמָה׃

3 גַּם־לִי לֵבָב ׀ כְּמוֹכֶם   לֹא־נֹפֵל[2] אָנֹכִי מִכֶּם

וְאֶת־מִי־אֵין כְּמוֹ־אֵלֶּה׃

4 שְׂחֹק[b] לְרֵעֵהוּ ׀ אֶהְיֶה קֹרֵא לֶאֱלוֹהַּ[c] וַיַּעֲנֵהוּ[3] שְׂחוֹק[b]

צַדִּיק תָּמִים׃

5 לַפִּיד[d] בּוּז[e] לְעַשְׁתּוּת[f] שַׁאֲנָן[g]   נָכוֹן[h] לְמוֹעֲדֵי[i] רָגֶל׃

6 יִשְׁלָיוּ[j] אֹהָלִים ׀ לְשֹׁדְדִים[k] וּבַטֻּחוֹת[l] לְמַרְגִּיזֵי[m] אֵל

לַאֲשֶׁר הֵבִיא אֱלוֹהַּ[c] בְּיָדוֹ׃

7 וְאוּלָם[n] שְׁאַל־נָא בְהֵמוֹת וְתֹרֶךָּ[o]   וְעוֹף[p] הַשָּׁמַיִם

וְיַגֶּד[4]־לָךְ׃

8 אוֹ שִׂיחַ[q] לָאָרֶץ וְתֹרֶךָּ[o]   וִיסַפְּרוּ לְךָ דְּגֵי[r] הַיָּם׃

9 מִי לֹא־יָדַע בְּכָל־אֵלֶּה   כִּי יַד־יְהוָה עָשְׂתָה זֹּאת׃

10 אֲשֶׁר בְּיָדוֹ נֶפֶשׁ כָּל־חָי   וְרוּחַ כָּל־בְּשַׂר־אִישׁ׃

11 הֲלֹא־אֹזֶן מִלִּין[s] תִּבְחָן[t]   וְחֵךְ[u] אֹכֶל[v] יִטְעַם[w]־לוֹ׃

12 בִּישִׁישִׁים[x] חָכְמָה   וְאֹרֶךְ יָמִים תְּבוּנָה[y]׃

12

a אָמְנָם verily, truly. (9)
b שְׂחֹק laughter, derision. (15)
c אֱלוֹהַּ god, God. (60)
d לַפִּיד torch. (14)
e בּוּז contempt. (11)
f עַשְׁתּוּת (f) thought. (1)
g שַׁאֲנָן at ease, secure. (10)
h נָכוֹן blow. (1)
i מָעַד to slip, slide, totter, shake. (6)
j שָׁלָה to be quiet, at ease. (5)
k שָׁדַד to devastate, destroy. (57)
l בַּטֻּחוֹת (f) security, safety. (1)
m רָגַז to be agitated, quake, tremble. (41)
n אוּלָם but, but indeed. (19)
o יָרָה to shoot, throw, teach. (79) *hi. impf. 3fs + 2ms suf.*
p עוֹף bird, flying creature. (71)
q שִׂיחַ to muse, complain. (20)
r דָּג fish. (19)
s מִלָּה (f) word, speech, utterance. (38)
t בָּחַן to examine, test. (29)
u חֵךְ palate, roof of mouth. (18)
v אֹכֶל food. (44)
w טָעַם to taste, perceive. (11)
x יָשִׁישׁ aged. (4)
y תְּבוּנָה (f) understanding. (42)

12

1 עָנָה *qal wyqtl. 3ms*
2 נָפַל *qal ptc. ms abs.*
3 עָנָה *qal wyqtl. 3ms + 3ms suf.*
4 [נגד] *hi. impf. 3ms*

13 עִמּוֹ חָכְמָה וּגְבוּרָה[a] לוֹ עֵצָה וּתְבוּנָה[b]׃
14 הֵן יַהֲרוֹס[c] וְלֹא יִבָּנֶה יִסְגֹּר עַל־אִישׁ וְלֹא יִפָּתֵחַ׃
15 הֵן יַעְצֹר[d] בַּמַּיִם וְיִבָשׁוּ[e] וִישַׁלְּחֵם[1] וְיַהַפְכוּ אָרֶץ׃
16 עִמּוֹ עֹז וְתוּשִׁיָּה[f] לוֹ שֹׁגֵג[g] וּמַשְׁגֶּה[h]׃
17 מוֹלִיךְ[2] יוֹעֲצִים[i] שׁוֹלָל[j] וְשֹׁפְטִים יְהוֹלֵל[k]׃
18 מוּסַר[l] מְלָכִים פִּתֵּחַ וַיֶּאְסֹר[m] אֵזוֹר[n] בְּמָתְנֵיהֶם[o]׃
19 מוֹלִיךְ[2] כֹּהֲנִים שׁוֹלָל[j] וְאֵתָנִים[p] יְסַלֵּף[q]׃
20 מֵסִיר שָׂפָה לְנֶאֱמָנִים וְטַעַם[r] זְקֵנִים יִקָּח[3]׃
21 שׁוֹפֵךְ בּוּז[s] עַל־נְדִיבִים[t] וּמְזִיחַ[u] אֲפִיקִים[v] רִפָּה[w]׃
22 מְגַלֶּה עֲמֻקוֹת[x] מִנִּי־חֹשֶׁךְ[y] וַיֹּצֵא[4] לָאוֹר צַלְמָוֶת[z]׃
23 מַשְׂגִּיא[aa] לַגּוֹיִם וַיְאַבְּדֵם[5] שֹׁטֵחַ[ab] לַגּוֹיִם וַיַּנְחֵם[ac]׃

a גְּבוּרָה (f) strength, might. (61)
b תְּבוּנָה (f) understanding. (42)
c הָרַס to tear down, overthrow, destroy. (43)
d עָצַר to restrain, retain. (46)
e יָבֵשׁ to be dry, dried up, wither. (73)
f תּוּשִׁיָּה (f) sound, efficient wisdom. (11)
g שָׁגַג to go astray, commit sin or error. (4)
h שָׁגָה to wander astray, err. (21)
i יָעַץ to advise, counsel. (79) *qal ptc. mp abs.*
j שׁוֹלָל barefoot. (3)
k הָלַל to be boastful, praise. (10)
l מוּסָר discipline, chastening, correction. (50)
m אָסַר to tie, bind, imprison. (71)
n אֵזוֹר waistcloth. (14)
o מָתְנַיִם loins. (47)
p אֵיתָן perennial, ever-flowing; enduring. (13)
q [סלף] to twist, pervert, overturn. (7)
r טַעַם taste, judgement. (13)
s בּוּז contempt. (11)
t נָדִיב inclined, generous, noble. (29)
u מְזִיחַ girdle. (1)
v אָפִיק channel. (19)
w רָפָה to sink down, relax. (46)
x עָמֹק deep. (17)
y חֹשֶׁךְ darkness, obscurity. (80)
z צַלְמָוֶת deep shadow, shadow of death. (18)
aa [שׂגא] to grow, grow great. (2)
ab שָׁטַח to spread, spread abroad. (6)
ac נָחָה to lead, guide. (39) *hi. wyqtl. 3ms + 3mp suf.*

1 שָׁלַח *pi. impf. 3ms + 3mp suf.*
2 הָלַךְ *hi. ptc. ms abs.*
3 לָקַח *qal impf. 3ms*
4 יָצָא *hi. wyqtl. 3ms*
5 אָבַד *pi. wyqtl. 3ms + 3mp suf.*

24 מֵסִיר לֵב רָאשֵׁי עַם־הָאָרֶץ וַיַּתְעֵם[a] בְּתֹהוּ[b] לֹא־דָרֶךְ׃
25 יְמַשְׁשׁוּ[c]־חֹשֶׁךְ[d] וְלֹא־אוֹר וַיַּתְעֵם[a] כַּשִּׁכּוֹר[e]׃

13 הֶן־כֹּל רָאֲתָה עֵינִי שָׁמְעָה אָזְנִי וַתָּבֶן לָהּ׃
2 כְּדַעְתְּכֶם יָדַעְתִּי גַם־אָנִי לֹא־נֹפֵל[1] אָנֹכִי מִכֶּם׃
3 אוּלָם[a] אֲנִי אֶל־שַׁדַּי אֲדַבֵּר וְהוֹכֵחַ[b] אֶל־אֵל אֶחְפָּץ[c]׃
4 וְאוּלָם[a] אַתֶּם טֹפְלֵי[d]־שָׁקֶר רֹפְאֵי[e] אֱלִל[f] כֻּלְּכֶם׃
5 מִי־יִתֵּן[2] הַחֲרֵשׁ[g] תַּחֲרִישׁוּן[h] וּתְהִי לָכֶם לְחָכְמָה׃
6 שִׁמְעוּ־נָא תוֹכַחְתִּי[i] וְרִבוֹת[j] שְׂפָתַי הַקְשִׁיבוּ[k]׃
7 הַלְאֵל תְּדַבְּרוּ עַוְלָה[l] וְלוֹ תְּדַבְּרוּ רְמִיָּה[m]׃
8 הֲפָנָיו תִּשָּׂאוּן[3] אִם־לָאֵל תְּרִיבוּן[n]׃
9 הֲטוֹב כִּי־יַחְקֹר[o] אֶתְכֶם אִם־כְּהָתֵל[p] בֶּאֱנוֹשׁ[q] תְּהָתֵלּוּ[r] בוֹ׃

a תָּעָה to err, wander, go astray. (50) *hi. wyqtl. 3ms + 3mp suf.*

b תֹּהוּ formlessness, emptiness. (20)

c מָשַׁשׁ to feel, grope. (9)

d חֹשֶׁךְ darkness, obscurity. (80)

e שִׁכּוֹר drunken. (13)

13

a אוּלָם but, but indeed. (19)

b [יכח] to decide, reprove, rebuke. (59) *hi. inf. abs.*

c חָפֵץ to delight in, desire. (74)

d טָפַל to smear or plaster (over), stick, glue. (3)

e רָפָא to heal, mend. (67)

f אֱלִיל idol, worthlessness. (19)

g חָרֵשׁ to be silent, deaf. (47)

h חָרֵשׁ to be silent, deaf. (47) *hi. impf. 2mp + paragogic nun suf.*

i תּוֹכַחַת (f) argument, reproof. (24)

j רִיב strife, dispute. (61)

k קָשַׁב to incline the ear, listen, pay attention. (46)

l עַוְלָה (f) injustice, unrighteousness, wrong. (31)

m רְמִיָּה (f) deceit, treachery. (10)

n רִיב to strive, contend. (67) *qal impf. 2mp + paragogic nun suf.*

o חָקַר to search. (27)

p [תלל] to deceive, mock. (9)

q אֱנוֹשׁ man, humankind. (42)

r [תלל] to deceive, mock. (9) *hi. impf. 2mp*

13

[1] נָפַל *qal ptc. ms abs.*

[2] נָתַן *qal impf. 3ms*

[3] נָשָׂא *qal impf. 2mp + paragogic nun suf.*

10 הוֹכֵחַ[a] יוֹכִיחַ[b] אֶתְכֶם אִם־בַּסֵּתֶר[c] פָּנִים תִּשָּׂאוּן[1]׃
11 הֲלֹא שְׂאֵתוֹ[d] תְּבַעֵת[e] אֶתְכֶם וּפַחְדּוֹ[f] יִפֹּל[2] עֲלֵיכֶם׃
12 זִכְרֹנֵיכֶם[g] מִשְׁלֵי[h]־אֵפֶר[i] לְגַבֵּי[j]־חֹמֶר[k] גַּבֵּיכֶם[j]׃
13 הַחֲרִישׁוּ[l] מִמֶּנִּי וַאֲדַבְּרָה־אָנִי וְיַעֲבֹר עָלַי מָה׃
14 עַל־מָה ׀ אֶשָּׂא[3] בְשָׂרִי בְשִׁנָּי[m] וְנַפְשִׁי אָשִׂים בְּכַפִּי׃
15 הֵן יִקְטְלֵנִי[n] לֹא אֲיַחֵל[o] אַךְ־דְּרָכַי אֶל־פָּנָיו אוֹכִיחַ[p]׃ לוֹ
16 גַּם־הוּא־לִי לִישׁוּעָה[q] כִּי־לֹא לְפָנָיו חָנֵף[r] יָבוֹא׃
17 שִׁמְעוּ שָׁמוֹעַ מִלָּתִי[s] וְאַחְוָתִי[t] בְּאָזְנֵיכֶם׃
18 הִנֵּה־נָא עָרַכְתִּי[u] מִשְׁפָּט יָדַעְתִּי כִּי־אֲנִי אֶצְדָּק[v]׃
19 מִי־הוּא יָרִיב[w] עִמָּדִי[x] כִּי־עַתָּה אַחֲרִישׁ[l] וְאֶגְוָע[y]׃
20 אַךְ־שְׁתַּיִם אַל־תַּעַשׂ[4] עִמָּדִי[x] אָז מִפָּנֶיךָ לֹא אֶסָּתֵר׃
21 כַּפְּךָ מֵעָלַי הַרְחַק[z] וְאֵמָתְךָ[aa] אַל־תְּבַעֲתַנִּי[ab]׃

a [יכח] to decide, reprove, rebuke. (59) *hi. inf. abs.*
b [יכח] to decide, reprove, rebuke. (59) *hi. impf. 3ms*
c סֵתֶר covering, hiding place, secrecy. (35)
d שְׂאֵת (f) elevation, dignity, swelling. (14)
e [בעת] to terrify, fall upon. (16)
f פַּחַד dread. (49)
g זִכָּרוֹן memorial, reminder, remembrance. (24)
h מָשָׁל proverb, parable. (39)
i אֵפֶר ashes. (22)
j גַּב convex surface; back. (13)
k חֹמֶר cement, mortar, clay. (16)
l חָרֵשׁ to be silent, deaf. (47)
m שֵׁן (f) tooth, ivory. (55)
n קָטַל to slay. (3) *qal impf. 3ms + 1cs suf.*
o [יחל] to wait; await. (40)
p [יכח] to decide, reprove, rebuke. (59) *hi. impf. 1cs*
q יְשׁוּעָה (f) deliverance, salvation. (77)
r חָנֵף profane, irreligious. (13)
s מִלָּה (f) word, speech, utterance. (38)
t אַחְוָה (f) declaration. (1)
u עָרַךְ to arrange, set in order. (70)
v צָדֵק to be just, righteous. (41)
w רִיב to strive, contend. (67)
x עִמָּד with. (44)
y גָּוַע to expire, perish, die. (24)
z רָחַק to remove, become far, distant. (58)
aa אֵימָה (f) terror, dread. (17)
ab [בעת] to terrify, fall upon. (16) *pi. juss. 3fs + 1cs suf.*

[1] נָשָׂא *qal impf. 2mp + paragogic nun suf.*
[2] נָפַל *qal impf. 3ms*
[3] נָשָׂא *qal impf. 1cs*
[4] עָשָׂה *qal juss. 2ms*

22 וּקְרָא וְאָנֹכִי אֶעֱנֶה אוֹ־אֲדַבֵּר וַהֲשִׁיבֵנִי[1]׃
23 כַּמָּה לִי עֲוֺנוֹת וְחַטָּאוֹת פִּשְׁעִי וְחַטָּאתִי הֹדִיעֵנִי[2]׃
24 לָמָּה־פָנֶיךָ תַסְתִּיר וְתַחְשְׁבֵנִי[3] לְאוֹיֵב לָךְ׃
25 הֶעָלֶה[a] נִדָּף[b] תַּעֲרוֹץ[c] וְאֶת־קַשׁ[d] יָבֵשׁ[e] תִּרְדֹּף׃
26 כִּי־תִכְתֹּב עָלַי מְרֹרוֹת[f] וְתוֹרִישֵׁנִי[4] עֲוֺנוֹת נְעוּרָי[g]׃
27 וְתָשֵׂם בַּסַּד[h] ׀ רַגְלַי וְתִשְׁמוֹר כָּל־אָרְחֹתָי[i]
עַל־שָׁרְשֵׁי[j] רַגְלַי תִּתְחַקֶּה[k]׃
28 וְהוּא כְּרָקָב[l] יִבְלֶה[m] כְּבֶגֶד אֲכָלוֹ[5] עָשׁ[n]׃

14

1 אָדָם יְלוּד[1] אִשָּׁה קְצַר[a] יָמִים וּשְׂבַע[b]־רֹגֶז[c]׃
2 כְּצִיץ[d] יָצָא וַיִּמָּל[e] וַיִּבְרַח[f] כַּצֵּל[g] וְלֹא יַעֲמוֹד׃
3 אַף־עַל־זֶה פָּקַחְתָּ[h] עֵינֶךָ וְאֹתִי תָבִיא בְמִשְׁפָּט עִמָּךְ׃
4 מִי־יִתֵּן[2] טָהוֹר מִטָּמֵא לֹא אֶחָד׃
5 אִם חֲרוּצִים[i] ׀ יָמָיו מִסְפַּר־חֳדָשָׁיו אִתָּךְ חקו עָשִׂיתָ[3] חֻקָּיו
וְלֹא יַעֲבוֹר׃

---

a עָלֶה leaf, foliage. (18)
b נָדַף to drive, drive asunder. (9)
c עָרַץ to tremble, cause to tremble. (15)
d קַשׁ stubble, chaff. (16)
e יָבֵשׁ dry, dried. (9)
f מְרֹרָה (f) bitter thing, gall, poison. (4)
g נְעוּרִים youth, early life. (46)
h סַד stock. (2)
i אֹרַח way, path. (59)
j שֹׁרֶשׁ root. (33)
k [חקה] to cut in, carve. (4)
l רָקָב rottenness, decay. (5)
m בָּלָה to become old and worn out. (16)
n עָשׁ moth. (7)

14

a קָצֵר short. (5)
b שָׂבֵעַ sated, satisfied. (10)
c רֹגֶז agitation, excitement, raging. (7)
d צִיץ blossom, flower. (14)
e מָלַל to languish, wither, fade. (4) *qal wyqtl. 3ms*
f בָּרַח to go through, flee. (65)
g צֵל shadow. (49)
h פָּקַח to open (the eyes). (20)
i חָרַץ to cut, sharpen, decide. (12) *qal pass. ptc. mp abs.*

---

1 שׁוּב *hi. impv. 2ms + 1cs suf.*
2 יָדַע *hi. impv. 2ms + 1cs suf.*
3 חָשַׁב *qal impf. 2ms + 1cs suf.*
4 יָרַשׁ *hi. impf. 2ms + 1cs suf.*
5 אָכַל *qal pf. 3ms + 3ms suf.*

14

1 יָלַד *qal pass. ptc. ms con.*
2 נָתַן *qal impf. 3ms*
3 עָשָׂה *qal pf. 2ms*

6 שְׁעֵה[a] מֵעָלָיו וְיֶחְדָּל[b] עַד־יִרְצֶה[c] כְּשָׂכִיר[d] יוֹמוֹ׃
7 כִּי יֵשׁ לָעֵץ תִּקְוָה[e] אִם־יִכָּרֵת וְעוֹד יַחֲלִיף[f] וְיוֹנַקְתּוֹ[g]
לֹא תֶחְדָּל[b]׃
8 אִם־יַזְקִין[h] בָּאָרֶץ שָׁרְשׁוֹ[i] וּבֶעָפָר יָמוּת גִּזְעוֹ[j]׃
9 מֵרֵיחַ[k] מַיִם יַפְרִחַ[l] וְעָשָׂה קָצִיר[m] כְּמוֹ־נָטַע[n]׃
10 וְגֶבֶר[o] יָמוּת וַיֶּחֱלָשׁ[p] וַיִּגְוַע[q] אָדָם וְאַיּוֹ[r]׃
11 אָזְלוּ[s]־מַיִם מִנִּי־יָם וְנָהָר יֶחֱרַב[t] וְיָבֵשׁ[u]׃
12 וְאִישׁ שָׁכַב וְלֹא־יָקוּם עַד־בִּלְתִּי שָׁמַיִם לֹא יָקִיצוּ[v]
וְלֹא־יֵעֹרוּ[w] מִשְּׁנָתָם[x]׃
13 מִי יִתֵּן[1] ׀ בִּשְׁאוֹל תַּצְפִּנֵנִי[y] תַּסְתִּירֵנִי[2] עַד־שׁוּב אַפֶּךָ
תָּשִׁית לִי חֹק וְתִזְכְּרֵנִי[3]׃ 14 אִם־יָמוּת גֶּבֶר[o] הֲיִחְיֶה
כָּל־יְמֵי צְבָאִי אֲיַחֵל[z] עַד־בּוֹא חֲלִיפָתִי[aa]׃
15 תִּקְרָא וְאָנֹכִי אֶעֱנֶךָּ[4] לְמַעֲשֵׂה יָדֶיךָ תִּכְסֹף[ab]׃

---

a שָׁעָה to gaze. (15)
b חָדַל to cease, leave off. (58)
c רָצָה to be pleased with, accept favourably. (57)
d שָׂכִיר hired. (17)
e תִּקְוָה (f) hope. (32)
f חָלַף to pass on or away, pass through. (28)
g יוֹנֶקֶת (f) young shoot, twig. (6)
h זָקֵן to be old, become old. (27)
i שֹׁרֶשׁ root. (33)
j גֶּזַע stock, stem. (3)
k רֵיחַ scent, odour. (58)
l פָּרַח to bud, sprout, shoot. (25)
m קָצִיר boughs, branches. (5)
n נֶטַע plantation, planting, plant. (4)
o גֶּבֶר man, strong man. (65)
p חָלַשׁ (1) to be weak, prostrate; (2) weaken, disable, prostrate. (3)
q גָּוַע to expire, perish, die. (24)
r אַיֵּה where? (46)
s אָזַל to be gone. (5)
t חָרֵב to be dry, dried up. (16)
u יָבֵשׁ to be dry, dried up, wither. (73)
v קִיץ to awake. (23)
w עוּר to rouse oneself, awake. (80)
x שֵׁנָה (f) sleep. (23)
y צָפַן to hide, treasure up. (31) *hi. impf. 2ms + 1cs suf.*
z [יחל] to wait; await. (40)
aa חֲלִיפָה (f) change. (12)
ab כָּסַף to long for. (6)

---

[1] נָתַן *qal impf. 3ms*
[2] [סתר] *hi. impf. 2ms + 1cs suf.*
[3] זָכַר *qal impf. 2ms + 1cs suf.*
[4] עָנָה *qal impf. 1cs + 2ms suf.*

16 כִּי־עַתָּה צְעָדַי[a] תִּסְפּוֹר לֹא־תִשְׁמוֹר עַל־חַטָּאתִי׃
17 חָתֻם[b] בִּצְרוֹר[c] פִּשְׁעִי וַתִּטְפֹּל[d] עַל־עֲוֺנִי׃
18 וְאוּלָם[e] הַר־נוֹפֵל[1] יִבּוֹל[f] וְצוּר[g] יֶעְתַּק[h] מִמְּקֹמוֹ׃
19 אֲבָנִים ׀ שָׁחֲקוּ[i] מַיִם תִּשְׁטֹף[j]־סְפִיחֶיהָ[k] עֲפַר־אָרֶץ
וְתִקְוַת[l] אֱנוֹשׁ[m] הֶאֱבַדְתָּ׃
20 תִּתְקְפֵהוּ[n] לָנֶצַח[o] וַיַּהֲלֹךְ מְשַׁנֶּה[p] פָנָיו וַתְּשַׁלְּחֵהוּ[2]׃
21 יִכְבְּדוּ בָנָיו וְלֹא יֵדָע וְיִצְעֲרוּ[q] וְלֹא־יָבִין לָמוֹ׃
22 אַךְ־בְּשָׂרוֹ עָלָיו יִכְאָב[r] וְנַפְשׁוֹ עָלָיו תֶּאֱבָל[s]׃ פ

15 וַיַּעַן[1] אֱלִיפַז הַתֵּימָנִי וַיֹּאמַר׃
2 הֶחָכָם יַעֲנֶה דַעַת־רוּחַ וִימַלֵּא קָדִים[a] בִּטְנוֹ[b]׃
3 הוֹכֵחַ[c] בְּדָבָר לֹא יִסְכּוֹן[d] וּמִלִּים[e] לֹא־יוֹעִיל[f] בָּם׃

a צַעַד step, pace. (14)
b חָתַם to seal, seal up. (27) *qal pass. ptc. ms abs.*
c צְרוֹר bundle, parcel, pouch, bag. (7)
d טָפַל to smear or plaster (over), stick, glue. (3)
e אוּלָם but, but indeed. (19)
f נָבֵל to wither, fade. (20) *qal impf. 3ms*
g צוּר rock, cliff. (77)
h עָתַק to proceed, advance. (9)
i שָׁחַק to rub away, beat fine. (4)
j שָׁטַף to overflow, rinse, wash off. (31)
k סָפִיחַ outpouring. (1)
l תִּקְוָה (f) hope. (32)
m אֱנוֹשׁ man, humankind. (42)
n תָּקֵף to prevail over, overpower. (4) *qal impf. 2ms + 3ms suf.*
o נֵצַח forever, enduring, everlasting, eminence. (43)
p שָׁנָה to change. (13)
q צָעַר to be, or grow, insignificant. (3)
r כָּאַב to be in pain. (8)
s אָבַל to mourn. (39)

15

a קָדִים East, east wind. (69)
b בֶּטֶן (f) belly, body, womb. (72)
c [יכח] to decide, reprove, rebuke. (59) *hi. inf. abs.*
d סָכַן to be of use of service, benefit. (12)
e מִלָּה (f) word, speech, utterance. (38)
f [יעל] to profit, avail. (23) *hi. impf. 3ms*

1 נָפַל *qal ptc. ms abs.*
2 שָׁלַח *pi. wyqtl. 2ms + 3ms suf.*

15

1 עָנָה *qal wyqtl. 3ms*

4 אַף־אַתָּה תָּפֵר[a] יִרְאָה[b] וְתִגְרַע[c] שִׂיחָה[d] לִפְנֵי־אֵל׃
5 כִּי יְאַלֵּף[e] עֲוֺנְךָ פִיךָ וְתִבְחַר לְשׁוֹן עֲרוּמִים[f]׃
6 יַרְשִׁיעֲךָ[g] פִיךָ וְלֹא־אָנִי וּשְׂפָתֶיךָ יַעֲנוּ־בָךְ׃
7 הֲרִאישׁוֹן אָדָם תִּוָּלֵד וְלִפְנֵי גְבָעוֹת[h] חוֹלָלְתָּ[i]׃
8 הַבְסוֹד[j] אֱלוֹהַּ[k] תִּשְׁמָע וְתִגְרַע[c] אֵלֶיךָ חָכְמָה׃
9 מַה־יָּדַעְתָּ וְלֹא נֵדָע תָּבִין וְלֹא־עִמָּנוּ הוּא׃
10 גַּם־שָׂב[l] גַּם־יָשִׁישׁ[m] בָּנוּ כַּבִּיר[n] מֵאָבִיךָ יָמִים׃
11 הַמְעַט מִמְּךָ תַּנְחֻמוֹת[o] אֵל וְדָבָר לָאַט[p] עִמָּךְ׃
12 מַה־יִּקָּחֲךָ[1] לִבֶּךָ וּמַה־יִּרְזְמוּן[q] עֵינֶיךָ׃
13 כִּי־תָשִׁיב אֶל־אֵל רוּחֶךָ וְהֹצֵאתָ[2] מִפִּיךָ מִלִּין[r]׃
14 מָה־אֱנוֹשׁ[s] כִּי־יִזְכֶּה[t] וְכִי־יִצְדַּק[u] יְלוּד[3] אִשָּׁה׃
15 הֵן בקדֹשו לֹא יַאֲמִין וְשָׁמַיִם לֹא־זַכּוּ[v] בְעֵינָיו׃ בְּקְדֹשָׁיו
16 אַף כִּי־נִתְעָב[w] וְנֶאֱלָח[x] אִישׁ־שֹׁתֶה כַמַּיִם עַוְלָה[y]׃

---

a [פרר] to break, frustrate. (47) *hi. impf. 2ms*

b יִרְאָה (f) fear. (42)

c גָּרַע to diminish, restrain, withdraw. (22)

d שִׂיחָה (f) to muse, complain. (3)

e אָלַף to learn. (4)

f עָרוּם crafty, shrewd, prudent. (11)

g רָשַׁע to be wicked, act wickedly. (35) *hi. impf. 3ms + 2ms suf.*

h גִּבְעָה (f) hill. (71)

i חוּל to whirl, dance, writhe. (58) *polal pf. 2ms*

j סוֹד council, counsel. (21)

k אֱלוֹהַּ god, God. (60)

l שִׂיב to be gray. (2) *qal ptc. ms abs.*

m יָשִׁישׁ aged. (4)

n כַּבִּיר great, mighty, much. (10)

o תַּנְחוּם consolation. (5)

p אַט gentleness. (5)

q רָזַם to wink, flash (of eyes). (1) *qal impf. 3mp + paragogic nun suf.*

r מִלָּה (f) word, speech, utterance. (38)

s אֱנוֹשׁ man, humankind. (42)

t זָכָה to be clear, clean, pure. (8)

u צָדֵק to be just, righteous. (41)

v זָכַךְ to be bright, clean, pure. (4) *qal pf. 3cp*

w [תעב] to abhor, be abominable. (22)

x [אלח] to be corrupt morally; tainted. (3)

y עַוְלָה (f) injustice, unrighteousness, wrong. (31)

---

1 לָקַח *qal impf. 3ms + 2ms suf.*

2 יָצָא *hi. wqtl. 2ms*

3 יָלַד *qal pass. ptc. ms con.*

17 אֲחַוְךָ[a] שְׁמַע־לִי וְזֶה־חָזִיתִי[b] וַאֲסַפֵּרָה׃
18 אֲשֶׁר־חֲכָמִים יַגִּידוּ[1] וְלֹא כִחֲדוּ[c] מֵאֲבוֹתָם׃
19 לָהֶם לְבַדָּם נִתְּנָה הָאָרֶץ וְלֹא־עָבַר זָר[d] בְּתוֹכָם׃
20 כָּל־יְמֵי רָשָׁע הוּא מִתְחוֹלֵל[e] וּמִסְפַּר שָׁנִים נִצְפְּנוּ[f] לֶעָרִיץ[g]׃
21 קוֹל־פְּחָדִים[h] בְּאָזְנָיו בַּשָּׁלוֹם שׁוֹדֵד[i] יְבוֹאֶנּוּ[2]׃
22 לֹא־יַאֲמִין שׁוּב מִנִּי־חֹשֶׁךְ[j] וצפו[k] הוּא אֱלֵי־חָרֶב׃ וְצָפוּי
23 נֹדֵד[l] הוּא לַלֶּחֶם אַיֵּה[m] יָדַע | כִּי־נָכוֹן בְּיָדוֹ יוֹם־חֹשֶׁךְ[j]׃
24 יְבַעֲתֻהוּ[n] צַר[o] וּמְצוּקָה[p] תִּתְקְפֵהוּ[q] כְּמֶלֶךְ | עָתִיד[r] לַכִּידוֹר[s]׃
25 כִּי־נָטָה אֶל־אֵל יָדוֹ וְאֶל־שַׁדַּי יִתְגַּבָּר[t]׃
26 יָרוּץ אֵלָיו בְּצַוָּאר[u] בַּעֲבִי[v] גַּבֵּי[w] מָגִנָּיו[x]׃
27 כִּי־כִסָּה פָנָיו בְּחֶלְבּוֹ וַיַּעַשׂ[3] פִּימָה[y] עֲלֵי־כָסֶל[z]׃
28 וַיִּשְׁכּוֹן | עָרִים נִכְחָדוֹת[c] בָּתִּים לֹא־יֵשְׁבוּ לָמוֹ

a [חוה] to tell, declare. (6) *pi. impf. 1cs + 2ms suf.*
b חָזָה to see, behold. (51) *qal pf. 1cs*
c [כחד] to hide, efface. (32)
d זוּר to be a stranger. (76)
e חוּל to whirl, dance, writhe. (58) *hitpol. ptc. ms abs.*
f צָפַן to hide, treasure up. (31)
g עָרִיץ ruthless, awe-inspiring. (20)
h פַּחַד dread. (49)
i שָׁדַד to devastate, destroy. (57)
j חֹשֶׁךְ darkness, obscurity. (80)
k צָפָה to watch, spy. (35) *qal pass. ptc. ms abs.*
l נָדַד to flee, wander. (28)
m אַיֵּה where? (46)
n [בעת] to terrify, fall upon. (16) *pi. impf. 3mp + 3ms suf.*
o צַר straits, distress. (27)
p מְצוּקָה (f) straitness, straits, stress. (7)
q תָּקַף to prevail over, overpower. (4) *qal impf. 3fs + 3ms suf.*
r עָתִיד ready, prepared. (5)
s כִּידוֹר onset. (1)
t גָּבַר to prevail, be strong, mighty. (25)
u צַוָּאר neck, back of neck. (40)
v עֲבִי thickness. (4)
w גַּב convex surface; back. (13)
x מָגֵן shield. (63)
y פִּימָה (f) superabundance. (1)
z כֶּסֶל loins, stupidity, confidence. (13)

[1] [נגד] *hi. impf. 3mp*
[2] בּוֹא *qal impf. 3ms + 3ms suf.*
[3] עָשָׂה *qal wyqtl. 3ms*

אֲשֶׁר הִתְעַתְּדוּ[a] לְגַלִּים[b]׃ 29 לֹא־יֶעְשַׁר[c] וְלֹא־יָקוּם
חֵילוֹ
וְלֹא־יִטֶּה[1] לָאָרֶץ מִנְלָם[d]׃ 30 לֹא־יָסוּר ׀ מִנִּי־חֹשֶׁךְ[e]
יֹנַקְתּוֹ[f] תְּיַבֵּשׁ[g] שַׁלְהָבֶת[h] וְיָסוּר בְּרוּחַ פִּיו׃
31 אַל־יַאֲמֵן בשו[i] נִתְעָה[j] כִּי־שָׁוְא[k] תִּהְיֶה תְמוּרָתוֹ[l]׃ בַּשָּׁיו
32 בְּלֹא־יוֹמוֹ תִּמָּלֵא וְכִפָּתוֹ[m] לֹא רַעֲנָנָה[n]׃
33 יַחְמֹס[o] כַּגֶּפֶן[p] בִּסְרוֹ[q] וְיַשְׁלֵךְ כַּזַּיִת[r] נִצָּתוֹ[s]׃
34 כִּי־עֲדַת חָנֵף[t] גַּלְמוּד[u] וְאֵשׁ אָכְלָה אָהֳלֵי־שֹׁחַד[v]׃
35 הָרֹה[w] עָמָל[x] וְיָלֹד אָוֶן[y] וּבִטְנָם[z] תָּכִין מִרְמָה[aa]׃ ס

16

וַיַּעַן[1] אִיּוֹב וַיֹּאמַר׃
2 שָׁמַעְתִּי כְאֵלֶּה רַבּוֹת מְנַחֲמֵי עָמָל[a] כֻּלְּכֶם׃

---

a [עתד] to be ready. (2)
b גַּל heap, wave, billow. (34)
c עָשַׁר to be or become rich. (17)
d מִנְלֶה gain, acquisition. (1)
e חֹשֶׁךְ darkness, obscurity. (80)
f יוֹנֶקֶת (f) young shoot, twig. (6)
g יָבֵשׁ to be dry, dried up, wither. (73)
h שַׁלְהֶבֶת (f) flame. (3)
i שָׁוְא emptiness, vanity. (53)
j תָּעָה to err, wander, go astray. (50)
k שָׁוְא emptiness, vanity. (53)
l תְּמוּרָה (f) exchange, recompense. (6)
m כִּפָּה (f) branch, frond. (3)
n [רען] to be or grow luxuriant, fresh, green. (1) *pal. pf. 3fs*
o חָמַס to treat violently, wrong. (8)
p גֶּפֶן (f) vine. (55)
q בֹּסֶר unripe or sour grapes. (1)
r זַיִת olive, olive tree. (38)
s נִצָּה (f) blossom, flower. (2)
t חָנֵף profane, irreligious. (13)
u גַּלְמוּד hard, barren. (4)
v שֹׁחַד bribe, present. (23)
w הָרָה to conceive, become pregnant. (43)
x עָמָל trouble, labour, toil. (55)
y אָוֶן iniquity, wickedness. (79)
z בֶּטֶן (f) belly, body, womb. (72)
aa מִרְמָה (f) deceit, treachery. (39)

16

a עָמָל trouble, labour, toil. (55)

---

[1] נָטָה *qal impf. 3ms*

16

[1] עָנָה *qal wyqtl. 3ms*

3 הֲקֵץ[a] לְדִבְרֵי־רוּחַ   אוֹ מַה־יַּמְרִיצְךָ[b] כִּי תַעֲנֶה׃
4 גַּם ׀ אָנֹכִי כָּכֶם אֲדַבֵּרָה   לוּ[c]־יֵשׁ נַפְשְׁכֶם תַּחַת נַפְשִׁי
אַחְבִּירָה[d] עֲלֵיכֶם בְּמִלִּים[e]   וְאָנִיעָה[f] עֲלֵיכֶם בְּמוֹ[g]
רֹאשִׁי׃
5 אֲאַמִּצְכֶם[h] בְּמוֹ[g]־פִי   וְנִיד[i] שְׂפָתַי יַחְשֹׂךְ[j]׃
6 אִם־אֲדַבְּרָה לֹא־יֵחָשֵׂךְ[j] כְּאֵבִי[k]   וְאַחְדְּלָה[l] מַה־מִנִּי
יַהֲלֹךְ׃
7 אַךְ־עַתָּה הֶלְאָנִי[m]   הֲשִׁמּוֹתָ[1] כָּל־עֲדָתִי׃
8 וַתִּקְמְטֵנִי[n] לְעֵד[o] הָיָה   וַיָּקָם בִּי כַחֲשִׁי[p] בְּפָנַי יַעֲנֶה׃
9 אַפּוֹ טָרַף[q] ׀ וַיִּשְׂטְמֵנִי[r]   חָרַק[s] עָלַי בְּשִׁנָּיו[t]
צָרִי[u] ׀ יִלְטוֹשׁ[v] עֵינָיו לִי׃ 10 פָּעֲרוּ[w] עָלַי ׀ בְּפִיהֶם
בְּחֶרְפָּה[x] הִכּוּ לְחָיָי[y]   יַחַד[z] עָלַי יִתְמַלָּאוּן[2]׃

---

a קֵץ end. (67)
b [מרץ] (1) to be sick; (2) strong. (4) *hi. impf. 3ms + 2ms suf.*
c לוּ if, oh that! (23)
d חָבַר to unite, be joined; charm. (28)
e מִלָּה (f) word, speech, utterance. (38)
f נוּעַ to quiver, shake, stumble. (40)
g בְּמוֹ in, at, by. (10)
h אָמֵץ to be strong, firm, bold. (41) *pi. impf. 1cs + 2mp suf.*
i נִיד quivering motion of lips. (1)
j חָשַׂךְ to withhold, refrain. (27)
k כְּאֵב pain. (6)
l חָדַל to cease, leave off. (58)
m לָאָה to be weary, impatient. (19) *hi. pf. 3ms + 1cs suf.*
n קָמַט to seize. (2) *qal wyqtl. 2ms + 1cs suf.*
o עֵד witness, testimony, evidence. (70)
p כַּחַשׁ (1) lying (2) leanness. (6)
q טָרַף to tear, rend, pluck. (25)
r שָׂטַם to bear a grudge against, hate. (6) *qal wyqtl. 3ms + 1cs suf.*
s חָרַק to gnash or grind the teeth. (5)
t שֵׁן (f) tooth, ivory. (55)
u צַר adversary, enemy. (75)
v לָטַשׁ to hammer, sharpen. (5)
w פָּעַר to open wide. (4)
x חֶרְפָּה (f) reproach. (73)
y לְחִי jaw, cheek. (21)
z יַחַד unitedness. (44)

---

1 שָׁמֵם *hi. pf. 2ms*

2 מָלֵא *hitp. impf. 3mp + paragogic nun suf.*

11 יַסְגִּירֵ֣נִי[1] אֵ֭ל אֶ֣ל עֲוִ֑יל[a]   וְעַל־יְדֵ֖י רְשָׁעִ֣ים יִרְטֵֽנִי[b]׃
12 שָׁלֵ֤ו[c] הָיִ֨יתִי ׀ וַֽיְפַרְפְּרֵ֗נִי[d]   וְאָחַ֣ז[e] בְּ֭עָרְפִּי[f] וַֽיְפַצְפְּצֵ֑נִי[g]
וַיְקִימֵ֥נִי[2] ל֝֗וֹ לְמַטָּרָֽה[h]׃   13 יָסֹ֬בּוּ[3] עָלַ֨י ׀ רַבָּ֗יו[i]
יְפַלַּ֣ח[j] כִּ֭לְיוֹתַי[k] וְלֹ֣א יַחְמ֑וֹל[l]   יִשְׁפֹּ֥ךְ לָ֝אָ֗רֶץ מְרֵרָתִֽי[m]׃
14 יִפְרְצֵ֣נִי[n] פֶ֭רֶץ[o] עַל־פְּנֵי־פָ֑רֶץ[o]   יָרֻ֖ץ עָלַ֣י כְּגִבּֽוֹר׃
15 שַׂ֣ק[p] תָּ֭פַרְתִּי[q] עֲלֵ֣י גִלְדִּ֑י[r]   וְעֹלַ֖לְתִּי[s] בֶעָפָ֣ר קַרְנִֽי[t]׃
16 פָּנַ֣י חמרמרה[u] מִנִּי־בֶ֑כִי[v]   וְעַ֖ל עַפְעַפַּ֣י[w] צַלְמָֽוֶת[x]׃   חֳמַרְמְרוּ
17 עַ֭ל לֹא־חָמָ֣ס[y] בְּכַפָּ֑י   וּתְפִלָּתִ֥י[z] זַכָּֽה[aa]׃
18 אֶ֭רֶץ אַל־תְּכַסִּ֣י[4] דָמִ֑י   וְאַל־יְ֝הִ֗י[5] מָ֜קוֹם לְזַעֲקָתִֽי[ab]׃
19 גַּם־עַ֭תָּה הִנֵּה־בַשָּׁמַ֣יִם עֵדִ֑י[ac]   וְ֝שָׂהֲדִ֗י[ad] בַּמְּרוֹמִֽים[ae]׃
20 מְלִיצַ֥י[af] רֵעָ֑י   אֶל־אֱ֝ל֗וֹהַ[ag] דָּלְפָ֥ה[ah] עֵינִֽי׃

a עֲוִיל unjust one. (1)
b רָטָה to wring out. (1) *qal impf. 3ms + 1cs suf.*
c שָׁלֵו quiet, at ease. (8)
d [פרר] to break, frustrate. (47) *pilp. wyqtl. 3ms + 1cs suf.*
e אָחַז to grasp, seize, take possession. (68)
f עֹרֶף back of neck, neck. (33)
g [פצץ] to break. (2) *pilp. wyqtl. 3ms + 1cs suf.*
h מַטָּרָה (f) (1) guard, ward, prison; (2) target. (16)
i רַב archer. (2)
j [פלח] to cleave. (5)
k כִּלְיָה (f) kidney. (31)
l חָמַל to spare. (41)
m מְרֵרָה (f) gall. (1)
n פָּרַץ to break through. (49) *qal impf. 3ms + 1cs suf.*
o פֶּרֶץ bursting forth, breach. (19)
p שַׂק sack, sackcloth. (48)
q תָּפַר to sew together. (4)
r גֶּלֶד skin. (1)
s [עלל] to insert, thrust in. (1) *poel pf. 1cs*
t קֶרֶן (f) horn. (75)
u [חמר] to be red. (1) *pealal pf. 3fp*
v בְּכִי weeping. (28)
w עַפְעַף eyelid. (10)
x צַלְמָוֶת deep shadow, shadow of death. (18)
y חָמָס violence, wrong. (60)
z תְּפִלָּה (f) prayer. (77)
aa זַךְ pure, clean. (11)
ab זְעָקָה (f) cry, outcry. (19)
ac עֵד witness, testimony, evidence. (70)
ad שָׂהֵד witness. (1)
ae מָרוֹם height. (54)
af לִיץ to mock, scorn. (27) *hi. ptc. mp con. + 1cs suf.*
ag אֱלוֹהַּ god, God. (60)
ah דָּלַף to drop, drip. (3)

[1] סָגַר *hi. impf. 3ms + 1cs suf.*
[2] קוּם *hi. wyqtl. 3ms + 1cs suf.*
[3] סָבַב *qal impf. 3mp*
[4] [כסה] *pi. juss. 2fs*
[5] הָיָה *qal juss. 3ms*

21 וְיוֹכַח[a] לְגֶבֶר[b] עִם־אֱלוֹהַּ[c] וּבֶן־אָדָם לְרֵעֵהוּ׃
22 כִּי־שְׁנוֹת מִסְפָּר יֶאֱתָיוּ[d] וְאֹרַח[e] לֹא־אָשׁוּב אֶהֱלֹךְ׃

17 רוּחִי חֻבָּלָה[a] יָמַי נִזְעָכוּ[b] קְבָרִים[c] לִי׃
2 אִם־לֹא הֲתֻלִים[d] עִמָּדִי[e] וּבְהַמְּרוֹתָם[f] תָּלַן[g] עֵינִי׃
3 שִׂימָה[1]־נָּא עָרְבֵנִי[h] עִמָּךְ מִי הוּא לְיָדִי יִתָּקֵעַ[i]׃
4 כִּי־לִבָּם צָפַנְתָּ[j] מִּשָּׂכֶל[k] עַל־כֵּן לֹא תְרֹמֵם[2]׃
5 לְחֵלֶק[l] יַגִּיד[3] רֵעִים וְעֵינֵי בָנָיו תִּכְלֶנָה׃
6 וְהִצִּגַנִי[m] לִמְשֹׁל[n] עַמִּים וְתֹפֶת[o] לְפָנִים אֶהְיֶה׃
7 וַתֵּכַהּ[p] מִכַּעַשׂ[q] עֵינִי וִיצֻרַי[r] כַּצֵּל[s] כֻּלָּם׃
8 יָשֹׁמּוּ[4] יְשָׁרִים עַל־זֹאת וְנָקִי[t] עַל־חָנֵף[u] יִתְעֹרָר[v]׃

---

a [יכח] to decide, reprove, rebuke. (59) *hi. impf. 3ms*
b גֶּבֶר man, strong man. (65)
c אֱלוֹהַּ god, God. (60)
d אָתָה to come. (21)
e אֹרַח way, path. (59)

17

a חָבַל to destroy, act corruptly. (12)
b [זעך] to extinguish. (1)
c קֶבֶר grave, sepulchre. (67)
d הֲתֻלִים mockery. (1)
e עִמָּד with. (44)
f מָרָה to be contentious, rebelliious. (45) *hi. inf. con. + 3mp suf.*
g לוּן to lodge, pass the night, abide. (69)
h עָרַב to pledge. (23) *qal impv. 2ms + 1cs suf.*
i תָּקַע to blow, thrust. (68)
j צָפַן to hide, treasure up. (31)
k שֶׂכֶל prudence, insight, understanding. (16)
l חֵלֶק portion, share, tract. (66)
m [יצג] to set, place. (16) *hi. pf. 3ms + 1cs suf.*
n מְשֹׁל byword. (1)
o תֹּפֶת (f) act of spitting. (1)
p כָּהָה to grow dim, faint. (7) *qal wyqtl. 3fs*
q כַּעַשׂ anger, vexation. (4)
r יְצֻרִים forms, members. (1)
s צֵל shadow. (49)
t נָקִי clean, free from, exempt. (41)
u חָנֵף profane, irreligious. (13)
v עוּר to rouse oneself, awake. (80) *hitpol. impf. 3ms*

17

1 שׂוּם *qal impv. 2ms*
2 רוּם *pol. impf. 2ms*
3 [נגד] *hi. impf. 3ms*
4 שָׁמֵם *qal impf. 3mp*

9 וְיֹאחֵ֣ז[a] צַדִּ֣יק דַּרְכּ֑וֹ וּֽטֳהָר־יָ֝דַ֗יִם יֹסִ֥יף[1] אֹֽמֶץ[b]׃
10 וְֽאוּלָ֗ם[c] כֻּלָּ֣ם תָּ֭שֻׁבוּ וּבֹ֣אוּ נָ֑א וְלֹֽא־אֶמְצָ֖א בָכֶ֣ם חָכָֽם׃
11 יָמַ֣י עָ֭בְרוּ זִמֹּתַ֣י[d] נִתְּק֑וּ[e] מ֝וֹרָשֵׁ֗י[f] לְבָבִֽי׃
12 לַ֣יְלָה לְי֣וֹם יָשִׂ֑ימוּ א֝֗וֹר קָר֥וֹב[g] מִפְּנֵי־חֹֽשֶׁךְ[h]׃
13 אִם־אֲ֭קַוֶּה[i] שְׁא֣וֹל בֵּיתִ֑י בַּ֝חֹ֗שֶׁךְ[h] רִפַּ֥דְתִּי[j] יְצוּעָֽי[k]׃
14 לַשַּׁ֣חַת[l] קָ֭רָאתִי אָ֣בִי אָ֑תָּה אִמִּ֥י וַ֝אֲחֹתִ֗י לָֽרִמָּֽה[m]׃
15 וְ֭אַיֵּה[n] אֵפ֣וֹ[o] תִקְוָתִ֑י[p] וְ֝תִקְוָתִ֗י[p] מִ֣י יְשׁוּרֶֽנָּה[q]׃
16 בַּדֵּ֣י שְׁאֹ֣ל תֵּרַ֑דְנָה אִם־יַ֖חַד[r] עַל־עָפָ֣ר נָֽחַת[s]׃ ס

18 וַיַּ֥עַן[1] בִּלְדַּ֥ד הַשֻּׁחִ֗י וַיֹּאמַֽר׃
2 עַד־אָ֤נָה[a] ׀ תְּשִׂימ֣וּן[2] קִנְצֵ֣י[b] לְמִלִּ֑ין[c] תָּ֝בִ֗ינוּ וְאַחַ֥ר
נְדַבֵּֽר׃
3 מַ֭דּוּעַ[d] נֶחְשַׁ֣בְנוּ כַבְּהֵמָ֑ה נִ֝טְמִ֗ינוּ[e] בְּעֵינֵיכֶֽם׃
4 טֹרֵ֥ף[f] נַפְשׁ֗וֹ בְּאַ֫פּ֥וֹ הַ֭לְמַעַנְךָ תֵּעָ֣זַב אָ֑רֶץ וְיֶעְתַּק[g]־צ֝֗וּר[h]
מִמְּקֹמֽוֹ׃

---

a אָחַז to grasp, seize, take possession. (68)
b אֹמֶץ strength. (1)
c אוּלָם but, but indeed. (19)
d זִמָּה (f) plan, device, wickedness. (29)
e נָתַק to pull, draw, tear away, apart. (27)
f מוֹרָשׁ possession. (3)
g קָרֹב near. (77)
h חֹשֶׁךְ darkness, obscurity. (80)
i [קוה] to wait for. (46)
j רָפַד to spread. (3)
k יָצוּעַ couch, bed. (5)
l שַׁחַת (f) pit. (23)
m רִמָּה (f) worm. (7)
n אַיֵּה where? (46)
o אֵפוֹ then. (15)
p תִּקְוָה (f) hope. (32)
q שׁוּר to behold, regard. (16) *qal impf. 3ms + 3fs suf.*
r יַחַד unitedness. (44)
s נַחַת quietness, rest. (7)

18

a אָן where? wither? (42)
b קֵנֶץ snare, net. (1)
c מִלָּה (f) word, speech, utterance. (38)
d מַדּוּעַ why? (72)
e [טמה] to be stupid. (1) *ni. pf. 1cp*
f טָרַף to tear, rend, pluck. (25)
g עָתַק to proceed, advance. (9)
h צוּר rock, cliff. (77)

---

[1] יָסַף *hi. impf. 3ms*

18

[1] עָנָה *qal wyqtl. 3ms*

[2] שׂוּם *qal impf. 2mp + paragogic nun suf.*

5 גַּם אוֹר רְשָׁעִים יִדְעָךְ[a] וְלֹא־יִגַּהּ[b] שְׁבִיב[c] אִשּׁוֹ׃
6 אוֹר חָשַׁךְ[d] בְּאָהֳלוֹ וְנֵרוֹ[e] עָלָיו יִדְעָךְ[a]׃
7 יֵצְרוּ[f] צַעֲדֵי[g] אוֹנוֹ[h] וְתַשְׁלִיכֵהוּ[1] עֲצָתוֹ׃
8 כִּי־שֻׁלַּח בְּרֶשֶׁת[i] בְּרַגְלָיו וְעַל־שְׂבָכָה[j] יִתְהַלָּךְ׃
9 יֹאחֵז[k] בְּעָקֵב[l] פָּח[m] יַחֲזֵק עָלָיו צַמִּים[n]׃
10 טָמוּן[o] בָּאָרֶץ חַבְלוֹ[p] וּמַלְכֻּדְתּוֹ[q] עֲלֵי נָתִיב[r]׃
11 סָבִיב בִּעֲתֻהוּ[s] בַלָּהוֹת[t] וֶהֱפִיצֻהוּ[u] לְרַגְלָיו׃
12 יְהִי־רָעֵב[v] אֹנוֹ[h] וְאֵיד[w] נָכוֹן לְצַלְעוֹ[x]׃
13 יֹאכַל בַּדֵּי עוֹרוֹ יֹאכַל בַּדָּיו בְּכוֹר מָוֶת׃
14 יִנָּתֵק[y] מֵאָהֳלוֹ מִבְטַחוֹ[z] וְתַצְעִדֵהוּ[aa] לְמֶלֶךְ בַּלָּהוֹת[t]׃
15 תִּשְׁכּוֹן בְּאָהֳלוֹ מִבְּלִי[ab]־לוֹ יְזֹרֶה[ac] עַל־נָוֵהוּ[ad] גָפְרִית[ae]׃

---

a דָּעַךְ to go out, be extinguished. (9)
b נָגַהּ to shine. (6) *qal impf. 3ms*
c שָׁבִיב flame. (1)
d חָשַׁךְ to grow dark. (18)
e נֵר lamp. (44)
f יָצַר to be distressed. (10)
g צַעַד step, pace. (14)
h אוֹן vigour, wealth. (12)
i רֶשֶׁת (f) net. (22)
j שְׂבָכָה (f) latticework, network. (15)
k אָחַז to grasp, seize, take possession. (68)
l עָקֵב heel, footprint. (13)
m פַּח snare, bird-trap. (25)
n צַמִּים snare, trap. (2)
o טָמַן to hide, conceal. (31) *qal pass. ptc. ms abs.*
p חֶבֶל cord, rope, territory. (50)
q מַלְכֹּדֶת (f) snare, trap. (1)
r נָתִיב path, pathway. (6)
s [בעת] to terrify, fall upon. (16) *pi. pf. 3cp + 3ms suf.*
t בַּלָּהָה (f) terror, dreadful event, calamity, destruction. (10)
u פּוּץ to scatter, be dispersed. (62) *hi. pf. 3cp + 3ms suf.*
v רָעֵב hungry. (20)
w אֵיד distress, calamity. (24)
x צֵלָע (f) rib, side. (41)
y נָתַק to pull, draw, tear away, apart. (27) *ni. impf. 3ms*
z מִבְטָח confidence. (15)
aa צָעַד to step, march. (8) *hi. impf. 3fs + 3ms suf.*
ab בְּלִי without, not. (58)
ac זָרָה to scatter, winnow. (39)
ad נָוֶה abode, habitation. (34)
ae גָּפְרִית (f) brimstone. (7)

---

[1] [שׁלך] *hi. impf. 3fs + 3ms suf.*

16 מִתַּחַת שָׁרָשָׁיו[a] יִבָשׁוּ[b] וּמִמַּעַל יִמַּל[c] קְצִירוֹ[d]׃
17 זִכְרוֹ[e]־אָבַד מִנִּי־אָרֶץ וְלֹא־שֵׁם לוֹ עַל־פְּנֵי־חוּץ׃
18 יֶהְדְּפֻהוּ[f] מֵאוֹר אֶל־חֹשֶׁךְ[g] וּמִתֵּבֵל[h] יְנִדֻּהוּ[i]׃
19 לֹא נִין[j] לוֹ וְלֹא־נֶכֶד[k] בְּעַמּוֹ וְאֵין שָׂרִיד[l] בִּמְגוּרָיו[m]׃
20 עַל־יוֹמוֹ נָשַׁמּוּ אַחֲרֹנִים[n] וְקַדְמֹנִים[o] אָחֲזוּ[p] שָׂעַר[q]׃
21 אַךְ־אֵלֶּה מִשְׁכְּנוֹת עַוָּל[r] וְזֶה מְקוֹם לֹא־יָדַע־אֵל׃ ס

19 וַיַּעַן[1] אִיּוֹב וַיֹּאמַר׃
2 עַד־אָנָה[a] תּוֹגְיוּן[b] נַפְשִׁי וּתְדַכְּאוּנַנִי[c] בְמִלִּים[d]׃
3 זֶה עֶשֶׂר פְּעָמִים תַּכְלִימוּנִי[e] לֹא־תֵבֹשׁוּ תַּהְכְּרוּ[f]־לִי׃
4 וְאַף־אָמְנָם[g] שָׁגִיתִי[h] אִתִּי תָּלִין[i] מְשׁוּגָתִי[j]׃
5 אִם־אָמְנָם[g] עָלַי תַּגְדִּילוּ וְתוֹכִיחוּ[k] עָלַי חֶרְפָּתִי[l]׃

a שֹׁרֶשׁ root. (33)
b יָבֵשׁ to be dry, dried up, wither. (73)
c מָלַל to languish, wither, fade. (4) *qal impf. 3ms*
d קָצִיר boughs, branches. (5)
e זֵכֶר remembrance, memorial. (23)
f הָדַף to thrust, push, drive. (11) *qal impf. 3mp + 3ms suf.*
g חֹשֶׁךְ darkness, obscurity. (80)
h תֵּבֵל (f) world. (36)
i נָדַד to flee, wander. (28) *hi. impf. 3mp + 3ms suf.*
j נִין offspring, posterity. (3)
k נֶכֶד progeny, posterity. (3)
l שָׂרִיד survivor. (28)
m מָגוֹר sojourning place. (11)
n אַחֲרוֹן behind, last. (51)
o קַדְמֹנִי former, eastern. (10)
p אָחַז to grasp, seize, take possession. (68)
q שַׂעַר horror. (3)
r עַוָּל unjust, unrighteous one. (5)

19

a אָן where? wither? (42)
b [יגה] to suffer. (8) *hi. impf. 2mp + paragogic nun suf.*
c [דכא] to crush. (18) *pi. impf. 2mp + 1cs suf.*
d מִלָּה (f) word, speech, utterance. (38)
e [כלם] to be humiliated, humiliate. (38) *hi. impf. 2mp + 1cs suf.*
f [הכר] to deal wrongly. (1)
g אָמְנָם verily, truly. (9)
h שָׁגָה to wander astray, err. (21) *qal pf. 1cs*
i לוּן to lodge, pass the night, abide. (69)
j מְשׁוּגָה (f) error. (1)
k [יכח] to decide, reprove, rebuke. (59) *hi. impf. 2mp*
l חֶרְפָּה (f) reproach. (73)

19 [1] עָנָה *qal wyqtl. 3ms*

6 דְּעוּ[1]־אֵפוֹ[a] כִּי־אֱלוֹהַּ[b] עִוְּתָנִי[c] וּמְצוּדוֹ[d] עָלַי הִקִּיף[e]׃
7 הֵן אֶצְעַק[f] חָמָס[g] וְלֹא אֵעָנֶה אֲשַׁוַּע[h] וְאֵין מִשְׁפָּט׃
8 אָרְחִי[i] גָדַר[j] וְלֹא אֶעֱבוֹר וְעַל נְתִיבוֹתַי[k] חֹשֶׁךְ[l] יָשִׂים׃
9 כְּבוֹדִי מֵעָלַי הִפְשִׁיט[m] וַיָּסַר עֲטֶרֶת[n] רֹאשִׁי׃
10 יִתְּצֵנִי[o] סָבִיב וָאֵלַךְ וַיַּסַּע[2] כָּעֵץ תִּקְוָתִי[p]׃
11 וַיַּחַר[3] עָלַי אַפּוֹ וַיַּחְשְׁבֵנִי[4] לוֹ כְצָרָיו[q]׃
12 יַחַד[r] ׀ יָבֹאוּ גְדוּדָיו[s] וַיָּסֹלּוּ[t] עָלַי דַּרְכָּם וַיַּחֲנוּ[5] סָבִיב
לְאָהֳלִי׃
13 אַחַי מֵעָלַי הִרְחִיק[u] וְיֹדְעַי[6] אַךְ־זָרוּ[v] מִמֶּנִּי׃
14 חָדְלוּ[w] קְרוֹבָי[x] וּמְיֻדָּעַי[7] שְׁכֵחוּנִי[8]׃
15 גָּרֵי[9] בֵיתִי וְאַמְהֹתַי[y] לְזָר[v] תַּחְשְׁבֻנִי[10] נָכְרִי[z] הָיִיתִי
בְעֵינֵיהֶם׃

---

a אֵפוֹ then. (15)
b אֱלוֹהַּ god, God. (60)
c [עות] to be bent, crooked. (11) *pi. pf. 3ms + 1cs suf.*
d מְצוּדָה (f) fastness, stronghold. (19)
e [נקף] to go around, surround. (17)
f צָעַק to cry, cry out, call. (55)
g חָמָס violence, wrong. (60)
h [שׁוע] to cry out for help. (21)
i אֹרַח way, path. (59)
j גָּדַר to wall up, wall off. (10)
k נְתִיבָה (f) path, pathway. (20)
l חֹשֶׁךְ darkness, obscurity. (80)
m פָּשַׁט to strip off, make a dash, raid. (43)
n עֲטָרָה (f) crown, wreath. (23)
o נָתַץ to pull down, break down. (42) *qal impf. 3ms + 1cs suf.*
p תִּקְוָה (f) hope. (32)
q צַר adversary, enemy. (75)
r יַחַד unitedness. (44)
s גְּדוּד band, troop. (33)
t סָלַל to lift up, cast up. (12) *qal wyqtl. 3mp*
u רָחַק to remove, become far, distant. (58)
v זוּר to be a stranger. (76) *qal pf. 3cp*
w חָדַל to cease, leave off. (58)
x קָרֹב near. (77)
y אָמָה (f) maid, handmaid. (56)
z נָכְרִי foreign, alien. (45)

---

[1] יָדַע *qal impv. 2mp*
[2] נָסַע *hi. wyqtl. 3ms*
[3] חָרָה *hi. wyqtl. 3ms*
[4] חָשַׁב *qal wyqtl. 3ms + 1cs suf.*
[5] חָנָה *qal wyqtl. 3mp*
[6] יָדַע *qal ptc. mp con. + 1cs suf.*
[7] יָדַע *pu. pass. ptc. mp con. + 1cs suf.*
[8] שָׁכַח *qal pf. 3cp + 1cs suf.*
[9] גּוּר *qal ptc. mp con.*
[10] חָשַׁב *qal impf. 3fp + 1cs suf.*

16 לְעַבְדִּי קָרָאתִי וְלֹא יַעֲנֶה   בְּמוֹ[a]־פִי אֶתְחַנֶּן[b]־לוֹ׃

17 רוּחִי זָרָה[c] לְאִשְׁתִּי   וְחַנֹּתִי[d] לִבְנֵי בִטְנִי[e]׃

18 גַּם־עֲוִילִים[f] מָאֲסוּ[g] בִי   אָקוּמָה וַיְדַבְּרוּ־בִי׃

19 תִּעֲבוּנִי[h] כָּל־מְתֵי[i] סוֹדִי[j]   וְזֶה־אָהַבְתִּי נֶהְפְּכוּ־בִי׃

20 בְּעוֹרִי וּבִבְשָׂרִי דָּבְקָה[k] עַצְמִי   וָאֶתְמַלְּטָה[1] בְּעוֹר שִׁנָּי[l]׃

21 חָנֻּנִי[m] חָנֻּנִי[m] אַתֶּם רֵעָי   כִּי יַד־אֱלוֹהַּ[n] נָגְעָה בִּי׃

22 לָמָּה תִּרְדְּפֻנִי[2] כְמוֹ־אֵל   וּמִבְּשָׂרִי לֹא תִשְׂבָּעוּ׃

23 מִי־יִתֵּן[3] אֵפוֹ[o] וְיִכָּתְבוּן[4] מִלָּי[p]   מִי־יִתֵּן[3] בַּסֵּפֶר וְיֻחָקוּ[q]׃

24 בְּעֶט[r]־בַּרְזֶל[s] וְעֹפָרֶת[t]   לָעַד[u] בַּצּוּר[v] יֵחָצְבוּן[w]׃

25 וַאֲנִי יָדַעְתִּי גֹּאֲלִי[5] חָי   וְאַחֲרוֹן[x] עַל־עָפָר יָקוּם׃

26 וְאַחַר עוֹרִי נִקְּפוּ[y]־זֹאת   וּמִבְּשָׂרִי אֶחֱזֶה[z] אֱלוֹהַּ[n]׃

---

a בְּמוֹ in, at, by. (10)
b חָנַן to be gracious, show favour. (77)
c זוּר to be loathsome. (1) *qal pf. 3fs*
d חָנַן be loathsome. (1) *qal pf. 1cs*
e בֶּטֶן (f) belly, body, womb. (72)
f עֲוִיל young boy. (2)
g מָאַס to reject, despise. (74)
h [תעב] to abhor, be abominable. (22) *pi. pf. 3cp + 1cs suf.*
i מַת male, man. (22)
j סוֹד council, counsel. (21)
k דָּבַק to cleave, cling. (54)
l שֵׁן (f) tooth, ivory. (55)
m חָנַן to be gracious, show favour. (77) *qal impv. 2mp + 1cs suf.*
n אֱלוֹהַּ god, God. (60)
o אֵפוֹ then. (15)
p מִלָּה (f) word, speech, utterance. (38)
q חָקַק to cut in, inscribe, decree. (19) *ho. impf. 3mp*
r עֵט stylus. (4)
s בַּרְזֶל iron. (76)
t עֹפֶרֶת lead. (9)
u עַד perpetuity, for ever. (51)
v צוּר rock, cliff. (77)
w חָצַב to hew, hew out, cleave. (25) *ni. impf. 3mp + paragogic nun suf.*
x אַחֲרוֹן behind, last. (51)
y [נקף] to strike off. (2)
z חָזָה to see, behold. (51)

---

[1] [מלט] *hitp. wyqtl. 1cs*
[2] רָדַף *qal impf. 2mp + 1cs suf.*
[3] נָתַן *qal impf. 3ms*
[4] כָּתַב *ni. impf. 3mp + paragogic nun suf.*
[5] גָּאַל *qal ptc. ms con. + 1cs suf.*

27 אֲשֶׁר אֲנִי ׀ אֶחֱזֶה[a]־לִּי וְעֵינַי רָאוּ
וְלֹא־זָר[b] כָּלוּ כִלְיֹתַי[c] בְּחֵקִי[d]׃
28 כִּי תֹאמְרוּ מַה־נִּרְדָּף־לוֹ וְשֹׁרֶשׁ[e] דָּבָר נִמְצָא־בִי׃
29 גּוּרוּ[f] לָכֶם ׀ מִפְּנֵי־חֶרֶב כִּי־חֵמָה עֲוֺנוֹת חָרֶב
לְמַעַן תֵּדְעוּן[1] שדין[g]׃ ס שַׁדּוּן

20

1 וַיַּעַן[1] צֹפַר הַנַּעֲמָתִי וַיֹּאמַר׃
2 לָכֵן שְׂעִפַּי[a] יְשִׁיבוּנִי[2] וּבַעֲבוּר[b] חוּשִׁי[c] בִי׃
3 מוּסַר[d] כְּלִמָּתִי[e] אֶשְׁמָע וְרוּחַ מִבִּינָתִי[f] יַעֲנֵנִי[3]׃
4 הֲזֹאת יָדַעְתָּ מִנִּי־עַד[g] מִנִּי שִׂים אָדָם עֲלֵי־אָרֶץ׃
5 כִּי רִנְנַת[h] רְשָׁעִים מִקָּרוֹב[i] וְשִׂמְחַת חָנֵף[j] עֲדֵי־רָגַע[k]׃
6 אִם־יַעֲלֶה לַשָּׁמַיִם שִׂיאוֹ[l] וְרֹאשׁוֹ לָעָב[m] יַגִּיעַ[4]׃
7 כְּגֶלֲלוֹ[n] לָנֶצַח[o] יֹאבֵד רֹאָיו[5] יֹאמְרוּ אַיּוֹ[p]׃
8 כַּחֲלוֹם[q] יָעוּף[r] וְלֹא יִמְצָאֻהוּ[6] וְיֻדַּד[s] כְּחֶזְיוֹן[t] לָיְלָה׃

---

a חָזָה to see, behold. (51)
b זוּר to be a stranger. (76)
c כִּלְיָה (f) kidney. (31)
d חֵיק bosom. (37)
e שֹׁרֶשׁ root. (33)
f גּוּר to dread. (10)
g דִּין judgement. (20)

20

a שְׂעִפִּים disquietings. (2)
b עֲבוּר for the sake of, because of, in order that. (49)
c חוּשׁ to haste, make haste. (18) *qal inf. con. + 1cs suf.*
d מוּסָר discipline, chastening, correction. (50)
e כְּלִמָּה (f) insult, reproach, ignominy. (30)
f בִּינָה (f) understanding. (38)
g עַד perpetuity, for ever. (51)
h רְנָנָה (f) exultation. (4)
i קָרֹב near. (77)
j חָנֵף profane, irreligious. (13)
k רֶגַע moment. (22)
l שִׂיא loftiness. (1)
m עָב dark cloud. (32)
n גֵּל dung. (4)
o נֶצַח forever, enduring, everlasting, eminence. (43)
p אֵי where? (37)
q חֲלוֹם dream. (64)
r עוּף to fly. (29)
s נָדַד to flee, wander. (28) *ho. impf. 3ms*
t חִזָּיוֹן vision. (9)

---

[1] יָדַע *qal impf. 2mp + paragogic nun suf.*

20

[1] עָנָה *qal wyqtl. 3ms*
[2] שׁוּב *hi. impf. 3mp + 1cs suf.*
[3] עָנָה *qal impf. 3ms + 1cs suf.*
[4] נָגַע *hi. impf. 3ms*
[5] רָאָה *qal ptc. mp con. + 3ms suf.*
[6] מָצָא *qal impf. 3mp + 3ms suf.*

9 עַ֣יִן שְׁ֭זָפַתּוּ[a] וְלֹ֣א תוֹסִ֑יף[1] וְלֹא־ע֝֗וֹד תְּשׁוּרֶ֥נּוּ[b] מְקוֹמֽוֹ׃
10 בָּ֭נָיו יְרַצּ֣וּ[c] דַלִּ֑ים[d] וְ֝יָדָ֗יו תָּשֵׁ֥בְנָה אוֹנֽוֹ[e]׃
11 עַ֭צְמוֹתָיו מָלְא֣וּ עלומו[f] וְ֝עִמּ֗וֹ עַל־עָפָ֥ר תִּשְׁכָּֽב׃ עֲלוּמָ֑יו
12 אִם־תַּמְתִּ֣יק[g] בְּפִ֣יו רָעָ֑ה יַ֝כְחִידֶ֗נָּה[h] תַּ֣חַת לְשׁוֹנֽוֹ׃
13 יַחְמֹ֣ל[i] עָ֭לֶיהָ וְלֹ֣א יַעַזְבֶ֑נָּה[2] וְ֝יִמְנָעֶ֗נָּה[j] בְּת֣וֹךְ חִכּֽוֹ[k]׃
14 לַ֭חְמוֹ בְּמֵעָ֣יו[l] נֶהְפָּ֑ךְ מְרוֹרַ֖ת[m] פְּתָנִ֣ים[n] בְּקִרְבּֽוֹ׃
15 חַ֣יִל בָּ֭לַע[o] וַיְקִאֶ֑נּוּ[p] מִ֝בִּטְנ֗וֹ[q] יֹרִשֶׁ֥נּוּ[3] אֵֽל׃
16 רֹאשׁ[r]־פְּתָנִ֥ים[n] יִינָ֑ק[s] תַּֽ֝הַרְגֵ֗הוּ[4] לְשׁ֣וֹן אֶפְעֶֽה[t]׃
17 אַל־יֵ֥רֶא[5] בִפְלַגּ֑וֹת[u] נַהֲרֵ֥י נַ֝חֲלֵ֗י דְּבַ֣שׁ[v] וְחֶמְאָֽה[w]׃
18 מֵשִׁ֣יב יָ֭גָע[x] וְלֹ֣א יִבְלָ֑ע[o] כְּחֵ֥יל תְּ֝מוּרָת֗וֹ[y] וְלֹ֣א יַעֲלֹֽס[z]׃
19 כִּֽי־רִ֭צַּץ[aa] עָזַ֣ב דַּלִּ֑ים[d] בַּ֥יִת גָּ֝זַ֗ל[ab] וְלֹ֣א יִבֶנֵֽהוּ[6]׃

a שָׁזַף to catch sight of, look on (of eye). (3) *qal pf. 3fs + 3ms suf.*

b שׁוּר to behold, regard. (16) *qal impf. 3fs + 3ms suf.*

c רָצָה to be pleased with, accept favourably. (57)

d דַּל low, poor, weak, thin. (47)

e אוֹן vigour, wealth. (12)

f עֲלוּמִים youth, youthful vigour. (4)

g מָתֹק to become or be sweet, pleasant. (5)

h [כחד] to hide, efface. (32) *hi. impf. 3ms + 3fs suf.*

i חָמַל to spare. (41)

j מָנַע to withhold, hold back. (29) *qal impf. 3ms + 3fs suf.*

k חֵךְ palate, roof of mouth. (18)

l מֵעֶה belly, internal organs. (32)

m מְרֹרָה (f) bitter thing, gall, poison. (4)

n פֶּתֶן cobra. (6)

o בָּלַע to swallow up, consume. (49)

p קִיא to vomit up, spue out, disgorge. (8) *hi. wyqtl. 3ms + 3ms suf.*

q בֶּטֶן (f) belly, body, womb. (72)

r רֹאשׁ bitter poison. (12)

s יָנַק to suck. (32)

t אֶפְעֶה viper. (3)

u פְּלַגָּה (f) (1) stream (2) division. (1)

v דְּבַשׁ honey. (54)

w חֶמְאָה (f) curd. (10)

x יָגָע product of labour. (1)

y תְּמוּרָה (f) exchange, recompense. (6)

z עָלַס to rejoice. (3)

aa רָצַץ to crush. (19)

ab גָּזַל to tear away, seize, rob. (30)

---

[1] יָסַף *hi. impf. 3fs*

[2] עָזַב *qal impf. 3ms + 3fs suf.*

[3] יָרַשׁ *hi. impf. 3ms + 3ms suf.*

[4] הָרַג *qal impf. 3fs + 3ms suf.*

[5] רָאָה *qal juss. 3ms*

[6] בָּנָה *qal impf. 3ms + 3ms suf.*

20 כִּי ׀ לֹא־יָדַע שָׁלֵו[a] בְּבִטְנוֹ[b] בַּחֲמוּדוֹ[c] לֹא יְמַלֵּט׃
21 אֵין־שָׂרִיד[d] לְאָכְלוֹ[e] עַל־כֵּן לֹא־יָחִיל[f] טוּבוֹ[g]׃
22 בִּמְלֹאות שִׂפְקוֹ[h] יֵצֶר[i] לוֹ כָּל־יַד עָמֵל[j] תְּבוֹאֶנּוּ[1]׃
23 יְהִי[2] ׀ לְמַלֵּא בִטְנוֹ[b] יְשַׁלַּח־בּוֹ חֲרוֹן[k] אַפּוֹ וְיַמְטֵר[l]
עָלֵימוֹ בִּלְחוּמוֹ[m]׃
24 יִבְרַח[n] מִנֵּשֶׁק[o] בַּרְזֶל[p] תַּחְלְפֵהוּ[q] קֶשֶׁת[r] נְחוּשָׁה[s]׃
25 שָׁלַף[t] וַיֵּצֵא מִגֵּוָה[u] וּבָרָק[v] מִמְּרֹרָתוֹ[w]
יַהֲלֹךְ עָלָיו אֵמִים[x]׃
26 כָּל־חֹשֶׁךְ[y] טָמוּן[z] לִצְפּוּנָיו[aa]
תְּאָכְלֵהוּ[3] אֵשׁ לֹא־נֻפָּח[ab] יֵרַע[ac] שָׂרִיד[d] בְּאָהֳלוֹ׃
27 יְגַלּוּ שָׁמַיִם עֲוֺנוֹ וְאֶרֶץ מִתְקוֹמָמָה[4] לוֹ׃
28 יִגֶל יְבוּל[ad] בֵּיתוֹ נִגָּרוֹת[ae] בְּיוֹם אַפּוֹ׃

---

a שָׁלֵו quiet, at ease. (8)
b בֶּטֶן (f) belly, body, womb. (72)
c חָמַד to desire, take pleasure in. (21) *qal pass. ptc. ms con. + 3ms suf.*
d שָׂרִיד survivor. (28)
e אֹכֶל food. (44) *qal inf. con. + 3ms suf.*
f חִיל to be firm, strong. (2)
g טוּב good things, goods, goodness. (32)
h שֵׂפֶק sufficiency, plenty. (1)
i יָצַר to be distressed. (10)
j עָמֵל labourer, sufferer. (4)
k חָרוֹן (burning of) anger. (41)
l [מטר] to rain. (17)
m לְחוּם intestines, bowels. (2)
n בָּרַח to go through, flee. (65)
o נֶשֶׁק weapon, equipment. (10)
p בַּרְזֶל iron. (76)
q חָלַף to pass on or away, pass through. (28) *qal impf. 3fs + 3ms suf.*
r קֶשֶׁת (f) bow. (76)
s נְחוּשָׁה (f) copper, bronze. (10)
t שָׁלַף to draw out, off. (25)
u גֵּוָה (f) back. (1)
v בָּרָק lightning. (19)
w מְרֹרָה (f) bitter thing, gall, poison. (4)
x אֵימָה (f) terror, dread. (17)
y חֹשֶׁךְ darkness, obscurity. (80)
z טָמַן to hide, conceal. (31) *qal pass. ptc. ms abs.*
aa צָפַן to hide, treasure up. (31) *qal pass. ptc. mp con. + 3ms suf.*
ab נָפַח to breathe, blow. (12)
ac יָרַע to quiver. (4)
ad יְבוּל produce of soil. (13)
ae [נגר] to pour, flow, run. (10)

---

1 בּוֹא *qal impf. 3fs + 3ms suf.*
2 הָיָה *qal juss. 3ms*
3 אָכַל *qal impf. 3fs + 3ms suf.*
4 קוּם *hitpol. ptc. fs abs.*

29 זֶ֤ה ׀ חֵֽלֶק[a]־אָדָ֣ם רָ֭שָׁע מֵאֱלֹהִ֑ים וְנַחֲלַ֖ת אִמְר֣וֹ[b] מֵאֵֽל׃
פ

21

וַיַּ֥עַן[1] אִיּ֗וֹב וַיֹּאמַֽר׃
2 שִׁמְע֣וּ שָׁ֭מוֹעַ מִלָּתִ֑י[a] וּתְהִי[2]־זֹ֝֗את תַּנְח֥וּמֹתֵיכֶֽם[b]׃
3 שָׂ֭אוּנִי[3] וְאָנֹכִ֣י אֲדַבֵּ֑ר וְאַחַ֖ר דַּבְּרִ֣י[4] תַלְעִֽיג[c]׃
4 הֶ֭אָנֹכִי לְאָדָ֣ם שִׂיחִ֑י[d] וְאִם־מַ֝דּ֗וּעַ[e] לֹא־תִקְצַ֥ר[f] רוּחִֽי׃
5 פְּנֽוּ־אֵלַ֥י וְהָשַׁ֑מּוּ[5] וְשִׂ֖ימוּ יָ֣ד עַל־פֶּֽה׃
6 וְאִם־זָכַ֥רְתִּי וְנִבְהָ֑לְתִּי[g] וְאָחַ֥ז[h] בְּ֝שָׂרִ֗י פַּלָּצֽוּת[i]׃
7 מַדּ֣וּעַ[e] רְשָׁעִ֣ים יִחְי֑וּ עָ֝תְק֗וּ[j] גַּם־גָּ֥בְרוּ[k] חָֽיִל׃
8 זַרְעָ֤ם נָכ֣וֹן לִפְנֵיהֶ֣ם עִמָּ֑ם וְ֝צֶאֱצָאֵיהֶ֗ם[l] לְעֵינֵיהֶֽם׃
9 בָּתֵּיהֶ֣ם שָׁל֣וֹם מִפָּ֑חַד[m] וְלֹ֤א שֵׁ֖בֶט אֱל֣וֹהַּ[n] עֲלֵיהֶֽם׃
10 שׁוֹר֣וֹ[o] עִ֭בַּר וְלֹ֣א יַגְעִ֑ל[p] תְּפַלֵּ֥ט[q] פָּ֝רָת֗וֹ[r] וְלֹ֣א תְשַׁכֵּֽל[s]׃
11 יְשַׁלְּח֣וּ כַ֭צֹּאן עֲוִילֵיהֶ֑ם[t] וְ֝יַלְדֵיהֶ֗ם יְרַקֵּדֽוּן[u]׃

---

a חֵ֫לֶק portion, share, tract. (66)

b אֹ֫מֶר utterance, speech, word. (49)

21

a מִלָּה (f) word, speech, utterance. (38)

b תַּנְחוּם consolation. (5)

c לָעַג to mock, deride. (18)

d שִׂיחַ complaint, musing. (14)

e מַדּוּעַ why? (72)

f קָצַר to be short. (15)

g [בהל] to dismay, be disturbed. (37)

h אָחַז to grasp, seize, take possession. (68)

i פַּלָּצוּת (f) shuddering. (4)

j עָתַק to proceed, advance. (9)

k גָּבַר to prevail, be strong, mighty. (25)

l צֶאֱצָא issue, offspring, produce. (11)

m פַּ֫חַד dread. (49)

n אֱלוֹהַּ god, God. (60)

o שׁוֹר head of cattle, ox, bull. (79)

p גָּעַל to abhor, loathe. (10)

q [פלט] to escape. (25)

r פָּרָה (f) heifer, cow. (26)

s שָׁכֹל to be bereaved. (20)

t עֲוִיל young boy. (2)

u רָקַד to skip about. (9) *pi. impf. 3mp + paragogic nun suf.*

21

[1] עָנָה *qal wyqtl. 3ms*

[2] הָיָה *qal juss. 3fs*

[3] נָשָׂא *qal impv. 2mp + 1cs suf.*

[4] [דבר] *pi. inf. con. + 1cs suf.*

[5] שָׁמֵם *hi. impv. 2mp*

12 יִשְׂאוּ[1] כְּתֹף[a] וְכִנּוֹר[b] וְיִשְׂמְחוּ לְקוֹל עוּגָב[c]׃

13 יבלו[d] בַטּוֹב יְמֵיהֶם וּבְרֶגַע[e] שְׁאוֹל יֵחָתּוּ[f]׃ יְכַלּוּ

14 וַיֹּאמְרוּ לָאֵל סוּר מִמֶּנּוּ וְדַעַת דְּרָכֶיךָ לֹא חָפָצְנוּ[g]׃

15 מַה־שַׁדַּי כִּי־נַעַבְדֶנּוּ[2] וּמַה־נּוֹעִיל[h] כִּי נִפְגַּע[i]־בּוֹ׃

16 הֵן לֹא בְיָדָם טוּבָם[j] עֲצַת רְשָׁעִים רָחֲקָה[k] מֶנִּי׃

17 כַּמָּה ׀ נֵר[l]־רְשָׁעִים יִדְעָךְ[m] וְיָבֹא עָלֵימוֹ אֵידָם[n]
חֲבָלִים[o] יְחַלֵּק[p] בְּאַפּוֹ׃

18 יִהְיוּ כְּתֶבֶן[q] לִפְנֵי־רוּחַ וּכְמֹץ[r] גְּנָבַתּוּ[s] סוּפָה[t]׃

19 אֱלוֹהַּ[u] יִצְפֹּן[v]־לְבָנָיו אוֹנוֹ[w] יְשַׁלֵּם אֵלָיו וְיֵדָע׃

20 יִרְאוּ עינו כִּידוֹ[x] וּמֵחֲמַת שַׁדַּי יִשְׁתֶּה׃ עֵינָיו

21 כִּי מַה־חֶפְצוֹ[y] בְּבֵיתוֹ אַחֲרָיו וּמִסְפַּר חֳדָשָׁיו חֻצָּצוּ[z]׃

22 הַלְאֵל יְלַמֶּד־דָּעַת וְהוּא רָמִים[3] יִשְׁפּוֹט׃

23 זֶה יָמוּת בְּעֶצֶם תֻּמּוֹ[aa] כֻּלּוֹ שַׁלְאֲנַן[ab] וְשָׁלֵיו[ac]׃

---

a תֹּף timbrel, tambourine. (17)
b כִּנּוֹר lyre. (42)
c עוּגָב flute, pipe. (4)
d בָּלָה to become old and worn out. (16)
e רֶגַע moment. (22)
f נָחֵת to go down, descend. (10) *qal impf. 3mp*
g חָפֵץ to delight in, desire. (74)
h [יעל] to profit, avail. (23) *hi. impf. 1cp*
i פָּגַע to meet, encounter, entreat. (46)
j טוּב good things, goods, goodness. (32)
k רָחַק to remove, become far, distant. (58)
l נֵר lamp. (44)
m דָּעַךְ to go out, be extinguished. (9)
n אֵיד distress, calamity. (24)
o חֵבֶל pain, pang. (9)
p חָלַק to divide, share. (56)
q תֶּבֶן straw. (17)
r מוֹץ chaff. (8)
s גָּנַב to steal. (40) *qal pf. 3fs + 3ms suf.*
t סוּפָה (f) storm wind. (15)
u אֱלֹהַּ god, God. (60)
v צָפַן to hide, treasure up. (31)
w אָוֶן iniquity, wickedness. (79)
x כִּיד destruction. (1)
y חֵפֶץ delight, pleasure. (39)
z חָצַץ to divide. (2)
aa תֹּם completeness, integrity. (24)
ab שַׁלְאֲנָן at ease. (1)
ac שָׁלֵו quiet, at ease. (8)

---

1 נָשָׂא *qal impf. 3mp*
2 עָבַד *qal impf. 1cp + 1cp suf.*
3 רוּם *qal ptc. mp abs.*

24 עֲטִינָיו[a] מָלְאוּ חָלָב[b] וּמֹחַ[c] עַצְמוֹתָיו יְשֻׁקֶּה[d]׃
25 וְזֶה יָמוּת בְּנֶפֶשׁ מָרָה[e] וְלֹא־אָכַל בַּטּוֹבָה[f]׃
26 יַחַד[g] עַל־עָפָר יִשְׁכָּבוּ וְרִמָּה[h] תְּכַסֶּה עֲלֵיהֶם׃
27 הֵן יָדַעְתִּי מַחְשְׁבוֹתֵיכֶם[i] וּמְזִמּוֹת[j] עָלַי תַּחְמֹסוּ[k]׃
28 כִּי תֹאמְרוּ אַיֵּה[l] בֵית־נָדִיב[m] וְאַיֵּה[l] אֹהֶל ׀ מִשְׁכְּנוֹת רְשָׁעִים׃
29 הֲלֹא שְׁאֶלְתֶּם עוֹבְרֵי דָרֶךְ וְאֹתֹתָם[n] לֹא תְנַכֵּרוּ[o]׃
30 כִּי לְיוֹם אֵיד[p] יֵחָשֶׂךְ[q] רָע לְיוֹם עֲבָרוֹת[r] יוּבָלוּ[s]׃
31 מִי־יַגִּיד[1] עַל־פָּנָיו דַּרְכּוֹ וְהוּא־עָשָׂה מִי יְשַׁלֶּם־לוֹ׃
32 וְהוּא לִקְבָרוֹת[t] יוּבָל[u] וְעַל־גָּדִישׁ[v] יִשְׁקוֹד[w]׃
33 מָתְקוּ[x]־לוֹ רִגְבֵי[y] נָחַל וְאַחֲרָיו כָּל־אָדָם יִמְשׁוֹךְ[z] וּלְפָנָיו אֵין מִסְפָּר׃

---

a עֲטִין pail, bucket. (1)
b חָלָב milk. (44)
c מֹחַ marrow. (1)
d [שׁקה] to cause to drink, water. (62)
e מַר bitter, bitterness. (39)
f טוֹבָה (f) welfare, benefit, good. (64)
g יַחַד unitedness. (44)
h רִמָּה (f) worm. (7)
i מַחֲשָׁבָה (f) thought, device, plan. (56)
j מְזִמָּה (f) purpose, discretion, device; evil thought. (19)
k חָמַס to treat violently, wrong. (8)
l אַיֵּה where? (46)
m נָדִיב inclined, generous, noble. (29)
n אוֹת sign, pledge. (79)
o [נכר] to recognise, regard. (42) *pi. impf. 2mp*
p אֵיד distress, calamity. (24)
q חָשַׂךְ to withhold, refrain. (27)
r עֶבְרָה (f) overflow, arrogance, fury. (34)
s [יבל] to conduct, bear along. (18) *ho. impf. 3mp*
t קֶבֶר grave, sepulchre. (67)
u [יבל] to conduct, bear along. (18) *ho. impf. 3ms*
v גָּדִישׁ tomb. (1)
w שָׁקַד to watch, wake. (12)
x מָתַק to become or be sweet, pleasant. (5)
y רֶגֶב clod of earth. (2)
z מָשַׁךְ to draw, drag. (36)

---

1 [נגד] *hi. impf. 3ms*

34 וְאֵיךְ[a] תְּנַחֲמוּנִי[1] הָבֶל[b] וּתְשׁוּבֹתֵיכֶם[c] נִשְׁאַר־מָעַל[d]׃ ס

22

1 וַיַּעַן[1] אֱלִיפַז הַתֵּמָנִי וַיֹּאמַר׃
2 הַלְאֵל יִסְכָּן[a]־גָּבֶר[b] כִּי־יִסְכֹּן[a] עָלֵימוֹ מַשְׂכִּיל[c]׃
3 הַחֵפֶץ[d] לְשַׁדַּי כִּי תִצְדָּק[e] וְאִם־בֶּצַע[f] כִּי־תַתֵּם[g]
דְּרָכֶיךָ׃
4 הֲמִיִּרְאָתְךָ[h] יֹכִיחֶךָ[i] יָבוֹא עִמְּךָ בַּמִּשְׁפָּט׃
5 הֲלֹא רָעָתְךָ רַבָּה וְאֵין־קֵץ[j] לַעֲוֺנֹתֶיךָ׃
6 כִּי־תַחְבֹּל[k] אַחֶיךָ חִנָּם[l] וּבִגְדֵי עֲרוּמִּים[m] תַּפְשִׁיט[n]׃
7 לֹא־מַיִם עָיֵף[o] תַּשְׁקֶה[p] וּמֵרָעֵב[q] תִּמְנַע[r]־לָחֶם׃
8 וְאִישׁ זְרוֹעַ לוֹ הָאָרֶץ וּנְשׂוּא[2] פָנִים יֵשֶׁב בָּהּ׃
9 אַלְמָנוֹת[s] שִׁלַּחְתָּ רֵיקָם[t] וּזְרֹעוֹת יְתֹמִים[u] יְדֻכָּא[v]׃

---

a אֵיךְ how? (61)
b הֶבֶל vanity, vapour, breath. (73)
c תְּשׁוּבָה (f) return, answer. (8)
d מַעַל unfaithful, treacherous act. (28)

22

a סָכַן to be of use of service, benefit. (12)
b גֶּבֶר man, strong man. (65)
c שָׂכַל to be prudent. (62)
d חֵפֶץ delight, pleasure. (39)
e צָדֵק to be just, righteous. (41)
f בֶּצַע unjust gain. (23)
g תָּמַם to be complete, finished. (61) *hi. impf. 2ms*
h יִרְאָה (f) fear. (42)
i [יכח] to decide, reprove, rebuke. (59) *hi. impf. 3ms + 2ms suf.*
j קֵץ end. (67)
k חָבַל to bind, pledge. (12)
l חִנָּם for nothing, without cause. (32)
m עָרוֹם naked. (16)
n פָּשַׁט to strip off, make a dash, raid. (43)
o עָיֵף faint, weary. (17)
p [שׁקה] to cause to drink, water. (62)
q רָעֵב hungry. (20)
r מָנַע to withhold, hold back. (29)
s אַלְמָנָה (f) widow. (56)
t רֵיקָם emptily, vainly. (16)
u יָתוֹם orphan. (42)
v [דכא] to crush. (18)

---

[1] [נחם] *pi. impf. 2mp + 1cs suf.*

22

[1] עָנָה *qal wyqtl. 3ms*
[2] נָשָׂא *qal pass. ptc. ms con.*

10 עַל־כֵּן סְבִיבוֹתֶיךָ פַחִים[a] וִיבַהֶלְךָ[b] פַּחַד[c] פִּתְאֹם[d]׃
11 אוֹ־חֹשֶׁךְ[e] לֹא־תִרְאֶה וְשִׁפְעַת[f]־מַיִם תְּכַסֶּךָּ[1]׃
12 הֲלֹא־אֱלוֹהַּ[g] גֹּבַהּ[h] שָׁמָיִם וּרְאֵה רֹאשׁ כּוֹכָבִים[i]
כִּי־רָמּוּ[2]׃
13 וְאָמַרְתָּ מַה־יָּדַע אֵל הַבְעַד עֲרָפֶל[j] יִשְׁפּוֹט׃
14 עָבִים[k] סֵתֶר[l]־לוֹ וְלֹא יִרְאֶה וְחוּג[m] שָׁמַיִם יִתְהַלָּךְ׃
15 הַאֹרַח[n] עוֹלָם תִּשְׁמֹר אֲשֶׁר דָּרְכוּ[o] מְתֵי[p]־אָוֶן[q]׃
16 אֲשֶׁר־קֻמְּטוּ[r] וְלֹא־עֵת נָהָר יוּצַק[s] יְסוֹדָם[t]׃
17 הָאֹמְרִים לָאֵל סוּר מִמֶּנּוּ וּמַה־יִּפְעַל[u] שַׁדַּי לָמוֹ׃
18 וְהוּא מִלֵּא בָתֵּיהֶם טוֹב וַעֲצַת רְשָׁעִים רָחֲקָה[v] מֶנִּי׃
19 יִרְאוּ צַדִּיקִים וְיִשְׂמָחוּ וְנָקִי[w] יִלְעַג[x]־לָמוֹ׃
20 אִם־לֹא נִכְחַד[y] קִימָנוּ[z] וְיִתְרָם אָכְלָה אֵשׁ׃
21 הַסְכֶּן[aa]־נָא עִמּוֹ וּשְׁלָם[ab] בָּהֶם תְּבוֹאַתְךָ[3] טוֹבָה[ac]׃

a **פַּח** snare, bird-trap. (25)
b **[בהל]** to dismay, be disturbed. (37) *pi. impf. 3ms + 2ms suf.*
c **פַּחַד** dread. (49)
d **פִּתְאֹם** suddenly, suddenness. (25)
e **חֹשֶׁךְ** darkness, obscurity. (80)
f **שִׁפְעָה** (f) abundance, quantity. (6)
g **אֱלוֹהַּ** god, God. (60)
h **גֹּבַהּ** height. (17)
i **כּוֹכָב** star. (37)
j **עֲרָפֶל** cloud, heavy cloud. (15)
k **עָב** dark cloud. (32)
l **סֵתֶר** covering, hiding place, secrecy. (35)
m **חוּג** vault, circle. (3)
n **אֹרַח** way, path. (59)
o **דָּרַךְ** to tread, march. (63)
p **מַת** male, man. (22)
q **אָוֶן** iniquity, wickedness. (79)
r **קָמַט** to seize. (2)
s **יָצַק** to pour (out), cast, flow. (51) *ho. impf. 3ms*
t **יְסוֹד** (f) foundation, base. (20)
u **פָּעַל** to do, make. (56)
v **רָחַק** to remove, become far, distant. (58)
w **נָקִי** clean, free from, exempt. (41)
x **לָעַג** to mock, deride. (18)
y **[כחד]** to hide, efface. (32)
z **קִים** adversary. (1)
aa **סָכַן** to be of use of service, benefit. (12)
ab **[שׁלם]** to be in covenant of peace. (13)
ac **טוֹבָה** (f) welfare, benefit, good. (64)

[1] **[כסה]** *pi. impf. 3fs + 2ms suf.*
[2] **רוּם** *qal pf. 3cp*
[3] **בּוֹא** *qal impf. 3fs + 2ms suf.*

22 קַח־נָא מִפִּיו תּוֹרָה וְשִׂים אֲמָרָיו[a] בִּלְבָבֶךָ׃
23 אִם־תָּשׁוּב עַד־שַׁדַּי תִּבָּנֶה תַּרְחִיק[b] עַוְלָה[c] מֵאָהֳלֶךָ׃
24 וְשִׁית־עַל־עָפָר בָּצֶר[d] וּבְצוּר[e] נְחָלִים אוֹפִיר׃
25 וְהָיָה שַׁדַּי בְּצָרֶיךָ[d] וְכֶסֶף תּוֹעָפוֹת[f] לָךְ׃
26 כִּי־אָז עַל־שַׁדַּי תִּתְעַנָּג[g] וְתִשָּׂא[1] אֶל־אֱלוֹהַּ[h] פָּנֶיךָ׃
27 תַּעְתִּיר[i] אֵלָיו וְיִשְׁמָעֶךָּ[2] וּנְדָרֶיךָ[j] תְשַׁלֵּם׃
28 וְתִגְזַר[k]־אוֹמֶר[l] וְיָקָם לָךְ וְעַל־דְּרָכֶיךָ נָגַהּ[m] אוֹר׃
29 כִּי־הִשְׁפִּילוּ[n] וַתֹּאמֶר גֵּוָה[o] וְשַׁח[p] עֵינַיִם יוֹשִׁעַ[3]׃
30 יְמַלֵּט אִי[q]־נָקִי[r] וְנִמְלַט בְּבֹר[s] כַּפֶּיךָ׃ פ

23

וַיַּעַן[1] אִיּוֹב וַיֹּאמַר׃
2 גַּם־הַיּוֹם מְרִי[a] שִׂחִי[b] יָדִי כָּבְדָה עַל־אַנְחָתִי[c]׃
3 מִי־יִתֵּן[2] יָדַעְתִּי וְאֶמְצָאֵהוּ[3] אָבוֹא עַד־תְּכוּנָתוֹ[d]׃
4 אֶעֶרְכָה[e] לְפָנָיו מִשְׁפָּט וּפִי אֲמַלֵּא תוֹכָחוֹת[f]׃

---

a אֵמֶר utterance, speech, word. (49)

b רָחַק to remove, become far, distant. (58)

c עַוְלָה (f) injustice, unrighteousness, wrong. (31)

d בֶּצֶר precious ore. (2)

e צוּר rock, cliff. (77)

f תּוֹעָפָה (f) eminence; of towering horns. (4)

g [ענג] to be soft, delicate, dainty. (10)

h אֱלוֹהַּ god, God. (60)

i עָתַר to pray, supplicate. (20)

j נֶדֶר vow. (60)

k גָּזַר to cut, divide. (13)

l אֹמֶר utterance, speech, word. (6)

m נָגַהּ to shine. (6)

n שָׁפֵל to be or become low, abase. (29)

o גֵּוָה (f) pride. (3)

p שַׁח low, lowly. (1)

q אִי not. (1)

r נָקִי clean, free from, exempt. (41)

s בֹּר cleanness, pureness. (5)

23

a מְרִי rebellion. (23)

b שִׂיחַ complaint, musing. (14)

c אֲנָחָה (f) sighing, groaning. (11)

d תְּכוּנָה (f) arrangement, preparation, fixed place. (1)

e עָרַךְ to arrange, set in order. (70)

f תּוֹכַחַת (f) argument, reproof. (24)

---

[1] נָשָׂא *qal impf. 2ms*

[2] שָׁמַע *qal impf. 3ms + 2ms suf.*

[3] [ישׁע] *hi. impf. 3ms*

23

[1] עָנָה *qal wyqtl. 3ms*

[2] נָתַן *qal impf. 3ms*

[3] מָצָא *qal impf. 1cs + 3ms suf.*

5 אֵ֭דְעָה מִלִּ֣ים[a] יַעֲנֵ֑נִי[1]   וְ֝אָבִ֗ינָה מַה־יֹּ֥אמַר לִֽי׃
6 הַבְּרָב־כֹּ֭חַ יָרִ֣יב[b] עִמָּדִ֑י[c]   לֹ֥א אַ֝ךְ ה֗וּא יָשִׂ֥ם בִּֽי׃
7 שָׁ֗ם יָ֭שָׁר נוֹכָ֣ח[d] עִמּ֑וֹ   וַאֲפַלְּטָ֥ה[e] לָ֝נֶ֗צַח[f] מִשֹּׁפְטִֽי[2]׃
8 הֵ֣ן קֶ֣דֶם[g] אֶֽהֱלֹ֣ךְ וְאֵינֶ֑נּוּ   וְ֝אָח֗וֹר[h] וְֽלֹא־אָבִ֥ין לֽוֹ׃
9 שְׂמֹ֣אול[i] בַּעֲשֹׂת֣וֹ[3] וְלֹא־אָ֑חַז[j]   יַעְטֹ֥ף[k] יָ֝מִ֗ין וְלֹ֣א אֶרְאֶֽה׃
10 כִּֽי־יָ֭דַע דֶּ֣רֶךְ עִמָּדִ֑י[c]   בְּ֝חָנַ֗נִי[l] כַּזָּהָ֥ב אֵצֵֽא׃
11 בַּ֭אֲשֻׁרוֹ[m] אָחֲזָ֣ה[n] רַגְלִ֑י   דַּרְכּ֖וֹ שָׁמַ֣רְתִּי וְלֹא־אָֽט[4]׃
12 מִצְוַ֣ת שְׂ֭פָתָיו וְלֹ֣א אָמִ֑ישׁ[o]   מֵ֝חֻקִּ֗י צָפַ֥נְתִּי[p] אִמְרֵי[q]־פִֽיו׃
13 וְה֣וּא בְ֭אֶחָד וּמִ֣י יְשִׁיבֶ֑נּוּ[5]   וְנַפְשׁ֖וֹ אִוְּתָ֣ה[r] וַיָּֽעַשׂ[6]׃
14 כִּ֭י יַשְׁלִ֣ים חֻקִּ֑י   וְ֝כָהֵ֗נָּה[s] רַבּ֥וֹת עִמּֽוֹ׃
15 עַל־כֵּ֭ן מִפָּנָ֣יו אֶבָּהֵ֑ל[t]   אֶ֝תְבּוֹנֵ֗ן[7] וְאֶפְחַ֥ד[u] מִמֶּֽנּוּ׃
16 וְ֭אֵל הֵרַ֣ךְ[v] לִבִּ֑י   וְ֝שַׁדַּ֗י הִבְהִילָֽנִי[w]׃
17 כִּי־לֹ֣א נִ֭צְמַתִּי[x] מִפְּנֵי־חֹ֑שֶׁךְ[y]   וּ֝מִפָּנַ֗י כִּסָּה־אֹֽפֶל[z]׃

---

a מִלָּה (f) word, speech, utterance. (38)
b רִיב to strive, contend. (67)
c עִמָּד with. (44)
d [יכח] to decide, reprove, rebuke. (59)
e [פלט] to escape. (25)
f נֶ֫צַח forever, enduring, everlasting, eminence. (43)
g קֶ֫דֶם front, east. (61)
h אָחוֹר back side. (41)
i שְׂמֹאל left, left hand. (54)
j חָזָה to see, behold. (51)
k עָטַף to turn aside. (1)
l בָּחַן to examine, test. (29) *qal pf. 3ms + 1cs suf.*
m אֲשׁוּר (f) step, going. (7)
n אָחַז to grasp, seize, take possession. (68)
o מוּשׁ to depart, remove. (20)
p צָפַן to hide, treasure up. (31)
q אֵמֶר utterance, speech, word. (49)
r [אוה] to desire, incline. (25)
s הֵנָּה they. (48)
t [בהל] to dismay, be disturbed. (37)
u פָּחַד to dread, be in awe. (25)
v רָכַךְ to be tender, weak, soft. (8) *hi. pf. 3ms*
w [בהל] to dismay, be disturbed. (37) *hi. pf. 3ms + 1cs suf.*
x צָמַת to put an end to, exterminate. (15)
y חֹ֫שֶׁךְ darkness, obscurity. (80)
z אֹ֫פֶל darkness, gloom. (9)

---

[1] עָנָה *qal impf. 3ms + 1cs suf.*
[2] שָׁפַט *qal ptc. ms con. + 1cs suf.*
[3] עָשָׂה *qal inf. con. + 3ms suf.*
[4] נָטָה *hi. impf. 1cs*
[5] שׁוּב *hi. impf. 3ms + 3ms suf.*
[6] עָשָׂה *qal wyqtl. 3ms*
[7] בִּין *hitpol. impf. 1cs*

24

מַדּ֗וּעַ[a] מִ֭שַּׁדַּי לֹא־נִצְפְּנ֣וּ[b] עִתִּ֑ים וידעו[1] וְיֹדְעָ֗יו
לֹא־חָ֥זוּ[c] יָמָֽיו׃
2 גְּבֻל֥וֹת[d] יַשִּׂ֑יגוּ[e] עֵ֥דֶר[f] גָּ֝זְל֗וּ[g] וַיִּרְעֽוּ[2]׃
3 חֲמ֣וֹר יְתוֹמִ֣ים[h] יִנְהָ֑גוּ[i] יַ֝חְבְּל֗וּ[j] שׁ֣וֹר[k] אַלְמָנָֽה[l]׃
4 יַטּ֣וּ[3] אֶבְיֹנִ֣ים[m] מִדָּ֑רֶךְ יַ֥חַד[n] חֻ֝בְּא֗וּ[o] עֲנִיֵּי[p]־אָֽרֶץ׃
5 הֵ֤ן פְּרָאִ֨ים[q] ׀ בַּֽמִּדְבָּ֗ר יָֽצְא֣וּ בְּ֭פָעֳלָם[r]
מְשַׁחֲרֵ֣י[s] לַטָּ֑רֶף[t] עֲרָבָ֥ה[u] ל֥וֹ לֶ֝֗חֶם לַנְּעָרִֽים׃
6 בַּשָּׂדֶ֗ה בְּלִיל֥וֹ[v] יקצירו[w] וְכֶ֖רֶם רָשָׁ֣ע יְלַקֵּֽשׁוּ[x]׃ יִקְצ֑וֹרוּ
7 עָר֣וֹם[y] יָ֭לִינוּ[z] מִבְּלִ֣י[aa] לְב֑וּשׁ[ab] וְאֵ֥ין כְּ֝ס֗וּת[ac] בַּקָּרָֽה[ad]׃
8 מִזֶּ֣רֶם[ae] הָרִ֣ים יִרְטָ֑בוּ[af] וּֽמִבְּלִ֥י[aa] מַ֝חְסֶ֗ה[ag]
חִבְּקוּ[ah]־צֽוּר[ai]׃

24

a מַדּוּעַ why? (72)
b צָפַן to hide, treasure up. (31)
c חָזָה to see, behold. (51)
d גְּבוּלָה (f) border, boundary. (10)
e [נשׂג] to reach, overtake, attain. (50) *hi. impf. 3mp*
f עֵ֫דֶר flock, herd. (39)
g גָּזַל to tear away, seize, rob. (30)
h יָתוֹם orphan. (42)
i נָהַג to drive, lead, conduct. (30)
j חָבַל to bind, pledge. (12)
k שׁוֹר head of cattle, ox, bull. (79)
l אַלְמָנָה (f) widow. (56)
m אֶבְיוֹן in want, needy, poor. (61)
n יַ֫חַד unitedness. (44)
o [חבא] to hide, withdraw. (33)
p עָנָו poor, afflicted, humble, meek. (20)
q פֶּ֫רֶא wild ass. (10)
r פֹּ֫עַל work, deed, doing. (38)
s [שׁחר] to look early, diligently for. (12)
t טֶ֫רֶף prey, food; leaf. (23)
u עֲרָבָה (f) desert-plain, Arabah. (60)
v בְּלִיל fodder. (3)
w קָצַר to reap, harvest. (34)
x [לקשׁ] to glean. (1)
y עָרוֹם naked. (16)
z לוּן to lodge, pass the night, abide. (69)
aa בְּלִי without, not. (58)
ab לְבוּשׁ clothing, garment. (33)
ac כְּסוּת (f) covering. (8)
ad קָרָה (f) cold. (5)
ae זֶ֫רֶם flood of rain, rain-storm, downpour. (9)
af רָטֹב to be moist. (1)
ag מַחְסֶה refuge, shelter. (20)
ah [חבק] to clasp, embrace. (13)
ai צוּר rock, cliff. (77)

24

1 יָדַע *qal ptc. ms con. + 3ms suf.*
2 רָעָה *qal wyqtl. 3mp*
3 נָטָה *hi. impf. 3mp*

9 יִגְזְלוּ[a] מִשֹּׁד[b] יָתֽוֹם[c] וְעַל[d]־עָנִי[e] יַחְבֹּֽלוּ[f]׃
10 עָרוֹם[g] הִלְּכוּ בְּלִי[h] לְב֑וּשׁ[i] וּ֝רְעֵבִים[j] נָ֣שְׂאוּ עֹֽמֶר[k]׃
11 בֵּין־שׁוּרֹתָם[l] יַצְהִ֑ירוּ[m] יְקָבִים[n] דָּ֝רְכוּ[o] וַיִּצְמָֽאוּ[p]׃
12 מֵעִיר מְתִים[q] ׀ יִנְאָקוּ[r] וְנֶפֶשׁ־חֲלָלִים תְּשַׁוֵּ֑עַ[s]
וֶ֝אֱלוֹהַּ[t] לֹא־יָשִׂים תִּפְלָֽה[u]׃
13 הֵמָּה ׀ הָיוּ בְּֽמֹרְדֵי[v]־א֑וֹר לֹֽא־הִכִּירוּ[w] דְרָכָיו
וְלֹ֥א יָ֝שְׁבוּ בִּנְתִיבֹתָֽיו[x]׃
14 לָאוֹר יָקוּם רוֹצֵחַ[y] יִקְטָל[z]־עָנִי[e] וְאֶבְי֑וֹן[aa]
וּ֝בַלַּיְלָה יְהִי[1] כַגַּנָּֽב[ab]׃
15 וְעֵין נֹאֵף[ac] ׀ שָׁמְרָה נֶשֶׁף[ad] לֵאמֹר לֹא־תְשׁוּרֵנִי[ae] עָ֑יִן
וְסֵתֶר[af] פָּנִים יָשִֽׂים׃
16 חָתַר[ag] בַּחֹשֶׁךְ[ah] בָּתִּים יוֹמָם[ai] חִתְּמוּ[aj]־לָ֗מוֹ לֹא־יָ֥דְעוּ
אֽוֹר׃

---

a גָּזַל to tear away, seize, rob. (30)
b שֹׁד breast. (3)
c יָתוֹם orphan. (42)
d עוּל sucking child, suckling. (3)
e עָנִי poor, afflicted, humble. (76)
f חָבַל to bind, pledge. (12)
g עָרוֹם naked. (16)
h בְּלִי without, not. (58)
i לְבוּשׁ clothing, garment. (33)
j רָעֵב hungry. (20)
k עֹמֶר sheaf. (8)
l שׁוּרָה (f) row of olives or vines. (1)
m [צהר] to press out oil. (1)
n יֶקֶב wine vat, winepress. (16)
o דָּרַךְ to tread, march. (63)
p צָמֵא to be thirsty. (10)
q מַת male, man. (22)
r נָאַק to groan. (2)
s [שׁוע] to cry out for help. (21)
t אֱלוֹהַּ god, God. (60)
u תִּפְלָה (f) (moral) unsavouriness, unseemliness. (3)
v מָרַד to rebel. (25)
w [נכר] to recognise, regard. (42)
x נְתִיבָה (f) path, pathway. (20)
y רָצַח to murder, kill. (47)
z קָטַל to slay. (3)
aa אֶבְיוֹן in want, needy, poor. (61)
ab גַּנָּב thief. (17)
ac נָאַף to commit adultery. (31)
ad נֶשֶׁף twilight. (12)
ae שׁוּר to behold, regard. (16)
qal impf. 3fs + 1cs suf.
af סֵתֶר covering, hiding place, secrecy. (35)
ag חָתַר to dig, row. (8)
ah חֹשֶׁךְ darkness, obscurity. (80)
ai יוֹמָם by day, daily. (51)
aj חָתַם to seal, seal up. (27)

---

[1] הָיָה *qal juss. 3ms*

17 כִּ֤י יַחְדָּ֨ו ׀ בֹּ֣קֶר לָ֣מוֹ צַלְמָ֑וֶת[a] כִּֽי־יַ֝כִּ֗יר[b] בַּלְה֥וֹת[c]
צַלְמָֽוֶת[a]׃
18 קַל[d]־ה֤וּא ׀ עַל־פְּֽנֵי־מַ֗יִם
תְּקֻלַּ֣ל חֶלְקָתָ֣ם[e] בָּאָ֑רֶץ לֹֽא־יִ֝פְנֶ֗ה דֶּ֣רֶךְ כְּרָמִֽים׃
19 צִיָּ֣ה[f] גַם־חֹ֭ם[g] יִגְזְל֣וּ[h] מֵֽימֵי־שֶׁ֑לֶג[i] שְׁא֣וֹל חָטָֽאוּ׃
20 יִשְׁכָּחֵ֤הוּ[1] רֶ֨חֶם[j] ׀ מְתָק֥וֹ[k] רִמָּ֗ה[l] ע֥וֹד לֹֽא־יִזָּכֵ֑ר
וַתִּשָּׁבֵ֖ר כָּעֵ֣ץ עַוְלָֽה[m]׃
21 רֹעֶ֣ה עֲ֭קָרָה[n] לֹ֣א תֵלֵ֑ד וְ֝אַלְמָנָ֗ה[o] לֹ֣א יְיֵטִֽיב[2]׃
22 וּמָשַׁ֣ךְ[p] אַבִּירִ֣ים[q] בְּכֹח֑וֹ
יָ֝ק֗וּם וְֽלֹא־יַאֲמִ֥ין בַּֽחַיִּֽין׃ 23 יִתֶּן[3]־ל֣וֹ לָ֭בֶטַח[r] וְיִשָּׁעֵ֑ן[s]
וְ֝עֵינֵ֗יהוּ עַל־דַּרְכֵיהֶֽם׃
24 ר֤וֹמּוּ[t] מְּעַ֨ט ׀ וְֽאֵינֶ֗נּוּ וְהֻמְּכוּ[u] כַּכֹּל יִקָּפְצ֑וּן[v]

---

a צַלְמָוֶת deep shadow, shadow of death. (18)
b [נכר] to recognise, regard. (42) *hi. impf. 3ms*
c בַּלָּהָה (f) terror, dreadful event, calamity, destruction. (10)
d קַל light, swift, fleet. (13)
e חֶלְקָה (f) portion of ground. (23)
f צִיָּה (f) dryness, drought. (16)
g חֹם heat. (14)
h גָּזַל to tear away, seize, rob. (30)
i שֶׁלֶג snow. (20)
j רֶחֶם womb. (26)
k מָתַק to become or be sweet, pleasant. (1) *qal pf. 3ms + 3ms suf.*
l רִמָּה (f) worm. (7)
m עַוְלָה (f) injustice, unrighteousness, wrong. (31)
n עָקָר barren. (12)
o אַלְמָנָה (f) widow. (56)
p מָשַׁךְ to draw, drag. (36)
q אַבִּיר mighty, valiant. (17)
r בֶּטַח security. (42)
s [שׁען] to lean on, support oneself trust in. (22)
t רָמַם to be exalted. (6) *qal pf. 3cp*
u מָכַךְ to be low, humiliated. (3)
v קָפַץ to draw together, shut. (7) *ni. impf. 3mp + paragogic nun suf.*

---

1 שָׁכַח *qal impf. 3ms + 3ms suf.*
2 יָטַב *hi. impf. 3ms*
3 נָתַן *qal impf. 3ms*

וּכְרֹ֖אשׁ שִׁבֹּ֣לֶת[a] יִמָּֽלוּ[b]׃

25 וְאִם־לֹ֣א אֵפוֹ[c] מִ֣י יַכְזִיבֵ֑נִי[d] וְיָשֵׂ֥ם לְ֝אַ֗ל מִלָּתִֽי[e]׃ ס

25

1 וַ֭יַּעַן[1] בִּלְדַּ֥ד הַשֻּׁחִ֗י וַיֹּאמַֽר׃

2 הַמְשֵׁ֣ל וָפַ֣חַד[a] עִמּ֑וֹ עֹשֶׂ֥ה שָׁ֝ל֗וֹם בִּמְרוֹמָֽיו[b]׃

3 הֲיֵ֣שׁ מִ֭סְפָּר לִגְדוּדָ֑יו[c] וְעַל־מִ֝֗י לֹא־יָק֥וּם אוֹרֵֽהוּ׃

4 וּמַה־יִּצְדַּ֣ק[d] אֱנ֣וֹשׁ[e] עִם־אֵ֑ל וּמַה־יִּ֝זְכֶּ֗ה[f] יְל֣וּד[2] אִשָּֽׁה׃

5 הֵ֣ן עַד־יָ֭רֵחַ[g] וְלֹ֣א יַאֲהִ֑יל[h] וְ֝כוֹכָבִ֗ים[i] לֹא־זַכּ֥וּ[j] בְעֵינָֽיו׃

6 אַ֭ף כִּֽי־אֱנ֣וֹשׁ[e] רִמָּ֑ה[k] וּבֶן־אָ֝דָ֗ם תּוֹלֵעָֽה[l]׃ פ

26

1 וַיַּ֥עַן[1] אִיּ֗וֹב וַיֹּאמַֽר׃

2 מֶה־עָזַ֥רְתָּ לְלֹא־כֹ֑חַ הוֹ֝שַׁ֗עְתָּ[2] זְר֣וֹעַ לֹא־עֹֽז׃

3 מַה־יָּ֭עַצְתָּ[a] לְלֹ֣א חָכְמָ֑ה וְ֝תוּשִׁיָּ֗ה[b] לָרֹ֥ב הוֹדָֽעְתָּ[3]׃

4 אֶת־מִ֭י הִגַּ֣דְתָּ מִלִּ֑ין[c] וְנִשְׁמַת[d]־מִ֝֗י יָצְאָ֥ה מִמֶּֽךָּ׃

5 הָרְפָאִ֥ים[e] יְחוֹלָ֑לוּ[f] מִתַּ֥חַת מַ֝֗יִם וְשֹׁכְנֵיהֶֽם[4]׃

---

a שִׁבֹּ֫לֶת (f) ear of grain. (15)

b מָלַל to languish, wither, fade. (4) *qal impf. 3mp*

c אֵפוֹ then. (15)

d [כזב] to lie, be a liar. (18) *hi. impf. 3ms + 1cs suf.*

e מִלָּה (f) word, speech, utterance. (38)

25

a פַּ֫חַד dread. (49)

b מָרוֹם height. (54)

c גְּדוּד band, troop. (33)

d צָדֵק to be just, righteous. (41)

e אֱנוֹשׁ man, humankind. (42)

f זָכָה to be clear, clean, pure. (8)

g יָרֵחַ moon. (26)

h [אהל] to be clear, shine. (1)

i כּוֹכָב star. (37)

j זָכַךְ to be bright, clean, pure. (4) *qal pf. 3cp*

k רִמָּה (f) worm. (7)

l תּוֹלֵעָה (f) worm, scarlet stuff. (39)

26

a יָעַץ to advise, counsel. (79)

b תּוּשִׁיָּה (f) sound, efficient wisdom. (11)

c מִלָּה (f) word, speech, utterance. (38)

d נְשָׁמָה (f) breath. (24)

e רְפָאִים shades, ghosts. (8)

f חוּל to whirl, dance, writhe. (58) *polal impf. 3mp*

25

1 עָנָה *qal wyqtl. 3ms*

2 יָלַד *qal pass. ptc. ms con.*

26

1 עָנָה *qal wyqtl. 3ms*

2 [ישע] *hi. pf. 2ms*

3 יָדַע *hi. pf. 2ms*

4 שָׁכַן *qal ptc. mp con. + 3mp suf.*

6 עָרוֹם[a] שְׁאוֹל נֶגְדּוֹ וְאֵין כְּסוּת[b] לָאֲבַדּוֹן׃
7 נֹטֶה[1] צָפוֹן עַל־תֹּהוּ[c] תֹּלֶה[d] אֶרֶץ עַל־בְּלִי[e]־מָה[e]׃
8 צֹרֵר[f]־מַיִם בְּעָבָיו[g] וְלֹא־נִבְקַע[h] עָנָן תַּחְתָּם׃
9 מְאַחֵז[i] פְּנֵי־כִסֵּה פַּרְשֵׁז[j] עָלָיו עֲנָנוֹ׃
10 חֹק־חָג[k] עַל־פְּנֵי־מָיִם עַד־תַּכְלִית[l] אוֹר עִם־חֹשֶׁךְ[m]׃
11 עַמּוּדֵי שָׁמַיִם יְרוֹפָפוּ[n] וְיִתְמְהוּ[o] מִגַּעֲרָתוֹ[p]׃
12 בְּכֹחוֹ רָגַע[q] הַיָּם ובתובנתו[r] מָחַץ[s] רָהַב׃ (וּבִתְבוּנָתוֹ)
13 בְּרוּחוֹ שָׁמַיִם שִׁפְרָה[t] חֹלֲלָה[u] יָדוֹ נָחָשׁ[v] בָּרִיחַ[w]׃
14 הֶן־אֵלֶּה ׀ קְצוֹת[x] דרכו וּמַה־שֵּׁמֶץ[y] דָּבָר נִשְׁמַע־בּוֹ (דְּרָכָיו)
וְרַעַם[z] גבורתו[aa] מִי יִתְבּוֹנָן[2]׃ ס (גְּבוּרֹתָיו)

a **עָרוֹם** naked. (16)
b **כְּסוּת** (f) covering. (8)
c **תֹּהוּ** formlessness, emptiness. (20)
d **תָּלָה** to hang. (28)
e **בְּלִימָה** nothingness. (2)
f **צָרַר** to bind, be in distress. (23)
g **עָב** dark cloud. (32)
h **בָּקַע** to break up, split open. (51)
i **אָחַז** to grasp, seize, take possession. (68)
j **[פרשׁז]** to spread over. (1) *pil. inf. abs.*
k **חוּג** to draw round, make a circle. (1) *qal pf. 3ms*
l **תַּכְלִית** (f) end, completeness. (5)
m **חֹשֶׁךְ** darkness, obscurity. (80)
n **[רפף]** to shake, rock. (1) *poal impf. 3mp*
o **תָּמַהּ** to be astounded, dumbfounded. (9)
p **גְּעָרָה** (f) rebuke. (15)
q **רָגַע** to disturb. (6)
r **תְּבוּנָה** (f) understanding. (42)
s **מָחַץ** to smite through, wound severely, shatter. (14)
t **שִׁפְרָה** (f) fairness, clearness, of sky. (1)
u **חָלַל** to bore, pierce. (6) *poel pf. 3fs*
v **נָחָשׁ** serpent. (31)
w **בָּרִיחַ** fleeing. (3)
x **קָצָה** (f) end. (34)
y **שֶׁמֶץ** whisper. (2)
z **רַעַם** thunder. (6)
aa **גְּבוּרָה** (f) strength, might. (61)

[1] **נָטָה** *qal ptc. ms abs.*
[2] **בִּין** *hitpol. impf. 3ms*

27

וַיֹּסֶף[1] אִיּוֹב שְׂאֵת מְשָׁלוֹ[a] וַיֹּאמַר׃

2 חַי־אֵל הֵסִיר מִשְׁפָּטִי וְשַׁדַּי הֵמַר[b] נַפְשִׁי׃

3 כִּי־כָל־עוֹד נִשְׁמָתִי[c] בִי וְרוּחַ אֱלוֹהַּ[d] בְּאַפִּי׃

4 אִם־תְּדַבֵּרְנָה שְׂפָתַי עַוְלָה[e] וּלְשׁוֹנִי אִם־יֶהְגֶּה[f] רְמִיָּה[g]׃

5 חָלִילָה[h] לִּי אִם־אַצְדִּיק[i] אֶתְכֶם עַד־אֶגְוָע[j] לֹא־אָסִיר
תֻּמָּתִי[k] מִמֶּנִּי׃

6 בְּצִדְקָתִי הֶחֱזַקְתִּי וְלֹא אַרְפֶּהָ[l] לֹא־יֶחֱרַף[m] לְבָבִי
מִיָּמָי׃

7 יְהִי כְרָשָׁע אֹיְבִי[2] וּמִתְקוֹמְמִי[3] כְעַוָּל[n]׃

8 כִּי מַה־תִּקְוַת[o] חָנֵף[p] כִּי יִבְצָע[q] כִּי יֵשֶׁל[r] אֱלוֹהַּ[d] נַפְשׁוֹ׃

9 הֲצַעֲקָתוֹ[s] יִשְׁמַע ׀ אֵל כִּי־תָבוֹא עָלָיו צָרָה[t]׃

10 אִם־עַל־שַׁדַּי יִתְעַנָּג[u] יִקְרָא אֱלוֹהַּ[d] בְּכָל־עֵת׃

11 אוֹרֶה[v] אֶתְכֶם בְּיַד־אֵל אֲשֶׁר עִם־שַׁדַּי לֹא אֲכַחֵד[w]׃

27

a **מָשָׁל** proverb, parable. (39)

b **מָרַר** to be bitter. (14) *hi. pf. 3ms*

c **נְשָׁמָה** (f) breath. (24)

d **אֱלוֹהַּ** god, God. (60)

e **עַוְלָה** (f) injustice, unrighteousness, wrong. (31)

f **הָגָה** to moan, growl, mutter, meditate. (25)

g **רְמִיָּה** (f) deceit, treachery. (10)

h **חָלִילָה** far be it! (21)

i **צָדֵק** to be just, righteous. (41)

j **גָּוַע** to expire, perish, die. (24)

k **תֻּמָּה** (f) integrity. (5)

l **רָפָה** to sink down, relax. (46) *hi. impf. 1cs + 3fs suf.*

m **חָרַף** to reproach. (39)

n **עַוָּל** unjust, unrighteous one. (5)

o **תִּקְוָה** (f) hope. (32)

p **חָנֵף** profane, irreligious. (13)

q **בָּצַע** to cut off, break off, gain by violence. (16)

r **שָׁלָה** to draw out, extract. (1)

s **צְעָקָה** (f) cry, outcry. (21)

t **צָרָה** (f) distress, trouble. (70)

u **[ענג]** to be soft, delicate, dainty. (10)

v **יָרָה** to shoot, throw, teach. (79) *hi. impf. 1cs*

w **[כחד]** to hide, efface. (32)

27

[1] **יָסַף** *hi. wyqtl. 3ms*

[2] **אָיַב** *qal ptc. ms con. + 1cs suf.*

[3] **קוּם** *hitpol. ptc. ms con. + 1cs suf.*

12 הֵן־אַתֶּם כֻּלְּכֶם חֲזִיתֶם[a] וְלָמָּה־זֶּה הֶבֶל[b] תֶּהְבָּלוּ[c]׃
13 זֶה ׀ חֵלֶק[d]־אָדָם רָשָׁע ׀ עִם־אֵל וְנַחֲלַת עָרִיצִים[e]
מִשַּׁדַּי יִקָּחוּ[1]׃
14 אִם־יִרְבּוּ בָנָיו לְמוֹ[f]־חָרֶב וְצֶאֱצָאָיו[g] לֹא
יִשְׂבְּעוּ־לָחֶם׃
15 שרידו[h] בַּמָּוֶת יִקָּבֵרוּ וְאַלְמְנֹתָיו[i] לֹא תִבְכֶּינָה׃ שְׂרִידָיו
16 אִם־יִצְבֹּר[j] כֶּעָפָר כָּסֶף וְכַחֹמֶר[k] יָכִין מַלְבּוּשׁ[l]׃
17 יָכִין וְצַדִּיק יִלְבָּשׁ וְכֶסֶף נָקִי[m] יַחֲלֹק[n]׃
18 בָּנָה כָעָשׁ[o] בֵּיתוֹ וּכְסֻכָּה[p] עָשָׂה נֹצֵר[q]׃
19 עָשִׁיר[r] יִשְׁכַּב וְלֹא יֵאָסֵף עֵינָיו פָּקַח[s] וְאֵינֶנּוּ׃
20 תַּשִּׂיגֵהוּ[t] כַמַּיִם בַּלָּהוֹת[u] לַיְלָה גְּנָבַתּוּ[v] סוּפָה[w]׃
21 יִשָּׂאֵהוּ[2] קָדִים[x] וְיֵלַךְ וִישָׂעֲרֵהוּ[y] מִמְּקֹמוֹ׃

---

a חָזָה to see, behold. (51) *qal pf. 2mp*

b הֶבֶל vanity, vapour, breath. (73)

c הָבַל to act emptily, become vain. (5)

d חֵלֶק portion, share, tract. (66)

e עָרִיץ ruthless, awe-inspiring. (20)

f לְמוֹ upon, for. (4)

g צֶאֱצָא issue, offspring, produce. (11)

h שָׂרִיד survivor. (28)

i אַלְמָנָה (f) widow. (56)

j צָבַר to heap up. (7)

k חֹמֶר cement, mortar, clay. (16)

l מַלְבּוּשׁ garment. (8)

m נָקִי clean, free from, exempt. (41)

n חָלַק to divide, share. (56)

o עָשׁ moth. (7)

p סֻכָּה (f) thicket, booth. (31)

q נָצַר to watch, guard, keep. (61) *qal ptc. ms abs.*

r עָשִׁיר rich. (23)

s פָּקַח to open (the eyes). (20)

t [נשׂג] to reach, overtake, attain. (50) *hi. impf. 3fs + 3ms suf.*

u בַּלָּהָה (f) terror, dreadful event, calamity, destruction. (10)

v גָּנַב to steal. (40) *qal pf. 3fs + 3ms suf.*

w סוּפָה (f) storm wind. (15)

x קָדִים East, east wind. (69)

y שָׂעַר to sweep or whirl away. (4) *pi. impf. 3ms + 3ms suf.*

---

1 לָקַח *qal impf. 3mp*

2 נָשָׂא *qal impf. 3ms + 3ms suf.*

22 וְיַשְׁלֵ֣ךְ עָ֭לָיו וְלֹ֣א יַחְמֹ֑ל[a] מִ֝יָּד֗וֹ בָּר֥וֹחַ[b] יִבְרָֽח[b]׃
23 יִשְׂפֹּ֣ק[c] עָלֵ֣ימוֹ כַּפֵּ֑ימוֹ וְיִשְׁרֹ֥ק[d] עָ֝לָ֗יו מִמְּקֹמֽוֹ׃

28 כִּ֤י יֵ֣שׁ לַכֶּ֣סֶף מוֹצָ֑א[a] וּ֝מָק֗וֹם לַזָּהָ֥ב יָזֹֽקּוּ[b]׃
2 בַּ֭רְזֶל[c] מֵעָפָ֣ר יֻקָּ֑ח[1] וְ֝אֶ֗בֶן יָצ֥וּק[d] נְחוּשָֽׁה[e]׃
3 קֵ֤ץ[f] ׀ שָׂ֤ם[2] לַחֹ֗שֶׁךְ[g] וּֽלְכָל־תַּ֭כְלִית[h] ה֣וּא חוֹקֵ֑ר[i] אֶ֖בֶן אֹ֣פֶל[j] וְצַלְמָֽוֶת[k]׃
4 פָּ֤רַץ[l] נַ֨חַל ׀ מֵֽעִם[m]־גָּ֗ר[3] הַֽנִּשְׁכָּחִ֥ים מִנִּי־רָ֑גֶל דַּ֖לּוּ[n] מֵאֱנ֣וֹשׁ[o] נָֽעוּ[p]׃
5 אֶ֗רֶץ מִמֶּ֥נָּה יֵֽצֵא־לָ֑חֶם וְ֝תַחְתֶּ֗יהָ נֶהְפַּ֥ךְ כְּמוֹ־אֵֽשׁ׃
6 מְקוֹם־סַפִּ֥יר[q] אֲבָנֶ֑יהָ וְעַפְרֹ֖ת זָהָ֣ב לֽוֹ׃
7 נָ֭תִיב[r] לֹא־יְדָ֣עוֹ[4] עָ֑יִט[s] וְלֹ֥א שְׁ֝זָפַ֗תּוּ[t] עֵ֣ין אַיָּֽה[u]׃
8 לֹֽא־הִדְרִיכ֥הוּ[v] בְנֵי־שָׁ֑חַץ[w] לֹא־עָדָ֖ה[x] עָלָ֣יו שָֽׁחַל[y]׃

a חָמַל to spare. (41)
b בָּרַח to go through, flee. (65)
c סָפַק to slap, clap. (9)
d שָׁרַק to hiss, whistle. (12)

28

a מוֹצָא place or act of going forth, exit. (27)
b זָקַק to refine, purify. (7) *qal impf. 3mp*
c בַּרְזֶל iron. (76)
d צוּק to pour out, melt. (3)
e נְחוּשָׁה (f) copper, bronze. (10)
f קֵץ end. (67)
g חֹשֶׁךְ darkness, obscurity. (80)
h תַּכְלִית (f) end, completeness. (5)
i חָקַר to search. (27)
j אֹפֶל darkness, gloom. (9)
k צַלְמָוֶת deep shadow, shadow of death. (18)
l פָּרַץ to break through. (49)
m מֵעִם from with, beside. (71)
n דָּלַל to hang, be low, languish. (9) *qal pf. 3cp*
o אֱנוֹשׁ man, humankind. (42)
p נוּעַ to quiver, shake, stumble. (40) *qal pf. 3cp*
q סַפִּיר sapphire, lapis lazuli. (11)
r נָתִיב path, pathway. (6)
s עַיִט bird of prey. (8)
t שָׁזַף to catch sight of, look on (of eye). (3) *qal pf. 3fs + 3ms suf.*
u אַיָּה (f) hawk, falcon, kite. (3)
v דָּרַךְ to tread, march. (63) *hi. pf. 3cp + 3ms suf.*
w שַׁחַץ dignity, pride. (2)
x עָדָה to pass on, advance. (2)
y שַׁחַל lion. (7)

28

1 לָקַח *qal pass. impf. 3ms*
2 שׂוּם *qal ptc. ms abs.*
3 גּוּר *qal ptc. ms abs.*
4 יָדַע *qal pf. 3ms + 3ms suf.*

9 בַּֽחַלָּמִישׁ[a] שָׁלַח יָדוֹ הָפַךְ מִשֹּׁרֶשׁ[b] הָרִים׃
10 בַּצּוּרוֹת[c] יְאֹרִים[d] בִּקֵּעַ[e] וְכָל־יְקָר[f] רָאֲתָה עֵינוֹ׃
11 מִבְּכִי[g] נְהָרוֹת חִבֵּשׁ[h] וְתַעֲלֻמָהּ[i] יֹצִא[1] אוֹר׃ פ

12 וְֽהַחָכְמָה מֵאַיִן[j] תִּמָּצֵא וְאֵי[k] זֶה מְקוֹם בִּינָה[l]׃
13 לֹא־יָדַע אֱנוֹשׁ[m] עֶרְכָּהּ[n] וְלֹא תִמָּצֵא בְּאֶרֶץ הַחַיִּים׃
14 תְּהוֹם[o] אָמַר לֹא בִי־הִיא וְיָם אָמַר אֵין עִמָּדִי[p]׃
15 לֹא־יֻתַּן[2] סְגוֹר[q] תַּחְתֶּיהָ וְלֹא יִשָּׁקֵל[r] כֶּסֶף מְחִירָהּ[s]׃
16 לֹא־תְסֻלֶּה[t] בְּכֶתֶם[u] אוֹפִיר בְּשֹׁהַם[v] יָקָר[w] וְסַפִּיר[x]׃
17 לֹא־יַעַרְכֶנָּה[y] זָהָב וּזְכוֹכִית[z] וּתְמוּרָתָהּ[aa] כְּלִי־פָז[ab]׃
18 רָאמוֹת[ac] וְגָבִישׁ[ad] לֹא יִזָּכֵר וּמֶשֶׁךְ[ae] חָכְמָה מִפְּנִינִים[af]׃

---

a חַלָּמִישׁ flint. (5)
b שֹׁרֶשׁ root. (33)
c צוּר rock, cliff. (77)
d יְאֹר stream; the Nile. (65)
e בָּקַע to break up, split open. (51)
f יְקָר preciousness, price, honour. (17)
g בְּכִי weeping. (28)
h חָבַשׁ to bind, saddle. (33)
i תַּעֲלֻמָה (f) hidden thing, secret. (3)
j אַיִן from where? (16)
k אַי where? (37)
l בִּינָה (f) understanding. (38)
m אֱנוֹשׁ man, humankind. (42)
n עֵרֶךְ order, row, estimate. (33)
o תְּהוֹם (f) great deep, abyss. (36)
p עִמָּד with. (44)
q סְגוֹר enclosure, encasement. (2)
r שָׁקַל to weigh. (22)
s מְחִיר price, hire. (15)
t [סלה] to weigh, balance. (2)
u כֶּתֶם gold. (9)
v שֹׁהַם a precious stone, onyx. (11)
w יָקָר precious, rare, splendid. (35)
x סַפִּיר sapphire, lapis lazuli. (11)
y עָרַךְ to arrange, set in order. (70) *qal impf. 3ms + 3fs suf.*
z זְכוֹכִית glass. (1)
aa תְּמוּרָה (f) exchange, recompense. (6)
ab פָּז refined, pure gold. (9)
ac רָאמוֹת corals. (2)
ad גָּבִישׁ crystal. (1)
ae מֶשֶׁךְ drawing up, trail. (2)
af פְּנִינִים jewel, coral. (6)

---

[1] יָצָא *hi. impf. 3ms*

[2] נָתַן *ho. impf. 3ms*

19 לֹֽא־יַעַרְכֶנָּה[a] פִּטְדַת[b]־כּוּשׁ בְּכֶתֶם[c] טָהוֹר לֹא תְסֻלֶּה[d]׃ פ

20 וְֽהַחָכְמָה מֵאַיִן[e] תָּבוֹא וְאֵי[f] זֶה מְקוֹם בִּינָה[g]׃
21 וְֽנֶעֶלְמָה[h] מֵעֵינֵי כָל־חָי וּמֵעוֹף[i] הַשָּׁמַיִם נִסְתָּרָה׃
22 אֲבַדּוֹן וָמָוֶת אָמְרוּ בְּאָזְנֵינוּ שָׁמַעְנוּ שִׁמְעָהּ[j]׃
23 אֱֽלֹהִים הֵבִין דַּרְכָּהּ וְהוּא יָדַע אֶת־מְקוֹמָהּ׃
24 כִּֽי־הוּא לִקְצוֹת[k]־הָאָרֶץ יַבִּיט[l] תַּחַת כָּל־הַשָּׁמַיִם יִרְאֶה׃
25 לַעֲשׂוֹת[1] לָרוּחַ מִשְׁקָל[m] וּמַיִם תִּכֵּן[n] בְּמִדָּה[o]׃
26 בַּעֲשֹׂתוֹ[2] לַמָּטָר[p] חֹק וְדֶרֶךְ לַחֲזִיז[q] קֹלוֹת׃
27 אָז רָאָהּ[3] וַיְסַפְּרָהּ[4] הֱכִינָהּ[5] וְגַם־חֲקָרָהּ[r]׃
28 וַיֹּאמֶר ׀ לָֽאָדָם הֵן יִרְאַת[s] אֲדֹנָי הִיא חָכְמָה וְסוּר מֵרָע בִּינָה[g]׃ ס

29 וַיֹּסֶף[1] אִיּוֹב שְׂאֵת מְשָׁלוֹ[a] וַיֹּאמַר׃
2 מִֽי־יִתְּנֵנִי[2] כְיַרְחֵי[b]־קֶדֶם[c] כִּימֵי אֱלוֹהַּ[d]

a עָרַךְ to arrange, set in order. (70) *qal impf. 3ms + 3fs suf.*
b פִּטְדָה (f) topaz. (4)
c כֶּתֶם gold. (9)
d [סלה] to weigh, balance. (2)
e אַיִן from where? (16)
f אַי where? (37)
g בִּינָה (f) understanding. (38)
h [עלם] to conceal. (28)
i עוֹף bird, flying creature. (71)
j שֵׁמַע hearing, report. (17)
k קָצָה (f) end. (34)
l [נבט] to look. (69) *hi. impf. 3ms*
m מִשְׁקָל weight. (49)
n [תכן] to regulate, measure, estimate. (18)
o מִדָּה (f) measure, measurement. (54)
p מָטָר rain. (38)
q חֲזִיז thunder-bolt, lightning-flash. (3)
r חָקַר to search. (27) *qal pf. 3ms + 3fs suf.*
s יִרְאָה (f) fear. (42)

29

a מָשָׁל proverb, parable. (39)
b יֶרַח month. (13)
c קֶדֶם front, east. (61)
d אֱלוֹהַּ god, God. (60)

1 עָשָׂה *qal inf. con.*
2 עָשָׂה *qal inf. con. + 3ms suf.*
3 רָאָה *qal pf. 3ms + 3fs suf.*
4 סָפַר *pi. wyqtl. 3ms + 3fs suf.*
5 [כון] *hi. pf. 3ms + 3fs suf.*

29

1 יָסַף *hi. wyqtl. 3ms*
2 נָתַן *qal impf. 3ms + 1cs suf.*

יִשְׁמְרֵנִי[1]׃

3 בְּהִלּוֹ[a] נֵרוֹ[b] עֲלֵי רֹאשִׁי לְאוֹרוֹ אֵלֶךְ חֹשֶׁךְ[c]׃

4 כַּאֲשֶׁר הָיִיתִי בִּימֵי חָרְפִּי[d] בְּסוֹד[e] אֱלוֹהַּ[f] עֲלֵי אָהֳלִי׃

5 בְּעוֹד שַׁדַּי עִמָּדִי[g] סְבִיבוֹתַי נְעָרָי׃

6 בִּרְחֹץ[h] הֲלִיכַי[i] בְּחֵמָה[j] וְצוּר[k] יָצוּק[l] עִמָּדִי[g] פַּלְגֵי[m]־שָׁמֶן׃

7 בְּצֵאתִי[2] שַׁעַר עֲלֵי־קָרֶת[n] בָּרְחוֹב[o] אָכִין מוֹשָׁבִי[p]׃

8 רָאוּנִי[3] נְעָרִים וְנֶחְבָּאוּ[q] וִישִׁישִׁים[r] קָמוּ[4] עָמָדוּ׃

9 שָׂרִים עָצְרוּ[s] בְמִלִּים[t] וְכַף יָשִׂימוּ לְפִיהֶם׃

10 קוֹל־נְגִידִים[u] נֶחְבָּאוּ[q] וּלְשׁוֹנָם לְחִכָּם[v] דָּבֵקָה[w]׃

11 כִּי אֹזֶן שָׁמְעָה וַתְּאַשְּׁרֵנִי[x] וְעַיִן רָאֲתָה וַתְּעִידֵנִי[y]׃

12 כִּי־אֲמַלֵּט עָנִי[z] מְשַׁוֵּעַ[aa] וְיָתוֹם[ab] וְלֹא־עֹזֵר לוֹ׃

13 בִּרְכַּת[ac] אֹבֵד עָלַי תָּבֹא וְלֵב אַלְמָנָה[ad] אַרְנִן[ae]׃

---

a [הלל] to shine. (4) *hi. inf. con. + 3ms suf.*
b נֵר lamp. (44)
c חֹשֶׁךְ darkness, obscurity. (80)
d חֹרֶף harvest-time, autumn. (7)
e סוֹד council, counsel. (21)
f אֱלוֹהַּ god, God. (60)
g עִמָּד with. (44)
h רָחַץ to wash, wash off, away, bathe. (72)
i הָלִיךְ step. (1)
j חֶמְאָה (f) curd. (10)
k צוּר rock, cliff. (77)
l צוּק to pour out, melt. (3)
m פֶּלֶג channel, canal. (10)
n קֶרֶת (f) town, city. (5)
o רְחוֹב (f) broad open place, plaza. (43)
p מוֹשָׁב seat, dwelling place. (44)
q [חבא] to hide, withdraw. (33)
r יָשִׁישׁ aged. (4)
s עָצַר to restrain, retain. (46)
t מִלָּה (f) word, speech, utterance. (38)
u נָגִיד leader, ruler. (44)
v חֵךְ palate, roof of mouth. (18)
w דָּבַק to cleave, cling. (54)
x [אשר] to go straight, be blessed. (16) *pi. wyqtl. 3fs + 1cs suf.*
y [עוד] to bear witness, testify. (40) *hi. wyqtl. 3fs + 1cs suf.*
z עָנִי poor, afflicted, humble. (76)
aa [שׁוע] to cry out for help. (21)
ab יָתוֹם orphan. (42)
ac בְּרָכָה (f) blessing. (69)
ad אַלְמָנָה (f) widow. (56)
ae רָנַן to cry out, sing for joy. (53) *hi. impf. 1cs*

---

[1] שָׁמַר *qal impf. 3ms + 1cs suf.*
[2] יָצָא *qal inf. con. + 1cs suf.*
[3] רָאָה *qal pf. 3cp + 1cs suf.*
[4] קוּם *qal pf. 3cp*

14 צֶדֶק לָבַשְׁתִּי וַיִּלְבָּשֵׁנִי[1] כִּמְעִיל[a] וְצָנִיף[b] מִשְׁפָּטִי׃
15 עֵינַיִם הָיִיתִי לַעִוֵּר[c] וְרַגְלַיִם לַפִּסֵּחַ[d] אָנִי׃
16 אָב אָנֹכִי לָאֶבְיוֹנִים[e] וְרִב[f] לֹא־יָדַעְתִּי אֶחְקְרֵהוּ[g]׃
17 וָאֲשַׁבְּרָה[2] מְתַלְּעוֹת[h] עַוָּל[i] וּמִשִּׁנָּיו[j] אַשְׁלִיךְ טָרֶף[k]׃
18 וָאֹמַר עִם־קִנִּי[l] אֶגְוָע[m] וְכַחוֹל[n] אַרְבֶּה יָמִים׃
19 שָׁרְשִׁי[o] פָתוּחַ[3] אֱלֵי־מָיִם וְטַל[p] יָלִין[q] בִּקְצִירִי[r]׃
20 כְּבוֹדִי חָדָשׁ[s] עִמָּדִי[t] וְקַשְׁתִּי[u] בְּיָדִי תַחֲלִיף[v]׃
21 לִי־שָׁמְעוּ וְיִחֵלּוּ[w] וְיִדְּמוּ[x] לְמוֹ[y] עֲצָתִי׃
22 אַחֲרֵי דְבָרִי לֹא יִשְׁנוּ[z] וְעָלֵימוֹ תִּטֹּף[aa] מִלָּתִי[ab]׃
23 וְיִחֲלוּ[w] כַמָּטָר[ac] לִי וּפִיהֶם פָּעֲרוּ[ad] לְמַלְקוֹשׁ[ae]׃
24 אֶשְׂחַק[af] אֲלֵהֶם לֹא יַאֲמִינוּ וְאוֹר פָּנַי לֹא יַפִּילוּן[4]׃

---

a מְעִיל robe. (28)
b צָנִיף turban. (5)
c עִוֵּר blind. (26)
d פִּסֵּחַ lame. (13)
e אֶבְיוֹן in want, needy, poor. (61)
f רִיב strife, dispute. (61)
g חָקַר to search. (27) *qal impf. 1cs + 3ms suf.*
h מְתַלְּעוֹת (f) teeth. (3)
i עַוָּל unjust, unrighteous one. (5)
j שֵׁן (f) tooth, ivory. (55)
k טֶרֶף prey, food; leaf. (23)
l קֵן nest. (13)
m גָּוַע to expire, perish, die. (24)
n חוֹל sand. (23)
o שֹׁרֶשׁ root. (33)
p טַל dew, night-mist. (31)
q לוּן to lodge, pass the night, abide. (69)
r קָצִיר boughs, branches. (5)
s חָדָשׁ new. (53)
t עִמָּד with. (44)
u קֶשֶׁת (f) bow. (76)
v חָלַף to pass on or away, pass through. (28)
w [יחל] to wait; await. (40)
x דָּמַם to silence, be speechless. (29) *qal impf. 3mp*
y לְמוֹ upon, for. (4)
z שָׁנָה to repeat. (9)
aa נָטַף to drop, drip, prophesy. (18) *qal impf. 3fs*
ab מִלָּה (f) word, speech, utterance. (38)
ac מָטָר rain. (38)
ad פָּעַר to open wide. (4)
ae מַלְקוֹשׁ latter-rain, spring-rain. (8)
af שָׂחַק to laugh, jest. (36)

---

1 לָבֵשׁ *qal wyqtl. 3ms + 1cs suf.*
2 שָׁבַר *pi. wyqtl. 1cs*
3 פָּתַח *qal pass. ptc. ms abs.*
4 נָפַל *hi. impf. 3mp + paragogic nun suf.*

25 אֶבְחַר דַּרְכָּם וְאֵשֵׁב רֹאשׁ וְאֶשְׁכּוֹן כְּמֶלֶךְ בַּגְּדוּד[a]
כַּאֲשֶׁר אֲבֵלִים[b] יְנַחֵם[1]׃

30 וְעַתָּה ׀ שָׂחֲקוּ[a] עָלַי צְעִירִים[b] מִמֶּנִּי לְיָמִים
אֲשֶׁר־מָאַסְתִּי[c] אֲבוֹתָם לָשִׁית עִם־כַּלְבֵי[d] צֹאנִי׃
2 גַּם־כֹּחַ יְדֵיהֶם לָמָּה לִּי עָלֵימוֹ אָבַד כֶּלַח[e]׃ 3 בְּחֶסֶר[f]
וּבְכָפָן[g] גַּלְמוּד[h]
הַעֹרְקִים[i] צִיָּה[j] אֶמֶשׁ[k] שׁוֹאָה[l] וּמְשֹׁאָה[m]׃
4 הַקֹּטְפִים[n] מַלּוּחַ[o] עֲלֵי־שִׂיחַ[p] וְשֹׁרֶשׁ[q] רְתָמִים[r]
לַחְמָם[1]׃
5 מִן־גֵּו[s] יְגֹרָשׁוּ[t] יָרִיעוּ[u] עָלֵימוֹ כַּגַּנָּב[v]׃
6 בַּעֲרוּץ[w] נְחָלִים לִשְׁכֹּן חֹרֵי[x] עָפָר וְכֵפִים[y]׃
7 בֵּין־שִׂיחִים[p] יִנְהָקוּ[z] תַּחַת חָרוּל[aa] יְסֻפָּחוּ[ab]׃
8 בְּנֵי־נָבָל[ac] גַּם־בְּנֵי בְלִי[ad]־שֵׁם נִכְּאוּ[ae] מִן־הָאָרֶץ׃

a גְּדוּד band, troop. (33)
b אֵבֶל mourning. (8)

30

a שָׂחַק to laugh, jest. (36)
b צָעִיר little, insignificant, young. (22)
c מָאַס to reject, despise. (74)
d כֶּלֶב dog. (32)
e כֶּלַח vigour. (2)
f חֶסֶר want, poverty. (2)
g כָּפָן hunger, famine. (2)
h גַּלְמוּד hard, barren. (4)
i עָרַק to gnaw. (2)
j צִיָּה (f) dryness, drought. (16)
k אֶמֶשׁ yesterday. (5)
l שׁוֹאָה (f) devastation, ruin, waste. (11)
m מְשׁוֹאָה (f) desolation. (3)
n קָטַף to pluck off, or out. (5)
o מַלּוּחַ mallow. (1)
p שִׂיחַ bush, shrub, plant. (4)
q שֹׁרֶשׁ root. (33)
r רֹתֶם broom-shrub, broom-plant. (4)
s גֵּו midst. (1)
t [גרשׁ] to drive out, cast out. (47)
u [רוע] to raise a shout, cry out. (44)
v גַּנָּב thief. (17)
w עָרוּץ dreadful. (1)
x חֹר hole. (7)
y כֵּף rock. (2)
z נָהַק to bray, cry. (2)
aa חָרוּל nettle, chickpea. (3)
ab [ספח] to join, attach to. (5)
ac נָבָל foolish, senseless. (18)
ad בְּלִי without, not. (58)
ae [נכא] to smite, scourge. (1)

1 [נחם] *pi. impf. 3ms*

30

1 לֶחֶם *qal inf. con. + 3mp suf.*

9 וְעַתָּה נְגִינָתָם[a] הָיִיתִי   וָאֱהִי לָהֶם לְמִלָּה[b]׃
10 תִּעֲבוּנִי[c] רָחֲקוּ[d] מֶנִּי   וּמִפָּנַי לֹא־חָשְׂכוּ[e] רֹק[f]׃
11 כִּי־יתרו[g] פִּתַּח וַיְעַנֵּנִי[h]   וְרֶסֶן[i] מִפָּנַי שִׁלֵּחוּ׃ יִתְרִי
12 עַל־יָמִין פִּרְחַח[j] יָקוּמוּ   רַגְלַי שִׁלֵּחוּ וַיָּסֹלּוּ[k] עָלַי
אָרְחוֹת[l] אֵידָם[m]׃
13 נָתְסוּ[n] נְתִיבָתִי[o]   לְהַוָּתִי[p] יֹעִילוּ[q]
לֹא עֹזֵר לָמוֹ׃   14 כְּפֶרֶץ[r] רָחָב[s] יֶאֱתָיוּ[t]
תַּחַת שֹׁאָה[u] הִתְגַּלְגָּלוּ[v]׃   15 הָהְפַּךְ עָלַי בַּלָּהוֹת[w]
תִּרְדֹּף כָּרוּחַ נְדִבָתִי[x]   וּכְעָב[y] עָבְרָה יְשֻׁעָתִי[z]׃
16 וְעַתָּה עָלַי תִּשְׁתַּפֵּךְ נַפְשִׁי   יֹאחֲזוּנִי[aa] יְמֵי־עֹנִי[ab]׃
17 לַיְלָה עֲצָמַי נִקַּר[ac] מֵעָלָי   וְעֹרְקַי[ad] לֹא יִשְׁכָּבוּן[1]׃

a נְגִינָה (f) music. (14)
b מִלָּה (f) word, speech, utterance. (38)
c [תעב] to abhor, be abominable. (22) *pi. pf. 3cp + 1cs suf.*
d רָחַק to remove, become far, distant. (58)
e חָשַׂךְ to withhold, refrain. (27)
f רֹק spittle. (3)
g יֶתֶר cord. (6)
h עָנָה to afflict, oppress, humble. (80) *pi. wyqtl. 3ms + 1cs suf.*
i רֶסֶן bridle, restraint. (4)
j פִּרְחַח brood. (1)
k סָלַל to lift up, cast up. (12) *qal wyqtl. 3mp*
l אֹרַח way, path. (59)
m אֵיד distress, calamity. (24)
n נָתַס to tear, break down. (1)
o נְתִיבָה (f) path, pathway. (20)
p הַוָּה (f) desire; destruction. (15)
q [יעל] to profit, avail. (23) *hi. impf. 3mp*
r פֶּרֶץ bursting forth, breach. (19)
s רָחָב wide, broad. (21)
t אָתָה to come. (21)
u שׁוֹאָה (f) devastation, ruin, waste. (11)
v גָּלַל to roll, roll away. (18) *hitpalp. pf. 3cp*
w בַּלָּהָה (f) terror, dreadful event, calamity, destruction. (10)
x נְדִיבָה (f) nobility, nobleness. (1)
y עָב dark cloud. (32)
z יְשׁוּעָה (f) deliverance, salvation. (77)
aa אָחַז to grasp, seize, take possession. (68) *qal impf. 3mp + 1cs suf.*
ab עֳנִי affliction, poverty. (36)
ac נָקַר to bore, pick, dig. (6)
ad עָרַק to gnaw. (2) *qal ptc. mp con. + 1cs suf.*

1 שָׁכַב *qal impf. 3mp + paragogic nun suf.*

18 בְּרָב־כֹּחַ יִתְחַפֵּשׂ[a] לְבוּשִׁי[b] כְּפִי כֻתָּנְתִּי[c] יַאַזְרֵנִי[d]׃
19 הֹרָנִי[e] לַחֹמֶר[f] וָאֶתְמַשֵּׁל[g] כֶּעָפָר וָאֵפֶר[h]׃
20 אֲשַׁוַּע[i] אֵלֶיךָ וְלֹא תַעֲנֵנִי[1] עָמַדְתִּי וַתִּתְבֹּנֶן[2] בִּי׃
21 תֵּהָפֵךְ לְאַכְזָר[j] לִי בְּעֹצֶם[k] יָדְךָ תִשְׂטְמֵנִי[l]׃
22 תִּשָּׂאֵנִי[3] אֶל־רוּחַ תַּרְכִּיבֵנִי[m] וּתְמֹגְגֵנִי[n] תשׁוֹה[o]׃ תּוּשִׁיָּה
23 כִּי־יָדַעְתִּי מָוֶת תְּשִׁיבֵנִי[4] וּבֵית מוֹעֵד לְכָל־חָי׃
24 אַךְ לֹא־בְעִי[p] יִשְׁלַח־יָד אִם־בְּפִידוֹ[q] לָהֶן[r] שׁוּעַ[s]׃
25 אִם־לֹא בָכִיתִי[5] לִקְשֵׁה[t]־יוֹם עָגְמָה[u] נַפְשִׁי לָאֶבְיוֹן[v]׃
26 כִּי טוֹב קִוִּיתִי[w] וַיָּבֹא רָע וַאֲיַחֲלָה[x] לְאוֹר וַיָּבֹא אֹפֶל[y]׃
27 מֵעַי[z] רֻתְּחוּ[aa] וְלֹא־דָמּוּ[ab] קִדְּמֻנִי[ac] יְמֵי־עֹנִי[ad]׃

a חָפַשׂ to search. (23)
b לְבוּשׁ clothing, garment. (33)
c כֻּתֹּנֶת (f) tunic. (29)
d אָזַר to gird, encompass, equip. (16) *qal impf. 3ms + 1cs suf.*
e יָרָה to shoot, throw, teach. (79) *hi. pf. 3ms + 1cs suf.*
f חֹמֶר cement, mortar, clay. (16)
g [משׁל] to represent, be like. (7)
h אֵפֶר ashes. (22)
i [שׁוע] to cry out for help. (21)
j אַכְזָר cruel, fierce. (4)
k עֹצֶם might, bones. (3)
l שָׂטַם to bear a grudge against, hate. (6) *qal impf. 2ms + 1cs suf.*
m רָכַב to ride, mount and ride. (78) *hi. impf. 2ms + 1cs suf.*
n מוּג to melt. (17) *pol. impf. 2ms + 1cs suf.*
o שָׁוָה (f) noise, storm. (1)
p בְּעִי ruin, heap of ruins. (1)
q פִּיד ruin, disaster. (3)
r הֵנָּה they. (14)
s שׁוּעַ cry, cry for help. (2)
t קָשֶׁה hard, stubborn. (36)
u עָגַם to be grieved. (1)
v אֶבְיוֹן in want, needy, poor. (61)
w [קוה] to wait for. (46) *pi. pf. 1cs*
x [יחל] to wait; await. (40)
y אֹפֶל darkness, gloom. (9)
z מֵעֶה belly, internal organs. (32)
aa [רתח] to boil. (3)
ab דָּמַם to silence, be speechless. (29) *qal pf. 3cp*
ac [קדם] to meet, come or be in front. (26) *pi. pf. 3cp + 1cs suf.*
ad עֳנִי affliction, poverty. (36)

1 עָנָה *qal impf. 2ms + 1cs suf.*
2 בִּין *hitpol. wyqtl. 2ms*
3 נָשָׂא *qal impf. 2ms + 1cs suf.*
4 שׁוּב *hi. impf. 2ms + 1cs suf.*
5 בָּכָה *qal pf. 1cs*

28 קֹדֵר[a] הִלַּכְתִּי בְּלֹא חַמָּה[b] קַמְתִּי[1] בַקָּהָל אֲשַׁוֵּעַ[c]׃
29 אָח הָיִיתִי לְתַנִּים[d] וְרֵעַ לִבְנוֹת יַעֲנָה[e]׃
30 עוֹרִי שָׁחַר[f] מֵעָלָי וְעַצְמִי־חָרָה[g] מִנִּי־חֹרֶב[h]׃
31 וַיְהִי לְאֵבֶל[i] כִּנֹּרִי[j] וְעֻגָבִי[k] לְקוֹל בֹּכִים[2]׃

31 בְּרִית כָּרַתִּי לְעֵינָי וּמָה אֶתְבּוֹנֵן[1] עַל־בְּתוּלָה[a]׃
2 וּמֶה ׀ חֵלֶק[b] אֱלוֹהַּ[c] מִמָּעַל וְנַחֲלַת שַׁדַּי
מִמְּרֹמִים[d]׃
3 הֲלֹא־אֵיד[e] לְעַוָּל[f] וְנֵכֶר[g] לְפֹעֲלֵי[h] אָוֶן[i]׃
4 הֲלֹא־הוּא יִרְאֶה דְרָכָי וְכָל־צְעָדַי[j] יִסְפּוֹר׃
5 אִם־הָלַכְתִּי עִם־שָׁוְא[k] וַתַּחַשׁ[l] עַל־מִרְמָה[m] רַגְלִי׃
6 יִשְׁקְלֵנִי[n] בְמֹאזְנֵי[o]־צֶדֶק וְיֵדַע אֱלוֹהַּ[c] תֻּמָּתִי[p]׃
7 אִם תִּטֶּה[2] אַשֻּׁרִי[q] מִנִּי הַדָּרֶךְ וְאַחַר עֵינַי הָלַךְ לִבִּי
וּבְכַפַּי דָּבַק[r] מְאוּם[s]׃ פ

---

a קָדַר to be dark. (17)
b חַמָּה (f) heat, sun. (6)
c [שׁוע] to cry out for help. (21)
d תַּן jackal. (12)
e יַעֲנָה (f) ostrich. (8)
f שָׁחַר to be black. (1)
g חָרַר to be hot, scorch, burn. (11) *qal pf. 3fs*
h חֹרֶב dryness, drought, heat. (12)
i אֵבֶל mourning. (24)
j כִּנּוֹר lyre. (42)
k עוּגָב flute, pipe. (4)

31

a בְּתוּלָה (f) virgin. (50)
b חֵלֶק portion, share, tract. (66)
c אֱלוֹהַּ god, God. (60)
d מָרוֹם height. (54)
e אֵיד distress, calamity. (24)
f עַוָּל unjust, unrighteous one. (5)
g נֵכֶר misfortune, calamity. (2)
h פָּעַל to do, make. (56)
i אָוֶן iniquity, wickedness. (79)
j צַעַד step, pace. (14)
k שָׁוְא emptiness, vanity. (53)
l חוּשׁ to haste, make haste. (18)
m מִרְמָה (f) deceit, treachery. (39)
n שָׁקַל to weigh. (22) *qal impf. 3ms + 1cs suf.*
o מֹאזֵן balances, scales. (15)
p תֻּמָּה (f) integrity. (5)
q אַשֻּׁר (f) step, going. (2)
r דָּבַק to cleave, cling. (54)
s מאוּם blemish, defect. (2)

---

[1] קוּם *qal pf. 1cs*
[2] בָּכָה *qal ptc. mp abs.*

31

[1] בִּין *hitpol. impf. 1cs*
[2] נָטָה *qal impf. 3fs*

8 אֶזְרְעָה[a] וְאַחֵר יֹאכֵל וְצֶאֱצָאַי[b] יְשֹׁרָשׁוּ[c]׃

9 אִם־נִפְתָּה[d] לִבִּי עַל־אִשָּׁה וְעַל־פֶּתַח רֵעִי אָרָבְתִּי[e]׃

10 תִּטְחַן[f] לְאַחֵר אִשְׁתִּי וְעָלֶיהָ יִכְרְעוּן[g] אֲחֵרִין׃

11 כִּי־הוֹא זִמָּה[h] והיא עָוֹן פְּלִילִים[i]׃ הִיא

12 כִּי אֵשׁ הִיא עַד־אֲבַדּוֹן תֹּאכֵל וּבְכָל־תְּבוּאָתִי[j] וְהוּא
תְשָׁרֵשׁ[c]׃

13 אִם־אֶמְאַס[k] מִשְׁפַּט עַבְדִּי וַאֲמָתִי[l] בְּרִבָם[m] עִמָּדִי[n]׃

14 וּמָה אֶעֱשֶׂה כִּי־יָקוּם אֵל וְכִי־יִפְקֹד מָה אֲשִׁיבֶנּוּ[1]׃

15 הֲלֹא־בַבֶּטֶן[o] עֹשֵׂנִי[2] עָשָׂהוּ[3] וַיְכֻנֶנּוּ[4] בָּרֶחֶם[p] אֶחָד׃

16 אִם־אֶמְנַע[q] מֵחֵפֶץ[r] דַּלִּים[s] וְעֵינֵי אַלְמָנָה[t] אֲכַלֶּה׃

17 וְאֹכַל פִּתִּי[u] לְבַדִּי וְלֹא־אָכַל יָתוֹם[v] מִמֶּנָּה׃

18 כִּי מִנְּעוּרַי[w] גְּדֵלַנִי[5] כְאָב וּמִבֶּטֶן[o] אִמִּי אַנְחֶנָּה[x]׃

---

a זָרַע to sow, scatter seed. (56)

b צֶאֱצָא issue, offspring, produce. (11)

c [שׁרשׁ] to deal with the roots. (8)

d פָּתָה to be simple, entice, deceive. (25)

e אָרַב to lie in wait, ambush. (41)

f טָחַן to grind. (8)

g כָּרַע to bow down, kneel. (36) *qal impf. 3mp + paragogic nun suf.*

h זִמָּה (f) plan, device, wickedness. (29)

i פָּלִיל judge. (3)

j תְּבוּאָה (f) produce, product, yield. (42)

k מָאַס to reject, despise. (74)

l אָמָה (f) maid, handmaid. (56)

m רִיב to strive, contend. (67) *ni. inf. con. + 3mp suf.*

n עִמָּד with. (44)

o בֶּטֶן (f) belly, body, womb. (72)

p רֶחֶם womb. (26)

q מָנַע to withhold, hold back. (29)

r חֵפֶץ delight, pleasure. (39)

s דַּל low, poor, weak, thin. (47)

t אַלְמָנָה (f) widow. (56)

u פַּת (f) fragment, bit, morsel. (14)

v יָתוֹם orphan. (42)

w נְעוּרִים youth, early life. (46)

x נָחָה to lead, guide. (39) *hi. impf. 1cs + 3fs suf.*

---

[1] שׁוּב *hi. impf. 1cs + 3ms suf.*

[2] עָשָׂה *qal ptc. ms con. + 1cs suf.*

[3] עָשָׂה *qal pf. 3ms + 3ms suf.*

[4] [כון] *pol. wyqtl. 3ms + 1cp suf.*

[5] גָּדַל *qal pf. 3ms + 1cs suf.*

19 אִם־אֶרְאֶ֣ה א֭וֹבֵד מִבְּלִ֣י[a] לְב֑וּשׁ[b] וְאֵ֥ין כְּ֝ס֗וּת[c] לָאֶבְיֽוֹן[d]׃

20 אִם־לֹ֣א בֵרֲכ֣וּנִי[1] חלצו[e] וּמִגֵּ֥ז[f] כְּ֝בָשַׂ֗י יִתְחַמָּֽם[g]׃ חֲלָצָ֑יו

21 אִם־הֲנִיפ֣וֹתִי[h] עַל־יָת֣וֹם[i] יָדִ֑י כִּֽי־אֶרְאֶ֥ה בַ֝שַּׁ֗עַר עֶזְרָתִֽי[j]׃

22 כְּ֭תֵפִי[k] מִשִּׁכְמָ֣ה[l] תִפּ֑וֹל[2] וְ֝אֶזְרֹעִ֗י[m] מִקָּנָ֥ה[n] תִשָּׁבֵֽר׃

23 כִּ֤י פַ֣חַד[o] אֵ֭לַי אֵ֣יד[p] אֵ֑ל וּ֝מִשְּׂאֵת֗וֹ[q] לֹ֣א אוּכָֽל׃

24 אִם־שַׂ֣מְתִּי[3] זָהָ֣ב כִּסְלִ֑י[r] וְ֝לַכֶּ֗תֶם[s] אָמַ֥רְתִּי מִבְטַחִֽי[t]׃

25 אִם־אֶ֭שְׂמַח כִּי־רַ֣ב חֵילִ֑י וְכִֽי־כַ֝בִּ֗יר[u] מָצְאָ֥ה יָדִֽי׃

26 אִם־אֶרְאֶ֣ה א֭וֹר כִּ֣י יָהֵ֑ל[v] וְ֝יָרֵ֗חַ[w] יָקָ֥ר[x] הֹלֵֽךְ[4]׃

27 וַיִּ֣פְתְּ[y] בַּסֵּ֣תֶר[z] לִבִּ֑י וַתִּשַּׁ֖ק[aa] יָדִ֣י לְפִֽי׃

28 גַּם־ה֣וּא עָוֹ֣ן פְּלִילִ֑י[ab] כִּֽי־כִחַ֖שְׁתִּי[ac] לָאֵ֣ל מִמָּֽעַל׃

---

a בְּלִי without, not. (58)

b לְבוּשׁ clothing, garment. (33)

c כְּסוּת (f) covering. (8)

d אֶבְיוֹן in want, needy, poor. (61)

e חָלָץ loins. (10)

f גֵּז shearing, mowing. (4)

g חָמַם to be or become warm. (13)

h [נוף] to move to and fro, wave. (35)

i יָתוֹם orphan. (42)

j עֶזְרָה (f) help, succour, assistance. (26)

k כָּתֵף (f) shoulder, side. (67)

l שִׁכְמָה shoulder. (1)

m אֶזְרוֹעַ (f) arm. (2)

n קָנֶה stalk, reed. (62)

o פַּחַד dread. (49)

p אֵיד distress, calamity. (24)

q שְׂאֵת (f) elevation, dignity, swelling. (14)

r כֶּסֶל loins, stupidity, confidence. (13)

s כֶּתֶם gold. (9)

t מִבְטָח confidence. (15)

u כַּבִּיר great, mighty, much. (10)

v [הלל] to shine. (4) *hi. impf. 3ms*

w יָרֵחַ moon. (26)

x יָקָר precious, rare, splendid. (35)

y פָּתָה to be simple, entice, deceive. (25) *qal wyqtl. 3ms*

z סֵתֶר covering, hiding place, secrecy. (35)

aa נָשַׁק to kiss. (32) *qal wyqtl. 3fs*

ab פְּלִילִי for a judge, calling for judgment. (1)

ac כָּחַשׁ to deceive, fail, grow lean. (22)

---

1 [ברך] *pi. pf. 3cp + 1cs suf.*

2 נָפַל *qal impf. 3fs*

3 שׂוּם *qal pf. 1cs*

4 הָלַךְ *qal ptc. ms abs.*

29 אִם־אֶ֭שְׂמַח בְּפִ֣יד[a] מְשַׂנְאִ֑י[1] וְ֝הִתְעֹרַ֗רְתִּי[b] כִּֽי־מְצָ֥אוֹ[2] רָֽע׃

30 וְלֹא־נָתַ֣תִּי לַחֲטֹ֣א חִכִּ֑י[c] לִשְׁאֹ֖ל בְּאָלָ֣ה[d] נַפְשֽׁוֹ׃

31 אִם־לֹ֣א אָ֭מְרוּ מְתֵ֣י[e] אָהֳלִ֑י מִי־יִתֵּ֥ן[3] מִ֝בְּשָׂר֗וֹ לֹ֣א נִשְׂבָּֽע׃

32 בַּ֭חוּץ לֹא־יָלִ֣ין[f] גֵּ֑ר דְּ֝לָתַ֗י לָאֹ֥רַח[g] אֶפְתָּֽח׃

33 אִם־כִּסִּ֣יתִי[4] כְ֭אָדָם פְּשָׁעָ֑י לִטְמ֖וֹן[h] בְּחֻבִּ֣י[i] עֲוֺנִֽי׃

34 כִּ֤י אֶֽעֱר֨וֹץ[j] ׀ הָ֘מ֤וֹן רַבָּ֗ה וּֽבוּז[k]־מִשְׁפָּח֥וֹת יְחִתֵּ֑נִי[l]
וָ֝אֶדֹּ֗ם[m] לֹא־אֵ֥צֵא פָֽתַח׃

35 מִ֤י יִתֶּן[3]־לִ֨י ׀ שֹׁ֘מֵ֤עַֽ לִ֗י הֶן־תָּ֭וִי[n] שַׁדַּ֣י יַעֲנֵ֑נִי[5] וְסֵ֥פֶר
כָּ֝תַ֗ב אִ֣ישׁ רִיבִֽי[o]׃

36 אִם־לֹ֣א עַל־שִׁ֭כְמִי[p] אֶשָּׂאֶ֑נּוּ[6] אֶֽעֶנְדֶ֖נּוּ[q] עֲטָר֣וֹת[r] לִֽי׃

37 מִסְפַּ֣ר צְ֭עָדַי[s] אַגִּידֶ֑נּוּ[7] כְּמוֹ־נָ֝גִ֗יד[t] אֲקָרֲבֶֽנּוּ[8]׃

38 אִם־עָ֭לַי אַדְמָתִ֣י תִזְעָ֑ק[u] וְ֝יַ֗חַד[v] תְּלָמֶ֥יהָ[w] יִבְכָּיֽוּן[9]׃

39 אִם־כֹּ֭חָהּ אָכַ֣לְתִּי בְלִי[x]־כָ֑סֶף וְנֶ֨פֶשׁ בְּעָלֶ֬יהָ הִפָּֽחְתִּי[y]׃

a פִּיד ruin, disaster. (3)
b עוּר to rouse oneself, awake. (80) *hitpol. wqtl. 1cs*
c חֵךְ palate, roof of mouth. (18)
d אָלָה (f) oath. (36)
e מַת male, man. (22)
f לוּן to lodge, pass the night, abide. (69)
g אֹרַח way, path. (59)
h טָמַן to hide, conceal. (31)
i חֹב bosom. (1)
j עָרַץ to tremble, cause to tremble. (15)
k בּוּז contempt. (11)
l חָתַת to be shattered, dismayed. (51) *hi. impf. 3ms + 1cs suf.*
m דָּמַם to silence, be speechless. (29) *qal wyqtl. 1cs*
n תָּו mark. (3)
o רִיב strife, dispute. (61)
p שְׁכֶם shoulder. (21)
q עָנַד to bind around, upon. (2) *qal impf. 1cs + 3ms suf.*
r עֲטָרָה (f) crown, wreath. (23)
s צַעַד step, pace. (14)
t נָגִיד leader, ruler. (44)
u זָעַק to cry, cry out. (72)
v יַחַד unitedness. (44)
w תֶּלֶם furrow. (5)
x בְּלִי without, not. (58)
y נָפַח to breathe, blow. (12)

[1] שָׂנֵא *pi. ptc. ms con. + 1cs suf.*
[2] מָצָא *qal pf. 3ms + 3ms suf.*
[3] נָתַן *qal impf. 3ms*
[4] [כסה] *pi. pf. 1cs*
[5] עָנָה *qal impf. 3ms + 1cs suf.*
[6] נָשָׂא *qal impf. 1cs + 3ms suf.*
[7] [נגד] *hi. impf. 1cs + 3ms suf.*
[8] קָרַב *pi. impf. 1cs + 3ms suf.*
[9] בָּכָה *qal impf. 3mp + paragogic nun suf.*

40 תַּ֤חַת חִטָּ֨ה[a] ׀ יֵ֥צֵא ח֗וֹחַ[b] וְתַֽחַת־שְׂעֹרָ֥ה[c] בָאְשָׁ֑ה[d]
תַּ֝֗מּוּ[e] דִּבְרֵ֥י אִיּֽוֹב׃ פ

32

1 וַֽיִּשְׁבְּת֡וּ[a] שְׁל֤שֶׁת הָאֲנָשִׁ֣ים הָ֭אֵלֶּה מֵעֲנ֣וֹת[1]
אֶת־אִיּ֑וֹב כִּ֤י ה֖וּא צַדִּ֣יק בְּעֵינָֽיו׃ פ

2 וַיִּ֤חַר[2] ׀ אַ֨ף ׀ אֱלִיה֣וּא בֶן־בַּרַכְאֵ֣ל הַבּוּזִי֮ מִמִּשְׁפַּ֪חַ֫ת רָ֥ם
בְּ֭אִיּוֹב חָרָ֣ה אַפּ֑וֹ עַֽל־צַדְּק֥וֹ[b] נַ֝פְשׁ֗וֹ מֵאֱלֹהִֽים׃
3 וּבִשְׁלֹ֣שֶׁת רֵ֭עָיו חָרָ֣ה אַפּ֑וֹ עַ֤ל אֲשֶׁ֣ר לֹא־מָצְא֣וּ מַעֲנֶ֑ה[c]
וַ֝יַּרְשִׁ֗יעוּ[d] אֶת־אִיּֽוֹב׃
4 וֶ֭אֱלִיהוּ חִכָּ֣ה[e] אֶת־אִיּ֣וֹב בִּדְבָרִ֑ים כִּ֤י זְקֵנִֽים־הֵ֖מָּה מִמֶּ֣נּוּ
לְיָמִֽים׃
5 וַיַּ֤רְא[3] אֱלִיה֗וּא כִּ֤י אֵ֣ין מַ֭עֲנֶה[c] בְּפִי֮ שְׁלֹ֪שֶׁת הָאֲנָ֫שִׁ֥ים
וַ֝יִּ֗חַר[2] אַפּֽוֹ׃ פ

6 וַיַּ֤עַן[4] ׀ אֱלִיה֣וּא בֶן־בַּרַכְאֵ֣ל הַבּוּזִ֣י וַיֹּ֑אמַר
צָעִ֣יר[f] אֲנִ֣י לְ֭יָמִים וְאַתֶּ֣ם יְשִׁישִׁ֑ים[g] עַל־כֵּ֤ן זָחַ֣לְתִּי[h]
וָאִירָ֓א ׀ מֵחַוֺּ֖ת[i] דֵּעִ֣י[j] אֶתְכֶֽם׃
7 אָמַ֣רְתִּי יָמִ֣ים יְדַבֵּ֑רוּ וְרֹ֥ב שָׁ֝נִ֗ים יֹדִ֥יעוּ[5] חָכְמָֽה׃

---

a חִטָּה (f) wheat. (30)
b חוֹחַ brier, bramble; hook, ring, fetter. (11)
c שְׂעֹרָה (f) barley. (34)
d בָּאְשָׁה (f) stinking or noxious weeds. (1)
e תָּמַם to be complete, finished. (61) *qal pf. 3cp*

32

a שָׁבַת to cease, desist, rest. (69)
b צָדֵק to be just, righteous. (41) *pi. inf. con. + 3ms suf.*
c מַעֲנֶה answer, response. (8)
d רָשַׁע to be wicked, act wickedly. (35)
e [חכה] to wait, await. (14)
f צָעִיר little, insignificant, young. (22)
g יָשִׁישׁ aged. (4)
h זָחַל to fear, be afraid. (1)
i [חוה] to tell, declare. (6) *pi. inf. con.*
j דֵּעַ knowledge, opinion. (5)

32

1 עָנָה *qal inf. con.*
2 חָרָה *qal wyqtl. 3ms*
3 רָאָה *qal wyqtl. 3ms*
4 עָנָה *qal wyqtl. 3ms*
5 יָדַע *hi. impf. 3mp*

8 אָכֵן[a] רוּחַ־הִיא בֶאֱנוֹשׁ[b] וְנִשְׁמַת[c] שַׁדַּי תְּבִינֵם[1]׃
9 לֹא־רַבִּים יֶחְכָּמוּ[d] וּזְקֵנִים יָבִינוּ מִשְׁפָּט׃
10 לָכֵן אָמַרְתִּי שִׁמְעָה[2]־לִּי אֲחַוֶּה[e] דֵעִי[f] אַף־אָנִי׃
11 הֵן הוֹחַלְתִּי[g] לְדִבְרֵיכֶם אָזִין[h] עַד־תְּבוּנֹתֵיכֶם[i]
עַד־תַּחְקְרוּן[j] מִלִּין[k]׃
12 וְעָדֵיכֶם אֶתְבּוֹנָן[3]
וְהִנֵּה אֵין לְאִיּוֹב מוֹכִיחַ[l] עוֹנֶה אֲמָרָיו[m] מִכֶּם׃
13 פֶּן־תֹּאמְרוּ מָצָאנוּ חָכְמָה אֵל יִדְּפֶנּוּ[n] לֹא־אִישׁ׃
14 וְלֹא־עָרַךְ[o] אֵלַי מִלִּין[k] וּבְאִמְרֵיכֶם[m] לֹא אֲשִׁיבֶנּוּ[4]׃
15 חַתּוּ[p] לֹא־עָנוּ עוֹד הֶעְתִּיקוּ[q] מֵהֶם מִלִּים[k]׃
16 וְהוֹחַלְתִּי[r] כִּי־לֹא יְדַבֵּרוּ כִּי עָמְדוּ לֹא־עָנוּ עוֹד׃
17 אַעֲנֶה אַף־אֲנִי חֶלְקִי[s] אֲחַוֶּה[e] דֵעִי[f] אַף־אָנִי׃
18 כִּי מָלֵתִי מִלִּים[k] הֱצִיקַתְנִי[t] רוּחַ בִּטְנִי[u]׃
19 הִנֵּה־בִטְנִי[u] כְּיַיִן לֹא־יִפָּתֵחַ כְּאֹבוֹת[v] חֲדָשִׁים[w] יִבָּקֵעַ[x]׃

a אָכֵן surely, truly, indeed. (18)
b אֱנוֹשׁ man, humankind. (42)
c נְשָׁמָה (f) breath. (24)
d חָכַם to be wise. (27)
e [חוה] to tell, declare. (6)
f דֵּעַ knowledge, opinion. (5)
g [יחל] to wait; await. (40) *hi. pf. 1cs*
h [אזן] to give ear, listen, hear. (41)
i תְּבוּנָה (f) understanding. (42)
j חָקַר to search. (27) *qal impf. 2mp + paragogic nun suf.*
k מִלָּה (f) word, speech, utterance. (38)
l [יכח] to decide, reprove, rebuke. (59) *hi. ptc. ms abs.*
m אֵמֶר utterance, speech, word. (49)
n נָדַף to drive, drive asunder. (9) *qal impf. 3ms + 3ms suf.*
o עָרַךְ to arrange, set in order. (70)
p חָתַת to be shattered, dismayed. (51) *qal pf. 3cp*
q עָתַק to proceed, advance. (9)
r [יחל] to wait; await. (40) *hi. wqtl. 1cs*
s חֵלֶק portion, share, tract. (66)
t [צוק] to constrain, bring into straits, press upon. (11) *hi. pf. 3fs + 1cs suf.*
u בֶּטֶן (f) belly, body, womb. (72)
v אוֹב necromancer. (17)
w חָדָשׁ new. (53)
x בָּקַע to break up, split open. (51)

[1] בִּין *hi. impf. 3fs + 3mp suf.*
[2] שָׁמַע *qal impv. 2ms*
[3] בִּין *hitpol. impf. 1cs*
[4] שׁוּב *hi. impf. 1cs + 3ms suf.*

20 אֲדַבְּרָה וְיִרְוַח[a]־לִי אֶפְתַּח שְׂפָתַי וְאֶעֱנֶה׃
21 אַל־נָא אֶשָּׂא פְנֵי־אִישׁ וְאֶל־אָדָם לֹא אֲכַנֶּה[b]׃
22 כִּי לֹא יָדַעְתִּי אֲכַנֶּה[b] כִּמְעַט יִשָּׂאֵנִי[1] עֹשֵׂנִי[2]׃

33 וְאוּלָם[a] שְׁמַע־נָא אִיּוֹב מִלָּי[b] וְכָל־דְּבָרַי הַאֲזִינָה[c]׃
2 הִנֵּה־נָא פָּתַחְתִּי פִי דִּבְּרָה לְשׁוֹנִי בְחִכִּי[d]׃
3 יֹשֶׁר[e]־לִבִּי אֲמָרָי[f] וְדַעַת שְׂפָתַי בָּרוּר[g] מִלֵּלוּ[h]׃
4 רוּחַ־אֵל עָשָׂתְנִי[1] וְנִשְׁמַת[i] שַׁדַּי תְּחַיֵּנִי[2]׃
5 אִם־תּוּכַל הֲשִׁיבֵנִי[3] עֶרְכָה[j] לְפָנַי הִתְיַצָּבָה[k]׃
6 הֵן־אֲנִי כְפִיךָ לָאֵל מֵחֹמֶר[l] קֹרַצְתִּי[m] גַם־אָנִי׃
7 הִנֵּה אֵמָתִי[n] לֹא תְבַעֲתֶךָּ[o] וְאַכְפִּי[p] עָלֶיךָ לֹא־יִכְבָּד׃
8 אַךְ אָמַרְתָּ בְאָזְנָי וְקוֹל מִלִּין[b] אֶשְׁמָע׃
9 זַךְ[q] אֲנִי בְּלִי[r] פָשַׁע חַף[s] אָנֹכִי וְלֹא עָוֺן לִי׃
10 הֵן תְּנוּאוֹת[t] עָלַי יִמְצָא יַחְשְׁבֵנִי[4] לְאוֹיֵב לוֹ׃

a רָוַח to be wide, spacious. (3)
b [כנה] to betitle, title, give an epithet. (4)

33

a אוּלָם but, but indeed. (19)
b מִלָּה (f) word, speech, utterance. (38)
c [אזן] to give ear, listen, hear. (41) *hi. impv. 2ms*
d חֵךְ palate, roof of mouth. (18)
e יֹשֶׁר straightness, uprightness. (14)
f אֵמֶר utterance, speech, word. (49)
g בָּרַר to purify, select. (18)
h [מלל] to speak, utter, say. (4)
i נְשָׁמָה (f) breath. (24)
j עָרַךְ to arrange, set in order. (70) *qal impv. 2ms*
k [יצב] to station oneself, take stand. (48) *hitp. impv. 2ms*
l חֹמֶר cement, mortar, clay. (16)
m קָרַץ to nip, pinch. (5)
n אֵימָה (f) terror, dread. (17)
o [בעת] to terrify, fall upon. (16) *pi. impf. 3fs + 2ms suf.*
p אֶכֶף pressure. (1)
q זַךְ pure, clean. (11)
r בְּלִי without, not. (58)
s חַף clean. (1)
t תְּנוּאָה (f) opposition. (2)

1 נָשָׂא *qal impf. 3ms + 1cs suf.*
2 עָשָׂה *qal ptc. ms con. + 1cs suf.*

33

1 עָשָׂה *qal pf. 3fs + 1cs suf.*
2 חָיָה *pi. impf. 3fs + 1cs suf.*
3 שׁוּב *hi. impv. 2ms + 1cs suf.*
4 חָשַׁב *qal impf. 3ms + 1cs suf.*

11 יָשֵׂם בַּסַּד[a] רַגְלָי יִשְׁמֹר כָּל־אָרְחֹתָי[b]׃

12 הֶן־זֹאת לֹא־צָדַקְתָּ[c] אֶעֱנֶךָּ[1] כִּי־יִרְבֶּה אֱלוֹהַּ[d]
מֵאֱנוֹשׁ[e]׃

13 מַדּוּעַ[f] אֵלָיו רִיבוֹתָ[g] כִּי כָל־דְּבָרָיו לֹא־יַעֲנֶה׃

14 כִּי־בְאַחַת יְדַבֶּר־אֵל וּבִשְׁתַּיִם לֹא יְשׁוּרֶנָּה[h]׃

15 בַּחֲלוֹם[i] ׀ חֶזְיוֹן[j] לַיְלָה בִּנְפֹל תַּרְדֵּמָה[k] עַל־אֲנָשִׁים
בִּתְנוּמוֹת[l] עֲלֵי מִשְׁכָּב[m]׃

16 אָז יִגְלֶה אֹזֶן אֲנָשִׁים וּבְמֹסָרָם[n] יַחְתֹּם[o]׃

17 לְהָסִיר אָדָם מַעֲשֶׂה וְגֵוָה[p] מִגֶּבֶר[q] יְכַסֶּה׃

18 יַחְשֹׂךְ[r] נַפְשׁוֹ מִנִּי־שָׁחַת[s] וְחַיָּתוֹ מֵעֲבֹר בַּשָּׁלַח[t]׃

19 וְהוּכַח[u] בְּמַכְאוֹב[v] עַל־מִשְׁכָּבוֹ[m] וריב[w] עֲצָמָיו אֵתָן[x]׃ וְרוֹב

20 וְזִהֲמַתּוּ[y] חַיָּתוֹ לָחֶם וְנַפְשׁוֹ מַאֲכַל[z] תַּאֲוָה[aa]׃

21 יִכֶל[2] בְּשָׂרוֹ מֵרֹאִי[ab] ושפי[ac] עַצְמוֹתָיו לֹא רֻאּוּ[3]׃ וְשֻׁפּוּ

22 וַתִּקְרַב לַשַּׁחַת[s] נַפְשׁוֹ וְחַיָּתוֹ לַמְמִתִים׃

---

a סַד stock. (2)
b אֹרַח way, path. (59)
c צָדֵק to be just, righteous. (41)
d אֱלוֹהַּ god, God. (60)
e אֱנוֹשׁ man, humankind. (42)
f מַדּוּעַ why? (72)
g רִיב to strive, contend. (67) *qal pf. 2ms*
h שׁוּר to behold, regard. (16) *qal impf. 3ms + 3fs suf.*
i חֲלוֹם dream. (64)
j חִזָּיוֹן vision. (9)
k תַּרְדֵּמָה (f) deep sleep. (7)
l תְּנוּמָה (f) slumber. (5)
m מִשְׁכָּב place of lying, couch, bed. (46)
n מוּסָר discipline. (1)
o חָתַם to seal, seal up. (27)
p גֵּוָה (f) pride. (3)
q גֶּבֶר man, strong man. (65)
r חָשַׂךְ to withhold, refrain. (27)
s שַׁחַת (f) pit. (23)
t שֶׁלַח missile, weapon, sprout. (8)
u [יכח] to decide, reprove, rebuke. (59) *ho. wqtl. 3ms*
v מַכְאוֹב pain, sorrow. (16)
w רִיב strife, dispute. (61)
x אֵיתָן perennial, ever-flowing; enduring. (13)
y [זהם] to be foul, loathsome. (1) *pi. pf. 3fs + 3ms suf.*
z מַאֲכָל food. (30)
aa תַּאֲוָה (f) desire. (21)
ab רְאִי looking, seeing, sight. (5)
ac שְׁפִי bareness, smooth or bare height. (10)

---

[1] עָנָה *qal impf. 1cs + 2ms suf.*
[2] כָּלָה *qal juss. 3ms*
[3] רָאָה *qal pass. pf. 3cp*

23 אִם־יֵשׁ עָלָיו ׀ מַלְאָךְ מֵלִיץ[a] אֶחָד מִנִּי־אָלֶף
לְהַגִּיד לְאָדָם יָשְׁרוֹ[b]׃
24 וַיְחֻנֶּנּוּ[c] וַיֹּאמֶר
פְּדָעֵהוּ[d] מֵרֶדֶת[1] שָׁחַת[e] מָצָאתִי כֹפֶר[f]׃
25 רֻטֲפַשׁ[g] בְּשָׂרוֹ מִנֹּעַר[h] יָשׁוּב לִימֵי עֲלוּמָיו[i]׃
26 יֶעְתַּר[j] אֶל־אֱלוֹהַּ[k] ׀ וַיִּרְצֵהוּ[l] וַיַּרְא[2] פָּנָיו בִּתְרוּעָה[m]
וַיָּשֶׁב לֶאֱנוֹשׁ[n] צִדְקָתוֹ׃
27 יָשֹׁר[o] ׀ עַל־אֲנָשִׁים וַיֹּאמֶר
חָטָאתִי וְיָשָׁר הֶעֱוֵיתִי[p] וְלֹא־שָׁוָה[q] לִי׃
28 פָּדָה[r] נפשׁי מֵעֲבֹר בַּשָּׁחַת[e] וחיתי בָּאוֹר תִּרְאֶה׃ נַפְשׁוֹ
29 הֶן־כָּל־אֵלֶּה יִפְעַל[s]־אֵל פַּעֲמַיִם שָׁלוֹשׁ עִם־גָּבֶר[t]׃ וְחַיָּתוֹ
30 לְהָשִׁיב נַפְשׁוֹ מִנִּי־שָׁחַת[e] לֵאוֹר[u] בְּאוֹר הַחַיִּים׃
31 הַקְשֵׁב[v] אִיּוֹב שְׁמַע־לִי הַחֲרֵשׁ[w] וְאָנֹכִי אֲדַבֵּר׃

---

a לִיץ to mock, scorn. (27)
b יֹשֶׁר straightness, uprightness. (14)
c חָנַן to be gracious, show favour. (77) *qal wyqtl. 3ms + 3ms suf.*
d פָּדַע to deliver. (1) *qal impv. 2ms + 3ms suf.*
e שַׁחַת (f) pit. (23)
f כֹּפֶר price of a life, ransom. (13)
g רֻטֲפַשׁ to grow fresh. (1) *qal pass. pf. 3ms*
h נֹעַר youth, early life. (4)
i עֲלוּמִים youth, youthful vigour. (4)
j עָתַר to pray, supplicate. (20)
k אֱלוֹהַּ god, God. (60)
l רָצָה to be pleased with, accept favourably. (57) *qal wyqtl. 3ms + 3ms suf.*
m תְּרוּעָה (f) shout, alarm. (36)
n אֱנוֹשׁ man, humankind. (42)
o שׁוּר to behold, regard. (16)
p [עוה] to bend, twist. (7) *hi. pf. 1cs*
q שָׁוָה to be even, smooth; be like, resemble. (14)
r פָּדָה to ransom, redeem. (59)
s פָּעַל to do, make. (56)
t גֶּבֶר man, strong man. (65)
u אוֹר to be or become light. (42)
v קָשַׁב to incline the ear, listen, pay attention. (46)
w חָרֵשׁ to be silent, deaf. (47)

---

[1] יָרַד *qal inf. con.*

[2] רָאָה *qal wyqtl. 3ms*

32 אִם־יֵשׁ־מִלִּין[a] הֲשִׁיבֵנִי[1] דַּבֵּר כִּי־חָפַצְתִּי[b] צַדְּקֶךָּ[c]׃
33 אִם־אַיִן אַתָּה שְׁמַע־לִי הַחֲרֵשׁ[d] וַאֲאַלֶּפְךָ[e] חָכְמָה׃ ס

34 וַיַּעַן[1] אֱלִיהוּא וַיֹּאמַר׃
2 שִׁמְעוּ חֲכָמִים מִלָּי[a] וְיֹדְעִים[2] הַאֲזִינוּ[b] לִי׃
3 כִּי־אֹזֶן מִלִּין[a] תִּבְחָן[c] וְחֵךְ[d] יִטְעַם[e] לֶאֱכֹל׃
4 מִשְׁפָּט נִבְחֲרָה־לָּנוּ נֵדְעָה בֵינֵינוּ מַה־טּוֹב׃
5 כִּי־אָמַר אִיּוֹב צָדַקְתִּי[f] וְאֵל הֵסִיר מִשְׁפָּטִי׃
6 עַל־מִשְׁפָּטִי אֲכַזֵּב[g] אָנוּשׁ[h] חִצִּי[i] בְלִי[j]־פָשַׁע׃
7 מִי־גֶבֶר[k] כְּאִיּוֹב יִשְׁתֶּה־לַּעַג[l] כַּמָּיִם׃
8 וְאָרַח[m] לְחֶבְרָה[n] עִם־פֹּעֲלֵי[o] אָוֶן[p] וְלָלֶכֶת[3]
עִם־אַנְשֵׁי־רֶשַׁע[q]׃
9 כִּי־אָמַר לֹא יִסְכָּן[r]־גָּבֶר[k] בִּרְצֹתוֹ[s] עִם־אֱלֹהִים׃
10 לָכֵן ׀ אַנְשֵׁי לֵבָב שִׁמְעוּ לִי

a מִלָּה (f) word, speech, utterance. (38)
b חָפֵץ to delight in, desire. (74)
c צָדֵק to be just, righteous. (41) *pi. inf. con. + 2ms suf.*
d חָרֵשׁ to be silent, deaf. (47)
e אָלַף to learn. (4) *pi. impf. 1cs + 2ms suf.*

34

a מִלָּה (f) word, speech, utterance. (38)
b [אזן] to give ear, listen, hear. (41)
c בָּחַן to examine, test. (29)
d חֵךְ palate, roof of mouth. (18)
e טָעַם to taste, perceive. (11)
f צָדֵק to be just, righteous. (41)
g [כזב] to lie, be a liar. (18)
h [אנשׁ] to be weak, sick. (9)
i חֵץ arrow. (44)
j בְּלִי without, not. (58)
k גֶּבֶר man, strong man. (65)
l לַעַג mocking, derision. (7)
m אָרַח to wander, journey, go. (5)
n חֶבְרָה (f) association, company. (1)
o פָּעַל to do, make. (56)
p אָוֶן iniquity, wickedness. (79)
q רֶשַׁע wickedness. (30)
r סָכַן to be of use of service, benefit. (12)
s רָצָה to be pleased with, accept favourably. (57) *qal inf. con. + 3ms suf.*

[1] שׁוּב *hi. impv. 2ms + 1cs suf.*

34

[1] עָנָה *qal wyqtl. 3ms*
[2] יָדַע *qal ptc. mp abs.*
[3] הָלַךְ *qal inf. con.*

חָלִלָה[a] לָאֵל מֵרֶשַׁע[b] וְשַׁדַּי מֵעָוֶל[c]׃
11 כִּי פֹעַל[d] אָדָם יְשַׁלֶּם־לוֹ וּכְאֹרַח[e] אִישׁ יַמְצִאֶנּוּ[1]׃
12 אַף־אָמְנָם[f] אֵל לֹא־יַרְשִׁיעַ[g] וְשַׁדַּי לֹא־יְעַוֵּת[h] מִשְׁפָּט׃
13 מִי־פָקַד עָלָיו אָרְצָה וּמִי שָׂם[2] תֵּבֵל[i] כֻּלָּהּ׃
14 אִם־יָשִׂים אֵלָיו לִבּוֹ רוּחוֹ וְנִשְׁמָתוֹ[j] אֵלָיו יֶאֱסֹף׃
15 יִגְוַע[k] כָּל־בָּשָׂר יָחַד וְאָדָם עַל־עָפָר יָשׁוּב׃
16 וְאִם־בִּינָה[l] שִׁמְעָה[3]־זֹּאת הַאֲזִינָה[m] לְקוֹל מִלָּי[n]׃
17 הַאַף שׂוֹנֵא מִשְׁפָּט יַחֲבוֹשׁ[o] וְאִם־צַדִּיק כַּבִּיר[p]
תַּרְשִׁיעַ[g]׃
18 הַאֹמֵר לְמֶלֶךְ בְּלִיָּעַל[q] רָשָׁע אֶל־נְדִיבִים[r]׃
19 אֲשֶׁר לֹא־נָשָׂא ׀ פְּנֵי שָׂרִים וְלֹא נִכַּר[s]־שׁוֹעַ[t] לִפְנֵי־דָל[u]
כִּי־מַעֲשֵׂה יָדָיו כֻּלָּם׃
20 רֶגַע[v] ׀ יָמֻתוּ וַחֲצוֹת[w] לָיְלָה יְגֹעֲשׁוּ[x] עָם וְיַעֲבֹרוּ
וְיָסִירוּ אַבִּיר[y] לֹא בְיָד׃
21 כִּי־עֵינָיו עַל־דַּרְכֵי־אִישׁ וְכָל־צְעָדָיו[z] יִרְאֶה׃

---

a חָלִילָה far be it! (21)
b רֶשַׁע wickedness. (30)
c עָוֶל injustice, unrighteousness. (22)
d פֹּעַל work, deed, doing. (38)
e אֹרַח way, path. (59)
f אָמְנָם verily, truly. (9)
g רָשַׁע to be wicked, act wickedly. (35)
h [עות] to be bent, crooked. (11)
i תֵּבֵל (f) world. (36)
j נְשָׁמָה (f) breath. (24)
k גָּוַע to expire, perish, die. (24)
l בִּינָה (f) understanding. (38)
m [אזן] to give ear, listen, hear. (41) *hi. impv. 2ms*
n מִלָּה (f) word, speech, utterance. (38)
o חָבַשׁ to bind, saddle. (33)
p כַּבִּיר great, mighty, much. (10)
q בְּלִיַּעַל worthlessness. (27)
r נָדִיב inclined, generous, noble. (29)
s [נכר] to recognise, regard. (42)
t שׁוֹעַ independent, noble, rich. (2)
u דַּל low, poor, weak, thin. (47)
v רֶגַע moment. (22)
w חָצוֹת (f) division, middle. (3)
x [געשׁ] to shake, quake. (9)
y אַבִּיר mighty, valiant. (17)
z צַעַד step, pace. (14)

---

[1] מָצָא *hi. impf. 3ms + 1cp suf.*
[2] שׂוּם *qal pf. 3ms*
[3] שָׁמַע *qal impv. 2ms*

22 אֵין־חֹשֶׁךְ[a] וְאֵין צַלְמָוֶת[b] לְהִסָּתֶר שָׁם פֹּעֲלֵי[c] אָוֶן[d]׃
23 כִּי לֹא עַל־אִישׁ יָשִׂים עוֹד לַהֲלֹךְ[1] אֶל־אֵל בַּמִּשְׁפָּט׃
24 יָרֹעַ[e] כַּבִּירִים[f] לֹא־חֵקֶר[g] וַיַּעֲמֵד אֲחֵרִים תַּחְתָּם׃
25 לָכֵן יַכִּיר[h] מַעְבָּדֵיהֶם[i] וְהָפַךְ לַיְלָה וְיִדַּכָּאוּ[j]׃
26 תַּחַת־רְשָׁעִים סְפָקָם[k] בִּמְקוֹם רֹאִים[2]׃
27 אֲשֶׁר עַל־כֵּן סָרוּ[3] מֵאַחֲרָיו וְכָל־דְּרָכָיו לֹא
הִשְׂכִּילוּ[l]׃
28 לְהָבִיא עָלָיו צַעֲקַת[m]־דָּל[n] וְצַעֲקַת[m] עֲנִיִּים[o] יִשְׁמָע׃
29 וְהוּא יַשְׁקִט[p] ׀ וּמִי יַרְשִׁעַ[q] וְיַסְתֵּר פָּנִים וּמִי יְשׁוּרֶנּוּ[r]
וְעַל־גּוֹי וְעַל־אָדָם יָחַד[s]׃
30 מִמְּלֹךְ אָדָם חָנֵף[t] מִמֹּקְשֵׁי[u] עָם׃
31 כִּי־אֶל־אֵל הֶאָמַר נָשָׂאתִי לֹא אֶחְבֹּל[v]׃
32 בִּלְעֲדֵי[w] אֶחֱזֶה[x] אַתָּה הֹרֵנִי[y] אִם־עָוֶל[z] פָּעַלְתִּי[c] לֹא

a חֹשֶׁךְ darkness, obscurity. (80)
b צַלְמָוֶת deep shadow, shadow of death. (18)
c פָּעַל to do, make. (56)
d אָוֶן iniquity, wickedness. (79)
e רָעַע to break, shatter. (8) *qal impf. 3ms*
f כַּבִּיר great, mighty, much. (10)
g חֵקֶר searching, something searched out. (12)
h [נכר] to recognise, regard. (42) *hi. impf. 3ms*
i מַעְבָּד work. (1)
j [דכא] to crush. (18)
k סָפַק to slap, clap. (9) *qal pf. 3ms + 3mp suf.*
l שָׂכַל to be prudent. (62)
m צְעָקָה (f) cry, outcry. (21)
n דַּל low, poor, weak, thin. (47)
o עָנִי poor, afflicted, humble. (76)
p שָׁקַט to be quiet, undisturbed. (41)
q רָשַׁע to be wicked, act wickedly. (35)
r שׁוּר to behold, regard. (16) *qal impf. 3ms + 1cp suf.*
s יַחַד unitedness. (44)
t חָנֵף profane, irreligious. (13)
u מוֹקֵשׁ bait, snare. (27)
v חָבַל to destroy, act corruptly. (12)
w בִּלְעֲדֵי apart from, except, without. (17)
x חָזָה to see, behold. (51)
y יָרָה to shoot, throw, teach. (79) *hi. impv. 2ms + 1cs suf.*
z עָוֶל injustice, unrighteousness. (22)

[1] הָלַךְ *qal inf. con.*
[2] רָאָה *qal ptc. mp abs.*
[3] סוּר *qal pf. 3cp*

אֹסִיף[1]׃
33 הֲמֵעִמְּךָ[a] יְשַׁלְּמֶנָּה[2] כִּֽי־מָאַסְתָּ[b] כִּֽי־אַתָּה תִבְחַר
וְלֹא־אָנִי
וּמַה־יָּדַעְתָּ דַבֵּר׃
34 אַנְשֵׁי לֵבָב יֹאמְרוּ לִי וְגֶבֶר[c] חָכָם שֹׁמֵעַ לִי׃
35 אִיּוֹב לֹא־בְדַעַת יְדַבֵּר וּדְבָרָיו לֹא בְהַשְׂכֵּיל[d]׃
36 אָבִי[e] יִבָּחֵן[f] אִיּוֹב עַד־נֶצַח[g] עַל־תְּשֻׁבֹת[h] בְּאַנְשֵׁי־אָוֶן[i]׃
37 כִּי יֹסִיף[3] עַל־חַטָּאתוֹ פֶשַׁע בֵּינֵינוּ יִסְפּוֹק[j] וְיֶרֶב
אֲמָרָיו[k] לָאֵל׃ ס

35 וַיַּעַן[1] אֱלִיהוּ וַיֹּאמַר׃
2 הֲזֹאת חָשַׁבְתָּ לְמִשְׁפָּט אָמַרְתָּ צִדְקִי מֵאֵל׃
3 כִּי־תֹאמַר מַה־יִּסְכָּן[a]־לָךְ מָה־אֹעִיל[b] מֵחַטָּאתִי׃
4 אֲנִי אֲשִׁיבְךָ[2] מִלִּין[c] וְאֶת־רֵעֶיךָ עִמָּךְ׃
5 הַבֵּט[d] שָׁמַיִם וּרְאֵה וְשׁוּר[e] שְׁחָקִים[f] גָּבְהוּ[g] מִמֶּךָּ׃
6 אִם־חָטָאתָ מַה־תִּפְעָל[h]־בּוֹ וְרַבּוּ[i] פְשָׁעֶיךָ
מַה־תַּעֲשֶׂה־לּוֹ׃

---

a מֵעִם from with, beside. (71)
b מָאַס to reject, despise. (74)
c גֶּבֶר man, strong man. (65)
d שָׂכַל to be prudent. (62)
e [ביי] to entreat. (1)
f בָּחַן to examine, test. (29)
g נֵצַח forever, enduring, everlasting, eminence. (43)
h תְּשׁוּבָה (f) return, answer. (8)
i אָוֶן iniquity, wickedness. (79)
j סָפַק to slap, clap. (9)
k אֵמֶר utterance, speech, word. (49)

35

a סָכַן to be of use of service, benefit. (12)
b [יעל] to profit, avail. (23) *hi. impf. 1cs*
c מִלָּה (f) word, speech, utterance. (38)
d [נבט] to look. (69)
e שׁוּר to behold, regard. (16)
f שַׁחַק dust, cloud. (21)
g גָּבַהּ to be high, proud, exalted. (34)
h פָּעַל to do, make. (56)
i רָבַב to be or become many, much. (13) *qal pf. 3cp*

---

[1] יָסַף *hi. impf. 1cs*
[2] [שׁלם] *pi. impf. 3ms + 3fs suf.*
[3] יָסַף *hi. impf. 3ms*

35

[1] עָנָה *qal wyqtl. 3ms*
[2] שׁוּב *hi. impf. 1cs + 2ms suf.*

7 אִם־צָדַקְתָּ[a] מַה־תִּתֶּן[1]־לוֹ אוֹ מַה־מִיָּדְךָ יִקָּח[2]׃
8 לְאִישׁ־כָּמוֹךָ רִשְׁעֶךָ[b] וּלְבֶן־אָדָם צִדְקָתֶךָ׃
9 מֵרֹב עֲשׁוּקִים[c] יַזְעִיקוּ[d] יְשַׁוְּעוּ[e] מִזְּרוֹעַ רַבִּים׃
10 וְלֹא־אָמַר אַיֵּה[f] אֱלוֹהַּ[g] עֹשָׂי[3] נֹתֵן[4] זְמִרוֹת[h] בַּלָּיְלָה׃
11 מַלְּפֵנוּ[i] מִבַּהֲמוֹת אָרֶץ וּמֵעוֹף[j] הַשָּׁמַיִם יְחַכְּמֵנוּ[k]׃
12 שָׁם יִצְעֲקוּ[l] וְלֹא יַעֲנֶה מִפְּנֵי גְּאוֹן[m] רָעִים׃
13 אַךְ־שָׁוְא[n] לֹא־יִשְׁמַע ׀ אֵל וְשַׁדַּי לֹא יְשׁוּרֶנָּה[o]׃
14 אַף כִּי־תֹאמַר לֹא תְשׁוּרֶנּוּ[p] דִּין[q] לְפָנָיו וּתְחוֹלֵל[r] לוֹ׃
15 וְעַתָּה כִּי־אַיִן פָּקַד אַפּוֹ וְלֹא־יָדַע בַּפַּשׁ[s] מְאֹד׃
16 וְאִיּוֹב הֶבֶל[t] יִפְצֶה[u]־פִּיהוּ בִּבְלִי[v]־דַעַת מִלִּין[w] יַכְבִּר[x]׃ פ

36 וַיֹּסֶף[1] אֱלִיהוּא וַיֹּאמַר׃
2 כַּתַּר[a]־לִי זְעֵיר[b] וַאֲחַוֶּךָּ[c] כִּי עוֹד לֶאֱלוֹהַּ[d]

a צָדֵק to be just, righteous. (41)
b רֶשַׁע wickedness. (30)
c עֲשׁוּקִים oppression, extortion. (4)
d זָעַק to cry, cry out. (72)
e [שׁוע] to cry out for help. (21)
f אַי where? (37)
g אֱלוֹהַּ god, God. (60)
h זָמִיר song. (6)
i אָלַף to learn. (4) *pi. ptc. ms con. + 1cp suf.*
j עוֹף bird, flying creature. (71)
k חָכַם to be wise. (27) *pi. impf. 3ms + 1cp suf.*
l צָעַק to cry, cry out, call. (55)
m גָּאוֹן exaltation, pride. (49)
n שָׁוְא emptiness, vanity. (53)
o שׁוּר to behold, regard. (16) *qal impf. 3ms + 3fs suf.*
p שׁוּר to behold, regard. (16) *qal impf. 2ms + 1cp suf.*
q דִּין judgement. (20)
r חוּל to whirl, dance, writhe. (58) *pol. impf. 2ms*
s פַּשׁ folly. (1)
t הֶבֶל vanity, vapour, breath. (73)
u פָּצָה to part, open. (15)
v בְּלִי without, not. (58)
w מִלָּה (f) word, speech, utterance. (38)
x [כבר] to be much, many. (2)

36

a [כתר] to surround. (6)
b זְעֵיר little. (5)
c [חוה] to tell, declare. (6) *pi. impf. 1cs + 2ms suf.*
d אֱלוֹהַּ god, God. (60)

[1] נָתַן *qal impf. 2ms*
[2] לָקַח *qal impf. 3ms*
[3] עָשָׂה *qal ptc. mp con. + 1cs suf.*
[4] נָתַן *qal ptc. ms abs.*

36

[1] יָסַף *hi. wyqtl. 3ms*

מִלִּֽים[a]׃

3 אֶשָּׂ֣א[1] דֵ֭עִי[b] לְמֵרָ֑חוֹק וּ֝לְפֹעֲלִ֗י[c] אֶֽתֵּן[2]־צֶֽדֶק׃

4 כִּֽי־אָ֭מְנָם[d] לֹא־שֶׁ֣קֶר מִלָּ֑י[a] תְּמִ֖ים דֵּע֣וֹת[e] עִמָּֽךְ׃

5 הֶן־אֵ֣ל כַּ֭בִּיר[f] וְלֹ֣א יִמְאָ֑ס[g] כַּ֝בִּ֗יר[f] כֹּ֣חַ לֵֽב׃

6 לֹא־יְחַיֶּ֥ה רָשָׁ֑ע וּמִשְׁפַּ֖ט עֲנִיִּ֣ים[h] יִתֵּֽן[3]׃

7 לֹֽא־יִגְרַ֥ע[i] מִצַּדִּ֗יק עֵ֫ינָ֥יו וְאֶת־מְלָכִ֥ים לַכִּסֵּ֑א וַיֹּשִׁיבֵ֥ם[4]
לָ֝נֶ֗צַח[j] וַיִּגְבָּֽהוּ[k]׃

8 וְאִם־אֲסוּרִ֥ים[l] בַּזִּקִּ֑ים[m] יִ֝לָּכְד֗וּן[5] בְּחַבְלֵי[n]־עֹֽנִי[o]׃

9 וַיַּגֵּ֣ד[6] לָהֶ֣ם פָּעֳלָ֑ם[p] וּ֝פִשְׁעֵיהֶ֗ם כִּ֣י יִתְגַּבָּֽרוּ[q]׃

10 וַיִּ֣גֶל[7] אָ֭זְנָם לַמּוּסָ֑ר[r] וַ֝יֹּ֗אמֶר כִּֽי־יְשֻׁב֥וּן[8] מֵאָֽוֶן[s]׃

11 אִם־יִשְׁמְע֗וּ וְֽיַ֫עֲבֹ֥דוּ יְכַלּ֣וּ יְמֵיהֶ֣ם בַּטּ֑וֹב וּ֝שְׁנֵיהֶ֗ם
בַּנְּעִימִֽים[t]׃

12 וְאִם־לֹ֣א יִ֭שְׁמְעוּ בְּשֶׁ֣לַח[u] יַעֲבֹ֑רוּ וְ֝יִגְוְע֗וּ[v] כִּבְלִי[w]־דָֽעַת׃

---

a מִלָּה (f) word, speech, utterance. (38)

b דֵּעַ knowledge, opinion. (5)

c פָּעַל to do, make. (56) *qal ptc. ms con. + 1cs suf.*

d אָמְנָם verily, truly. (9)

e דֵּעָה (f) knowledge. (6)

f כַּבִּיר great, mighty, much. (10)

g מָאַס to reject, despise. (74)

h עָנִי poor, afflicted, humble. (76)

i גָּרַע to diminish, restrain, withdraw. (22)

j נֵ֫צַח forever, enduring, everlasting, eminence. (43)

k גָּבַהּ to be high, proud, exalted. (34)

l אָסַר to tie, bind, imprison. (71) *qal pass. ptc. mp abs.*

m זֵק fetter. (4)

n חֶ֫בֶל cord, rope, territory. (50)

o עֳנִי affliction, poverty. (36)

p פֹּ֫עַל work, deed, doing. (38)

q גָּבַר to prevail, be strong, mighty. (25)

r מוּסָר discipline, chastening, correction. (50)

s אָ֫וֶן iniquity, wickedness. (79)

t נָעִים pleasant, delightful. (11)

u שֶׁ֫לַח missile, weapon, sprout. (8)

v גָּוַע to expire, perish, die. (24)

w בְּלִי without, not. (58)

---

1 נָשָׂא *qal impf. 1cs*

2 נָתַן *qal impf. 1cs*

3 נָתַן *qal impf. 3ms*

4 יָשַׁב *hi. wyqtl. 3ms + 3mp suf.*

5 לָכַד *ni. impf. 3mp + paragogic nun suf.*

6 [נגד] *hi. wyqtl. 3ms*

7 גָּלָה *qal wyqtl. 3ms*

8 שׁוּב *qal impf. 3mp + paragogic nun suf.*

13 וְֽחַנְפֵי[a]־לֵב יָשִׂימוּ אָף לֹא יְשַׁוְּעוּ[b] כִּי אֲסָרָם[c]׃
14 תָּמֹת בַּנֹּעַר[d] נַפְשָׁם וְחַיָּתָם בַּקְּדֵשִׁים[e]׃
15 יְחַלֵּץ[f] עָנִי[g] בְעָנְיוֹ[h] וְיִגֶל בַּלַּחַץ[i] אָזְנָם׃
16 וְאַף הֲסִיתְךָ[j] ׀ מִפִּי־צָר[k]
רַחַב[l] לֹא־מוּצָק[m] תַּחְתֶּיהָ וְנַחַת[n] שֻׁלְחָנְךָ[o] מָלֵא
דָשֶׁן[p]׃
17 וְדִין[q]־רָשָׁע מָלֵאתָ דִּין[q] וּמִשְׁפָּט יִתְמֹכוּ[r]׃
18 כִּי־חֵמָה פֶּן־יְסִיתְךָ[s] בְסָפֶק[t] וְרָב־כֹּפֶר[u] אַל־יַטֶּךָּ[1]׃
19 הֲיַעֲרֹךְ[v] שׁוּעֲךָ[w] לֹא בְצָר[x] וְכֹל מַאֲמַצֵּי[y]־כֹחַ׃
20 אַל־תִּשְׁאַף[z] הַלָּיְלָה לַעֲלוֹת[2] עַמִּים תַּחְתָּם׃
21 הִשָּׁמֶר אַל־תֵּפֶן[3] אֶל־אָוֶן[aa] כִּי־עַל־זֶה בָּחַרְתָּ מֵעֹנִי[h]׃
22 הֶן־אֵל יַשְׂגִּיב[ab] בְּכֹחוֹ מִי כָמֹהוּ מוֹרֶה[ac]׃

---

a חָנֵף profane, irreligious. (13)
b [שׁוע] to cry out for help. (21)
c אָסַר to tie, bind, imprison. (71) *qal pf. 3ms + 3mp suf.*
d נֹעַר youth, early life. (4)
e קָדֵשׁ temple-prostitute. (6)
f חָלַץ to deliver, withdraw. (23)
g עָנִי poor, afflicted, humble. (76)
h עֳנִי affliction, poverty. (36)
i לַחַץ oppression, distress. (12)
j [סות] to incite, allure, instigate. (18) *hi. pf. 3ms + 2ms suf.*
k צַר adversary, enemy. (75)
l רַחַב breadth, broad expanse. (2)
m מוּצָק constraint, distress. (3)
n נַחַת quietness, rest. (7)
o שֻׁלְחָן table. (71)
p דֶּשֶׁן fatness, fat ashes. (15)
q דִּין judgement. (20)
r תָּמַךְ to grasp, support, attain. (21)
s [סות] to incite, allure, instigate. (18) *hi. impf. 3ms + 2ms suf.*
t שֶׂפֶק mockery. (1)
u כֹּפֶר price of a life, ransom. (13)
v עָרַךְ to arrange, set in order. (70)
w שֶׁוַע cry, cry for help. (2)
x בְּצַר straits, distress. (1)
y מַאֲמָץ power, strength, force. (1)
z שָׁאַף to gasp, pant, pant after, long for. (8)
aa אָוֶן iniquity, wickedness. (79)
ab שָׂגַב to be high, exalt. (20)
ac יָרָה to shoot, throw, teach. (79)

---

1 נָטָה *hi. juss. 3ms + 2ms suf.*
2 עָלָה *qal inf. con.*
3 פָּנָה *qal juss. 2ms*

23 מִי־פָקַד עָלָיו דַּרְכּוֹ וּמִי־אָמַר פָּעַלְתָּ[a] עַוְלָה[b]׃

24 זְכֹר כִּי־תַשְׂגִּיא[c] פָעֳלוֹ[d] אֲשֶׁר שֹׁרְרוּ[1] אֲנָשִׁים׃

25 כָּל־אָדָם חָזוּ[e]־בוֹ אֱנוֹשׁ[f] יַבִּיט[g] מֵרָחוֹק׃

26 הֶן־אֵל שַׂגִּיא[h] וְלֹא נֵדָע מִסְפַּר שָׁנָיו וְלֹא־חֵקֶר[i]׃

27 כִּי יְגָרַע[j] נִטְפֵי[k]־מָיִם יָזֹקּוּ[l] מָטָר[m] לְאֵדוֹ[n]׃

28 אֲשֶׁר־יִזְּלוּ[o] שְׁחָקִים[p] יִרְעֲפוּ[q] עֲלֵי ׀ אָדָם רָב׃

29 אַף אִם־יָבִין מִפְרְשֵׂי[r]־עָב[s] תְּשֻׁאוֹת[t] סֻכָּתוֹ[u]׃

30 הֵן־פָּרַשׂ[v] עָלָיו אוֹרוֹ וְשָׁרְשֵׁי[w] הַיָּם כִּסָּה׃

31 כִּי־בָם יָדִין[x] עַמִּים יִתֶּן[2]־אֹכֶל[y] לְמַכְבִּיר[z]׃

32 עַל־כַּפַּיִם כִּסָּה־אוֹר וַיְצַו[3] עָלֶיהָ בְמַפְגִּיעַ[aa]׃

33 יַגִּיד[4] עָלָיו רֵעוֹ[ab] מִקְנֶה[ac] אַף עַל־עוֹלֶה׃

---

a פָּעַל to do, make. (56)
b עַוְלָה (f) injustice, unrighteousness, wrong. (31)
c [שׂגא] to grow, grow great. (2)
d פֹּעַל work, deed, doing. (38)
e חָזָה to see, behold. (51)
f אֱנוֹשׁ man, humankind. (42)
g [נבט] to look. (69) *hi. impf. 3ms*
h שַׂגִּיא great. (2)
i חֵקֶר searching, something searched out. (12)
j גָּרַע to diminish, restrain, withdraw. (22)
k נָטָף drop. (1)
l זָקַק to refine, purify. (7) *qal impf. 3mp*
m מָטָר rain. (38)
n אֵד mist. (2)
o נָזַל to flow, trickle, drop, distil. (16) *qal impf. 3mp*
p שַׁחַק dust, cloud. (21)
q רָעַף to trickle, drip. (5)
r מִפְרָשׂ spreading out, thing spread. (2)
s עָב dark cloud. (32)
t תְּשֻׁאָה (f) noise. (4)
u סֻכָּה (f) thicket, booth. (31)
v פָּרַשׂ to spread out, spread. (67)
w שֹׁרֶשׁ root. (33)
x דִּין to judge. (24)
y אֹכֶל food. (44)
z [כבר] to be much, many. (2)
aa פָּגַע to meet, encounter, entreat. (46)
ab רֵעַ shouting, roar. (3)
ac מִקְנֶה livestock, cattle. (76)

---

1 שִׁיר *pol. pf. 3cp*
2 נָתַן *qal impf. 3ms*
3 [צוה] *pi. wyqtl. 3ms*
4 [נגד] *hi. impf. 3ms*

37

אַף־לְ֭זֹאת יֶחֱרַ֣ד[a] לִבִּ֑י וְ֝יִתַּ֗ר[b] מִמְּקוֹמֽוֹ׃

2 שִׁמְע֤וּ שָׁמ֣וֹעַ בְּרֹ֣גֶז[c] קֹל֑וֹ וְ֝הֶ֗גֶה[d] מִפִּ֥יו יֵצֵֽא׃

3 תַּֽחַת־כָּל־הַשָּׁמַ֥יִם יִשְׁרֵ֑הוּ[e] וְ֝אוֹר֗וֹ עַל־כַּנְפ֥וֹת הָאָֽרֶץ׃

4 אַחֲרָ֤יו ׀ יִשְׁאַג[f]־ק֗וֹל יַ֭רְעֵם[g] בְּק֣וֹל גְּאוֹנ֑וֹ[h]
וְלֹ֥א יְ֝עַקְּבֵ֗ם[i] כִּֽי־יִשָּׁמַ֥ע קוֹלֽוֹ׃

5 יַרְעֵ֤ם[g] אֵ֣ל בְּ֭קוֹלוֹ נִפְלָא֑וֹת[j] עֹשֶׂ֥ה גְ֝דֹל֗וֹת וְלֹ֣א נֵדָֽע׃

6 כִּ֤י לַשֶּׁ֨לַג[k] ׀ יֹאמַ֗ר הֱוֵ֫א[l] אָ֥רֶץ וְגֶ֥שֶׁם[m] מָטָ֑ר[n] וְ֝גֶ֗שֶׁם[m]
מִטְר֥וֹת[n] עֻזּֽוֹ׃

7 בְּיַד־כָּל־אָדָ֥ם יַחְתּ֑וֹם[o] לָ֝דַ֗עַת[1] כָּל־אַנְשֵׁ֥י מַעֲשֵֽׂהוּ׃

8 וַתָּבֹ֣א חַיָּ֣ה בְמוֹ[p]־אָ֑רֶב[q] וּבִמְע֖וֹנֹתֶ֣יהָ[r] תִשְׁכֹּֽן׃

9 מִן־הַ֭חֶדֶר[s] תָּב֣וֹא סוּפָ֑ה[t] וּֽמִמְּזָרִ֥ים[u] קָרָֽה[v]׃

10 מִנִּשְׁמַת[w]־אֵ֥ל יִתֶּן[2]־קָ֑רַח[x] וְרֹ֖חַב מַ֣יִם בְּמוּצָֽק[y]׃

11 אַף־בְּ֭רִי[z] יַטְרִ֣יחַ[aa] עָ֑ב[ab] יָ֝פִ֗יץ[ac] עֲנַ֣ן אוֹרֽוֹ׃

37

a חָרַד to tremble, be terrified. (39)

b נָתַר to spring or start up. (3) *qal impf. 3ms*

c רֹ֫גֶז agitation, excitement, raging. (7)

d הֶ֫גֶה a rumbling, growling, moaning. (3)

e יָשַׁר to be smooth, straight, right. (26) *qal impf. 3ms + 3ms suf.*

f שָׁאַג to roar. (20)

g רָעַם to thunder. (13)

h גָּאוֹן exaltation, pride. (49)

i עָקַב to assail. (5) *pi. impf. 3ms + 3mp suf.*

j [פלא] to be extraordinary, wonderful. (71)

k שֶׁ֫לֶג snow. (20)

l הָוָא to fall. (1)

m גֶּ֫שֶׁם rain, shower. (35)

n מָטָר rain. (38)

o חָתַם to seal, seal up. (27)

p בְּמוֹ in, at, by. (10)

q אֶ֫רֶב lying-in-wait. (2)

r מְעֹנָה (f) dwelling, habitation. (10)

s חֶ֫דֶר chamber, room. (38)

t סוּפָה (f) storm wind. (15)

u מְזָרֶה slip, slide, totter, shake. (1)

v קָרָה (f) cold. (5)

w נְשָׁמָה (f) breath. (24)

x קֶ֫רַח frost, ice. (7)

y מוּצָק constraint, distress. (3)

z רִי moisture. (1)

aa [טרח] to toil, be burdened. (1)

ab עָב dark cloud. (32)

ac פּוּץ to scatter, be dispersed. (62)

37

[1] יָדַע *qal inf. con.*

[2] נָתַן *qal impf. 3ms*

בְּתַחְבּוּלֹתָיו 12 וְה֤וּא מְסִבּ֨וֹת[a] ׀ מִתְהַפֵּ֣ךְ בתחבולתו[b] לְפָעֳלָ֑ם[c] כֹּ֥ל
אֲשֶׁ֥ר יְצַוֵּ֨ם[1] ׀ עַל־פְּנֵ֖י תֵבֵ֣ל[d] אָֽרְצָה׃
13 אִם־לְשֵׁ֥בֶט אִם־לְאַרְצ֑וֹ אִם־לְ֝חֶ֗סֶד יַמְצִאֵֽהוּ[2]׃
14 הַאֲזִ֣ינָה[e] זֹּ֣את אִיּ֑וֹב עֲ֝מֹ֗ד וְהִתְבּוֹנֵ֤ן[3] ׀ נִפְלְא֬וֹת[f] אֵֽל׃
15 הֲ֭תֵדַע בְּשׂוּם־אֱל֣וֹהַּ[g] עֲלֵיהֶ֑ם וְ֝הוֹפִ֗יעַ[h] א֣וֹר עֲנָנֽוֹ׃
16 הֲ֭תֵדַע עַל־מִפְלְשֵׂי[i]־עָ֑ב[j] מִ֝פְלְא֗וֹת[k] תְּמִ֣ים דֵּעִֽים[l]׃
17 אֲשֶׁר־בְּגָדֶ֥יךָ חַמִּ֑ים[m] בְּהַשְׁקִ֥ט[n] אֶ֝֗רֶץ מִדָּרֽוֹם[o]׃
18 תַּרְקִ֣יעַ[p] עִ֭מּוֹ לִשְׁחָקִ֑ים[q] חֲ֝זָקִ֗ים[r] כִּרְאִ֥י[s] מוּצָֽק[t]׃
19 ה֭וֹדִיעֵנוּ[4] מַה־נֹּ֣אמַר ל֑וֹ לֹֽא־נַ֝עֲרֹ֗ךְ[u] מִפְּנֵי־חֹֽשֶׁךְ[v]׃
20 הַֽיְסֻפַּר־ל֭וֹ כִּ֣י אֲדַבֵּ֑ר אִם־אָ֥מַר אִ֝֗ישׁ כִּ֣י יְבֻלָּֽע[w]׃
21 וְעַתָּ֤ה ׀ לֹ֤א רָ֬אוּ א֗וֹר בָּהִ֣יר[x] ה֭וּא בַּשְּׁחָקִ֑ים[q]
וְר֥וּחַ עָ֝בְרָ֗ה וַתְּטַהֲרֵֽם[5]׃
22 מִ֭צָּפוֹן זָהָ֣ב יֶאֱתֶ֑ה[y]

a מֵסַב that which surrounds, or is round. (5)
b תַּחְבֻּלָה (f) direction, counsel. (6)
c פֹּעַל work, deed, doing. (38) *qal inf. con. + 3mp suf.*
d תֵּבֵל (f) world. (36)
e [אזן] to give ear, listen, hear. (41) *hi. impv. 2ms*
f [פלא] to be extraordinary, wonderful. (71)
g אֱלוֹהַּ god, God. (60)
h [יפע] to shine out or forth, send out beams. (8) *hi. pf. 3ms*
i מִפְלָשׂ swaying, poising. (1)
j עָב dark cloud. (32)
k מִפְלָאָה (f) wondrous work. (1)
l דֵּעַ knowledge, opinion. (5)
m חָם hot. (2)
n שָׁקַט to be quiet, undisturbed. (41)
o דָּרוֹם south. (17)
p רָקַע to beat, stamp, beat out, spread out. (11)
q שַׁחַק dust, cloud. (21)
r חָזָק strong, stout, mighty. (56)
s רְאִי mirror. (1)
t יָצַק to pour (out), cast, flow. (51) *ho. pass. ptc. ms abs.*
u עָרַךְ to arrange, set in order. (70)
v חֹשֶׁךְ darkness, obscurity. (80)
w בָּלַע to swallow up, consume. (49)
x בָּהִיר bright, brilliant of light. (1)
y אָתָה to come. (21)

[1] [צוה] *pi. impf. 3ms + 3mp suf.*
[2] מָצָא *hi. impf. 3ms + 3ms suf.*
[3] בִּין *hitpol. impv. 2ms*
[4] יָדַע *hi. impv. 2ms + 1cp suf.*
[5] טָהֵר *pi. wyqtl. 3fs + 3mp suf.*

עַל־אֱלוֹהַּ[a] נוֹרָא הוֹד[b]׃

23 שַׁדַּי לֹא־מְצָאנֻהוּ[1] שַׂגִּיא[c]־כֹחַ וּמִשְׁפָּט וְרֹב־צְדָקָה לֹא יְעַנֶּה[d]׃

24 לָכֵן יְרֵאוּהוּ[2] אֲנָשִׁים לֹא־יִרְאֶה כָּל־חַכְמֵי־לֵב׃ פ

38 וַיַּעַן[1]־יְהוָה אֶת־אִיּוֹב מנ הסערה[a] וַיֹּאמַר׃ — מִן הַסְּעָרָה

2 מִי זֶה ׀ מַחְשִׁיךְ[b] עֵצָה בְמִלִּין[c] בְּלִי[d]־דָעַת׃

3 אֱזָר[e]־נָא כְגֶבֶר[f] חֲלָצֶיךָ[g] וְאֶשְׁאָלְךָ[2] וְהוֹדִיעֵנִי[3]׃

4 אֵיפֹה[h] הָיִיתָ בְּיָסְדִי[i]־אָרֶץ הַגֵּד אִם־יָדַעְתָּ בִינָה[j]׃

5 מִי־שָׂם[4] מְמַדֶּיהָ[k] כִּי תֵדָע אוֹ מִי־נָטָה עָלֶיהָ קָּו[l]׃

6 עַל־מָה אֲדָנֶיהָ[m] הָטְבָּעוּ[n] אוֹ מִי־יָרָה[o] אֶבֶן פִּנָּתָהּ[p]׃

7 בְּרָן[q]־יַחַד[r] כּוֹכְבֵי[s] בֹקֶר וַיָּרִיעוּ[t] כָּל־בְּנֵי אֱלֹהִים׃

8 וַיָּסֶךְ[u] בִּדְלָתַיִם יָם בְּגִיחוֹ[v] מֵרֶחֶם[w] יֵצֵא׃

---

a אֱלֹהַּ god, God. (60)
b הוֹד splendour, majesty, vigour. (24)
c שַׂגִּיא great. (2)
d עָנָה to afflict, oppress, humble. (80)
a סְעָרָה (f) tempest, storm. (16)

38

b חָשַׁךְ to grow dark. (18)
c מִלָּה (f) word, speech, utterance. (38)
d בְּלִי without, not. (58)
e אָזַר to gird, encompass, equip. (16)
f גֶּבֶר man, strong man. (65)
g חָלָץ loins. (10)
h אֵיפֹה where? of what kind? (10)
i יָסַד to found, establish. (42) *qal inf. con. + 1cs suf.*
j בִּינָה (f) understanding. (38)
k מֵמַד measurement. (1)
l קָו line. (10)
m אֶדֶן base, pedestal. (57)
n טָבַע to sink, sink down. (10)
o יָרָה to shoot, throw, teach. (79)
p פִּנָּה (f) corner. (29)
q רָנַן to cry out, sing for joy. (53)
r יַחַד unitedness. (44)
s כּוֹכָב star. (37)
t [רוע] to raise a shout, cry out. (44)
u [סוך] to hedge, or fence about, shut in. (2)
v גִּיחַ to burst forth. (6) *qal inf. con. + 3ms suf.*
w רֶחֶם womb. (26)

---

1 מָצָא *qal pf. 1cp + 3ms suf.*
2 יָרֵא *qal pf. 3cp + 3ms suf.*

38

1 עָנָה *qal wyqtl. 3ms*
2 שָׁאַל *qal impf. 1cs + 2ms suf.*
3 יָדַע *hi. impv. 2ms + 1cs suf.*
4 שׂוּם *qal pf. 3ms*

9 בְּשׂוּמִ֣י[1] עָנָ֣ן לְבֻשׁ֑וֹ[a] וַ֝עֲרָפֶ֗ל[b] חֲתֻלָּתֽוֹ[c]׃

10 וָאֶשְׁבֹּ֣ר עָלָ֣יו חֻקִּ֑י וָ֝אָשִׂ֗ים בְּרִ֣יחַ[d] וּדְלָתָֽיִם׃

11 וָאֹמַ֗ר עַד־פֹּ֣ה תָ֭בוֹא וְלֹ֣א תֹסִ֑יף[2] וּפֹ֥א־יָ֝שִׁ֗ית בִּגְא֥וֹן[e]
גַּלֶּֽיךָ[f]׃

12 הֲֽ֭מִיָּמֶיךָ צִוִּ֣יתָ[3] בֹּ֑קֶר ידעתה שחר[g] מְקֹמֽוֹ׃ יִדַּ֖עְתָּה הַשַּׁ֣חַר

13 לֶ֭אֱחֹז[h] בְּכַנְפ֣וֹת הָאָ֑רֶץ וְיִנָּעֲר֖וּ[i] רְשָׁעִ֣ים מִמֶּֽנָּה׃

14 תִּ֭תְהַפֵּךְ כְּחֹ֣מֶר[j] חוֹתָ֑ם[k] וְ֝יִתְיַצְּב֗וּ[l] כְּמ֣וֹ לְבֽוּשׁ[a]׃

15 וְיִמָּנַ֣ע[m] מֵרְשָׁעִ֣ים אוֹרָ֑ם וּזְר֥וֹעַ רָ֝מָ֗ה[4] תִּשָּׁבֵֽר׃

16 הֲ֭בָאתָ[5] עַד־נִבְכֵי[n]־יָ֑ם וּבְחֵ֥קֶר[o] תְּ֝ה֗וֹם[p] הִתְהַלָּֽכְתָּ׃

17 הֲנִגְל֣וּ לְ֭ךָ שַׁעֲרֵי־מָ֑וֶת וְשַׁעֲרֵ֖י צַלְמָ֣וֶת[q] תִּרְאֶֽה׃

18 הִ֭תְבֹּנַנְתָּ[6] עַד־רַחֲבֵי[r]־אָ֑רֶץ הַ֝גֵּ֗ד אִם־יָדַ֥עְתָּ כֻלָּֽהּ׃

19 אֵי[s]־זֶ֣ה הַ֭דֶּרֶךְ יִשְׁכָּן־א֑וֹר וְ֝חֹ֗שֶׁךְ[t] אֵי[s]־זֶ֥ה מְקֹמֽוֹ׃

20 כִּ֣י תִ֭קָּחֶנּוּ[7] אֶל־גְּבוּל֑וֹ וְכִ֥י תָ֝בִ֗ין נְתִיב֥וֹת[u] בֵּיתֽוֹ׃

21 יָ֭דַעְתָּ כִּי־אָ֣ז תִּוָּלֵ֑ד וּמִסְפַּ֖ר יָמֶ֣יךָ רַבִּֽים׃

---

a לְבוּשׁ clothing, garment. (33)
b עֲרָפֶל cloud, heavy cloud. (15)
c חֲתֻלָּה (f) swaddling-band. (1)
d בְּרִיחַ bar. (41)
e גָּאוֹן exaltation, pride. (49)
f גַּל heap, wave, billow. (34)
g שַׁ֫חַר dawn. (24)
h אָחַז to grasp, seize, take possession. (68)
i נָעַר to shake, shake out or off. (11)
j חֹ֫מֶר cement, mortar, clay. (16)
k חוֹתָם seal, signet ring. (14)
l [יצב] to station oneself, take stand. (48)
m מָנַע to withhold, hold back. (29)
n נֵ֫בֶךְ spring. (1)
o חֵ֫קֶר searching, something searched out. (12)
p תְּהוֹם (f) great deep, abyss. (36)
q צַלְמָ֫וֶת deep shadow, shadow of death. (18)
r רַ֫חַב breadth, broad expanse. (2)
s אַי where? (37)
t חֹ֫שֶׁךְ darkness, obscurity. (80)
u נְתִיבָה (f) path, pathway. (20)

---

1 שׂוּם *qal inf. con. + 1cs suf.*
2 יָסַף *hi. impf. 2ms*
3 [צוה] *pi. pf. 2ms*
4 רוּם *qal ptc. fs abs.*
5 בּוֹא *qal pf. 2ms*
6 בִּין *hitpol. pf. 2ms*
7 לָקַח *qal impf. 2ms + 3ms suf.*

22 הֲבָאתָ[1] אֶל־אֹצְרוֹת[a] שָׁלֶג[b] וְאֹצְרוֹת[a] בָּרָד[c] תִּרְאֶה׃
23 אֲשֶׁר־חָשַׂכְתִּי[d] לְעֶת־צָר[e] לְיוֹם קְרָב[f] וּמִלְחָמָה׃
24 אֵי[g]־זֶה הַדֶּרֶךְ יֵחָלֶק[h] אוֹר יָפֵץ[i] קָדִים[j] עֲלֵי־אָרֶץ׃
25 מִי־פִלַּג[k] לַשֶּׁטֶף[l] תְּעָלָה[m] וְדֶרֶךְ לַחֲזִיז[n] קֹלוֹת׃
26 לְהַמְטִיר[o] עַל־אֶרֶץ לֹא־אִישׁ מִדְבָּר לֹא־אָדָם בּוֹ׃
27 לְהַשְׂבִּיעַ שֹׁאָה[p] וּמְשֹׁאָה[q] וּלְהַצְמִיחַ[r] מֹצָא[s] דֶשֶׁא[t]׃
28 הֲיֵשׁ־לַמָּטָר[u] אָב אוֹ מִי־הוֹלִיד[2] אֶגְלֵי[v]־טָל[w]׃
29 מִבֶּטֶן[x] מִי יָצָא הַקָּרַח[y] וּכְפֹר[z] שָׁמַיִם מִי יְלָדוֹ[3]׃
30 כָּאֶבֶן מַיִם יִתְחַבָּאוּ[aa] וּפְנֵי תְהוֹם[ab] יִתְלַכָּדוּ׃
31 הַתְקַשֵּׁר[ac] מַעֲדַנּוֹת[ad] כִּימָה אוֹ־מֹשְׁכוֹת[ae] כְּסִיל[af] תְּפַתֵּחַ׃
32 הֲתֹצִיא[4] מַזָּרוֹת בְּעִתּוֹ וְעַיִשׁ עַל־בָּנֶיהָ תַנְחֵם[ag]׃

a אוֹצָר treasure, treasury, storehouse. (79)
b שֶׁלֶג snow. (20)
c בָּרָד hail. (29)
d חָשַׂךְ to withhold, refrain. (27)
e צַר straits, distress. (27)
f קְרָב battle, war. (10)
g אַי where? (37)
h חָלַק to divide, share. (56)
i פּוּץ to scatter, be dispersed. (62)
j קָדִים East, east wind. (69)
k [פלג] to split, divide. (4)
l שֶׁטֶף flood. (6)
m תְּעָלָה (f) water-course, conduit, trench. (9)
n חֲזִיז thunder-bolt, lightning-flash. (3)
o [מטר] to rain. (17)
p שׁוֹאָה (f) devastation, ruin, waste. (11)
q מְשׁוֹאָה (f) desolation. (3)
r צָמַח to sprout, spring up. (33)
s מוֹצָא place or act of going forth, exit. (27)
t דֶּשֶׁא grass. (15)
u מָטָר rain. (38)
v אֵגֶל drop. (1)
w טַל dew, night-mist. (31)
x בֶּטֶן (f) belly, body, womb. (72)
y קֶרַח frost, ice. (7)
z כְּפוֹר hoar frost. (3)
aa [חבא] to hide, withdraw. (33)
ab תְּהוֹם (f) great deep, abyss. (36)
ac קָשַׁר to bind, tie, conspire. (44)
ad מַעֲדַנּוֹת (f) bonds, bands. (1)
ae מֹשֶׁכֶת (f) cord. (1)
af כְּסִיל constellation, Orion. (4)
ag נָחָה to lead, guide. (39) *hi. impf. 2ms + 3mp suf.*

[1] בּוֹא *qal pf. 2ms*
[2] יָלַד *hi. pf. 3ms*
[3] יָלַד *qal pf. 3ms + 3ms suf.*
[4] יָצָא *hi. impf. 2ms*

33 הֲיָדַעְתָּ חֻקּוֹת שָׁמָיִם אִם־תָּשִׂים מִשְׁטָרוֹ[a] בָאָרֶץ׃
34 הֲתָרִים לָעָב[b] קוֹלֶךָ וְשִׁפְעַת[c]־מַיִם תְּכַסֶּךָּ[1]׃
35 הַתְשַׁלַּח בְּרָקִים[d] וְיֵלֵכוּ וְיֹאמְרוּ לְךָ הִנֵּנוּ׃
36 מִי־שָׁת[2] בַּטֻּחוֹת[e] חָכְמָה אוֹ מִי־נָתַן לַשֶּׂכְוִי[f] בִינָה[g]׃
37 מִי־יְסַפֵּר שְׁחָקִים[h] בְּחָכְמָה וְנִבְלֵי[i] שָׁמַיִם מִי יַשְׁכִּיב׃
38 בְּצֶקֶת[j] עָפָר לַמּוּצָק[k] וּרְגָבִים[l] יְדֻבָּקוּ[m]׃
39 הֲתָצוּד[n] לְלָבִיא[o] טָרֶף[p] וְחַיַּת כְּפִירִים[q] תְּמַלֵּא׃
40 כִּי־יָשֹׁחוּ[r] בַמְּעוֹנוֹת[s] יֵשְׁבוּ בַסֻּכָּה[t] לְמוֹ[u]־אָרֶב[v]׃
41 מִי יָכִין לָעֹרֵב[w] צֵידוֹ[x] כִּי־ילדו אֶל־אֵל יְשַׁוֵּעוּ[y] יְלָדָיו
יִתְעוּ[z] לִבְלִי[aa]־אֹכֶל[ab]׃

39 הֲיָדַעְתָּ עֵת לֶדֶת[1] יַעֲלֵי[a]־סָלַע[b] חֹלֵל[c]
אַיָּלוֹת[d] תִּשְׁמֹר׃

a מִשְׁטָר rule, authority. (1)
b עָב dark cloud. (32)
c שִׁפְעָה (f) abundance, quantity. (6)
d בָּרָק lightning. (19)
e טֻחוֹת (f) inward parts. (2)
f שֶׂכְוִי mind. (1)
g בִּינָה (f) understanding. (38)
h שַׁחַק dust, cloud. (21)
i נֵבֶל skin, jar, pitcher. (11)
j יָצַק to pour (out), cast, flow. (51) *qal inf. con.*
k מוּצָק casting. (3)
l רֶגֶב clod of earth. (2)
m דָּבַק to cleave, cling. (54)
n צוּד to hunt. (17)
o לָבִיא lion. (11)
p טֶרֶף prey, food; leaf. (23)
q כְּפִיר young lion. (31)
r שָׁחַח to bow, be bowed down, crouch. (21) *qal impf. 3mp*
s מְעֹנָה (f) dwelling, habitation. (10)
t סֻכָּה (f) thicket, booth. (31)
u לְמוֹ upon, for. (4)
v אֶרֶב lying-in-wait. (2)
w עֹרֵב raven. (10)
x צַיִד provision, food. (4)
y [שׁוע] to cry out for help. (21)
z תָּעָה to err, wander, go astray. (50)
aa בְּלִי without, not. (58)
ab אֹכֶל food. (44)

39

a יָעֵל mountain-goat. (3)
b סֶלַע crag, cliff. (59)
c חוּל to whirl, dance, writhe. (58) *pol. inf. con.*
d אַיָּלָה (f) hind, doe. (8)

[1] [כסה] *pi. impf. 3fs + 2ms suf.*
[2] שִׁית *qal pf. 3ms*

39

[1] יָלַד *qal inf. con.*

2 תִּסְפֹּר יְרָחִים[a] תְּמַלֶּאנָה וְיָדַעְתָּ עֵת לִדְתָּנָה[1]׃
3 תִּכְרַעְנָה[b] יַלְדֵיהֶן תְּפַלַּחְנָה[c] חֶבְלֵיהֶם[d] תְּשַׁלַּחְנָה׃
4 יַחְלְמוּ[e] בְנֵיהֶם יִרְבּוּ בַבָּר[f] יָצְאוּ וְלֹא־שָׁבוּ[2] לָמוֹ׃
5 מִי־שִׁלַּח פֶּרֶא[g] חָפְשִׁי[h] וּמֹסְרוֹת[i] עָרוֹד[j] מִי פִתֵּחַ׃
6 אֲשֶׁר־שַׂמְתִּי[3] עֲרָבָה[k] בֵיתוֹ וּמִשְׁכְּנוֹתָיו מְלֵחָה[l]׃
7 יִשְׂחַק[m] לַהֲמוֹן קִרְיָה[n] תְּשֻׁאוֹת[o] נֹגֵשׂ[p] לֹא יִשְׁמָע׃
8 יְתוּר[q] הָרִים מִרְעֵהוּ[r] וְאַחַר כָּל־יָרוֹק[s] יִדְרוֹשׁ׃
9 הֲיֹאבֶה[t] רֵּים[u] עָבְדֶךָ[4] אִם־יָלִין[v] עַל־אֲבוּסֶךָ[w]׃
10 הֲתִקְשָׁר[x]־רֵים[u] בְּתֶלֶם[y] עֲבֹתוֹ[z] אִם־יְשַׂדֵּד[aa] עֲמָקִים[ab]
אַחֲרֶיךָ׃
11 הֲתִבְטַח־בּוֹ כִּי־רַב כֹּחוֹ וְתַעֲזֹב אֵלָיו יְגִיעֶךָ[ac]׃
12 הֲתַאֲמִין בּוֹ כִּי־ישׁוב זַרְעֶךָ וְגָרְנְךָ[ad] יֶאֱסֹף׃ יָשִׁיב
13 כְּנַף־רְנָנִים[ae] נֶעֱלָסָה[af] אִם־אֶבְרָה[ag] חֲסִידָה[ah] וְנֹצָה[ai]׃

a יֶרַח month. (13)
b כָּרַע to bow down, kneel. (36)
c [פלח] to cleave. (5)
d חֵבֶל pain, pang. (9)
e חָלַם to be healthy, strong. (2)
f בָּר field. (1)
g פֶּרֶא wild ass. (10)
h חָפְשִׁי free. (17)
i מוֹסֵר band, bond. (11)
j עָרוֹד wild ass. (1)
k עֲרָבָה (f) desert-plain, Arabah. (60)
l מְלֵחָה (f) saltness, barrenness. (3)
m שָׂחַק to laugh, jest. (36)
n קִרְיָה (f) town, city. (29)
o תְּשֻׁאָה (f) noise. (4)
p נָגַשׂ to press, drive, oppress, exact. (23) *qal ptc. ms abs.*
q יְתוּר range. (1)
r מִרְעֶה pasturage, pasture. (13)
s יָרוֹק green thing. (1)
t אָבָה to be willing, consent. (54)
u רְאֵם wild ox. (9)
v לוּן to lodge, pass the night, abide. (69)
w אֵבוּס crib. (3)
x קָשַׁר to bind, tie, conspire. (44)
y תֶּלֶם furrow. (5)
z עֲבֹת cord, rope. (24)
aa [שׂדד] to harrow. (3)
ab עֵמֶק valley. (69)
ac יְגִיעַ toil, product. (16)
ad גֹּרֶן threshing floor. (37)
ae רְנָנִים ostrich. (1)
af עָלַס to rejoice. (3)
ag אֶבְרָה (f) pinion. (4)
ah חֲסִידָה (f) stork. (6)
ai נוֹצָה (f) plumage. (4)

1 יָלַד *qal inf. con. + 3fp suf.*
2 שׁוּב *qal pf. 3cp*
3 שׂוּם *qal pf. 1cs*
4 עָבַד *qal inf. con. + 2ms suf.*

14 כִּֽי־תַעֲזֹ֣ב לָאָ֣רֶץ בֵּצֶ֑יהָ[a] וְֽעַל־עָפָ֥ר תְּחַמֵּֽם[b]׃
15 וַ֭תִּשְׁכַּח כִּי־רֶ֣גֶל תְּזוּרֶ֑הָ[c] וְחַיַּ֖ת הַשָּׂדֶ֣ה תְּדוּשֶֽׁהָ[d]׃
16 הִקְשִׁ֣יחַ[e] בָּנֶ֣יהָ לְּלֹא־לָ֑הּ לְרִ֖יק[f] יְגִיעָ֣הּ[g] בְּלִי[h]־פָֽחַד[i]׃
17 כִּֽי־הִשָּׁ֣הּ[j] אֱל֣וֹהַּ[k] חָכְמָ֑ה וְלֹֽא־חָ֥לַק[l] לָ֝֗הּ בַּבִּינָֽה[m]׃
18 כָּ֭עֵת בַּמָּר֣וֹם[n] תַּמְרִ֑יא[o] תִּשְׂחַ֥ק[p] לַ֝סּ֗וּס וּלְרֹכְבֽוֹ[q]׃
19 הֲֽתִתֵּ֣ן[1] לַסּ֣וּס גְּבוּרָ֑ה[r] הֲתַלְבִּ֖ישׁ צַוָּאר֣וֹ[s] רַעְמָֽה[t]׃
20 הֲ֭תַרְעִישֶׁנּוּ[u] כָּאַרְבֶּ֑ה[v] ה֖וֹד[w] נַחְר֣וֹ[x] אֵימָֽה[y]׃
21 יַחְפְּר֣וּ[z] בָ֭עֵמֶק[aa] וְיָשִׂ֣ישׂ[ab] בְּכֹ֑חַ יֵ֝צֵ֗א לִקְרַאת־נָֽשֶׁק[ac]׃
22 יִשְׂחַ֣ק[p] לְ֭פַחַד[i] וְלֹ֣א יֵחָ֑ת[ad] וְלֹֽא־יָ֝שׁ֗וּב מִפְּנֵי־חָֽרֶב׃
23 עָ֭לָיו תִּרְנֶ֣ה[ae] אַשְׁפָּ֑ה[af] לַ֖הַב[ag] חֲנִ֣ית[ah] וְכִידֽוֹן[ai]׃
24 בְּרַ֣עַשׁ[aj] וְ֭רֹגֶז[ak] יְגַמֶּא[al]־אָ֑רֶץ וְלֹֽא־יַ֝אֲמִ֗ין כִּי־ק֥וֹל

a בֵּיצָה (f) egg. (6)
b חָמַם to be or become warm. (13)
c זוּר to press down and out. (3) *qal impf. 3fs + 3fs suf.*
d דּוּשׁ to tread, thresh. (14) *qal impf. 3fs + 3fs suf.*
e [קשׁח] (1) to make hard; (2) treat hardly. (2)
f רִיק emptiness, vanity. (12)
g יְגִיעַ toil, product. (16)
h בְּלִי without, not. (58)
i פַּ֫חַד dread. (49)
j נָשָׁה to forget. (6) *hi. pf. 3ms + 3fs suf.*
k אֱלֹ֫הַּ god, God. (60)
l חָלַק to divide, share. (56)
m בִּינָה (f) understanding. (38)
n מָרוֹם height. (54)
o מָרָא to flap the wings. (2)
p שָׂחַק to laugh, jest. (36)
q רָכַב to ride, mount and ride. (78) *qal ptc. ms con. + 3ms suf.*
r גְּבוּרָה (f) strength, might. (61)
s צַוָּאר neck, back of neck. (40)
t רַעְמָה (f) mane. (1)
u רָעַשׁ to quake, shake. (30) *hi. impf. 2ms + 3ms suf.*
v אַרְבֶּה locust. (24)
w הוֹד splendour, majesty, vigour. (24)
x נַ֫חַר snorting. (1)
y אֵימָה (f) terror, dread. (17)
z חָפַר to dig, search for. (22)
aa עֵ֫מֶק valley. (69)
ab שׂוּשׂ to exult, rejoice. (27)
ac נֶ֫שֶׁק weapon, equipment. (10)
ad חָתַת to be shattered, dismayed. (51)
ae רָנָה to rattle. (1)
af אַשְׁפָּה (f) quiver for arrows. (6)
ag לַ֫הַב flame, blade. (12)
ah חֲנִית (f) spear. (47)
ai כִּידוֹן dart, javelin. (9)
aj רַ֫עַשׁ quaking, shaking. (17)
ak רֹ֫גֶז agitation, excitement, raging. (7)
al [גמא] to swallow. (2)

[1] נָתַן *qal impf. 2ms*

שׁוֹפָֽר[a]׃

25 בְּדֵ֤י[b] שֹׁפָ֨ר[a] ׀ יֹאמַ֬ר הֶאָ֗ח[c] וּֽ֭מֵרָחוֹק יָרִ֣יחַ[d] מִלְחָמָ֑ה
רַ֥עַם[e] שָׂ֝רִ֗ים וּתְרוּעָֽה[f]׃

26 הֲֽ֭מִבִּינָ֣תְךָ[g] יַֽאֲבֶר[h]־נֵ֑ץ[i] יִפְרֹ֖שׂ[j] כנפו לְתֵימָֽן[k]׃ כְּנָפָ֣יו

27 אִם־עַל־פִּ֭יךָ יַגְבִּ֣יהַּ[l] נָ֑שֶׁר[m] וְ֝כִ֗י יָרִ֥ים קִנּֽוֹ[n]׃

28 סֶ֣לַע[o] יִ֭שְׁכֹּן וְיִתְלֹנָ֑ן[p] עַֽל־שֶׁן[q]־סֶ֝֗לַע[o] וּמְצוּדָֽה[r]׃

29 מִשָּׁ֥ם חָֽפַר[s]־אֹ֑כֶל[t] לְ֝מֵרָח֗וֹק עֵינָ֥יו יַבִּֽיטוּ[u]׃

30 ואפרחו[v] יְעַלְעוּ[w]־דָ֑ם וּבַאֲשֶׁ֥ר[x] חֲ֝לָלִ֗ים שָׁ֣ם הֽוּא׃ פ וְאֶפְרֹחָ֥יו

40

1 וַיַּ֖עַן[1] יְהוָ֥ה אֶת־אִיּ֗וֹב וַיֹּאמַֽר׃

2 הֲ֭רֹב[a] עִם־שַׁדַּ֣י יִסּ֑וֹר[b] מוֹכִ֥יחַ[c] אֱ֝ל֗וֹהַּ[d] יַעֲנֶֽנָּה[2]׃
פ

---

a שֹׁפָר trumpet, horn. (72)
b דַּי sufficiency, enough. (39)
c הֶאָח aha! (12)
d [ריח] to smell, perceive odour. (11)
e רַ֫עַם thunder. (6)
f תְּרוּעָה (f) shout, alarm. (36)
g בִּינָה (f) understanding. (38)
h [אבר] to fly. (1)
i נֵץ hawk. (3)
j פָּרַשׂ to spread out, spread. (67)
k תֵּימָן (f) south, south wind. (23)
l גָּבַהּ to be high, proud, exalted. (34)
m נֶשֶׁר eagle. (26)
n קֵן nest. (13)
o סֶ֫לַע crag, cliff. (59)
p לוּן to lodge, pass the night, abide. (69) *hitpol. impf. 3ms*
q שֵׁן (f) tooth, ivory. (55)
r מְצוּדָה (f) fastness, stronghold. (19)
s חָפַר to dig, search for. (22)
t אֹ֫כֶל food. (44)
u [נבט] to look. (69) *hi. impf. 3mp*
v אֶפְרֹחַ young one. (4)
w [עלע] to suck up. (1)
x בַּאֲשֶׁר in which. (19)

40

a רִיב to strive, contend. (67)
b יִסּוֹר one who reproves, faultfinder. (1)
c [יכח] to decide, reprove, rebuke. (59) *hi. ptc. ms abs.*
d אֱלוֹהַּ god, God. (60)

40

[1] עָנָה *qal wyqtl. 3ms*

[2] עָנָה *qal juss. 3ms + 3fs suf.*

3 וַיַּ֖עַן[1] אִיּ֥וֹב אֶת־יְהוָ֗ה וַיֹּאמַֽר׃
4 הֵ֣ן קַ֭לֹּתִי[2] מָ֣ה אֲשִׁיבֶ֑ךָּ[3] יָ֝דִ֗י שַׂ֣מְתִּי[4] לְמוֹ[a]־פִֽי׃
5 אַחַ֣ת דִּ֭בַּרְתִּי וְלֹ֣א אֶֽעֱנֶ֑ה וּ֝שְׁתַּ֗יִם וְלֹ֣א אוֹסִֽיף[5]׃ פ

6 וַיַּֽעַן[1]־יְהוָ֣ה אֶת־אִ֭יּוֹב מנ סערֹה[b] וַיֹּאמַֽר׃ מִ֣ן סְעָרָ֑ה
7 אֱזָר[c]־נָ֣א כְגֶ֣בֶר[d] חֲלָצֶ֑יךָ[e] אֶ֝שְׁאָלְךָ֗[6] וְהוֹדִיעֵֽנִי[7]׃
8 הַ֣אַף תָּפֵ֣ר[f] מִשְׁפָּטִ֑י תַּ֝רְשִׁיעֵ֗נִי[g] לְמַ֣עַן תִּצְדָּֽק[h]׃
9 וְאִם־זְר֖וֹעַ כָּאֵ֥ל ׀ לָ֑ךְ וּ֝בְק֗וֹל כָּמֹ֥הוּ תַרְעֵֽם[i]׃
10 עֲדֵ֣ה[j] נָ֣א גָא֣וֹן[k] וָגֹ֑בַהּ[l] וְה֖וֹד[m] וְהָדָ֣ר[n] תִּלְבָּֽשׁ׃
11 הָ֭פֵץ[o] עֶבְר֣וֹת[p] אַפֶּ֑ךָ וּרְאֵ֥ה כָל־גֵּ֝אֶ֗ה[q] וְהַשְׁפִּילֵֽהוּ[r]׃
12 רְאֵ֣ה כָל־גֵּ֭אֶה[q] הַכְנִיעֵ֑הוּ[s] וַהֲדֹ֖ךְ[t] רְשָׁעִ֣ים תַּחְתָּֽם׃
13 טָמְנֵ֣ם[u] בֶּעָפָ֣ר יָ֑חַד[v] פְּ֝נֵיהֶ֗ם חֲבֹ֣שׁ[w] בַּטָּמֽוּן[x]׃
14 וְגַם־אֲנִ֥י אוֹדֶ֑ךָּ[8] כִּֽי־תוֹשִׁ֖עַ[9] לְךָ֣ יְמִינֶֽךָ׃

a לְמוֹ upon, for. (4)
b סְעָרָה (f) tempest, storm. (16)
c אָזַר to gird, encompass, equip. (16)
d גֶּ֫בֶר man, strong man. (65)
e חָלָץ loins. (10)
f [פרר] to break, frustrate. (47) *hi. impf. 2ms*
g רָשַׁע to be wicked, act wickedly. (35) *hi. impf. 2ms + 1cs suf.*
h צָדֵק to be just, righteous. (41)
i רָעַם to thunder. (13)
j עָדָה to adorn oneself. (8)
k גָּאוֹן exaltation, pride. (49)
l גֹּ֫בַהּ height. (17)
m הוֹד splendour, majesty, vigour. (24)
n הָדָר ornament, splendour, honour. (30)
o פּוּץ to scatter, be dispersed. (62)
p עֶבְרָה (f) overflow, arrogance, fury. (34)
q גֵּאֶה proud. (8)
r שָׁפֵל to be or become low, abase. (29) *hi. impv. 2ms + 3ms suf.*
s [כנע] to be humble. (36) *hi. impv. 2ms + 3ms suf.*
t הָדַךְ to cast or tread down. (1)
u טָמַן to hide, conceal. (31) *qal impv. 2ms + 3mp suf.*
v יַ֫חַד unitedness. (44)
w חָבַשׁ to bind, saddle. (33)
x טָמַן to hide, conceal. (31) *qal pass. ptc. ms abs.*

[1] עָנָה *qal wyqtl. 3ms*
[2] קָלַל *qal pf. 1cs*
[3] שׁוּב *hi. impf. 1cs + 2ms suf.*
[4] שׂוּם *qal pf. 1cs*
[5] יָסַף *hi. impf. 1cs*
[6] שָׁאַל *qal impf. 1cs + 2ms suf.*
[7] יָדַע *hi. impv. 2ms + 1cs suf.*
[8] [ידה] *hi. impf. 1cs + 2ms suf.*
[9] [ישע] *hi. impf. 3fs*

15 הִנֵּה־נָא בְהֵמוֹת[a] אֲשֶׁר־עָשִׂיתִי[1] עִמָּךְ חָצִיר[b] כַּבָּקָר יֹאכֵל׃
16 הִנֵּה־נָא כֹחוֹ בְמָתְנָיו[c] וְאֹנוֹ[d] בִּשְׁרִירֵי[e] בִטְנוֹ[f]׃
17 יַחְפֹּץ[g] זְנָבוֹ[h] כְמוֹ־אָרֶז[i] גִּידֵי[j] פחדו[k] יְשֹׂרָגוּ[l]׃ פַּחֲדָיו
18 עֲצָמָיו אֲפִיקֵי[m] נְחוּשָׁה[n] גְּרָמָיו[o] כִּמְטִיל[p] בַּרְזֶל[q]׃
19 הוּא רֵאשִׁית[r] דַּרְכֵי־אֵל הָעֹשׂוֹ[2] יַגֵּשׁ חַרְבּוֹ׃
20 כִּי־בוּל[s] הָרִים יִשְׂאוּ[3]־לוֹ וְכָל־חַיַּת הַשָּׂדֶה יְשַׂחֲקוּ[t]־שָׁם׃
21 תַּחַת־צֶאֱלִים[u] יִשְׁכָּב בְּסֵתֶר[v] קָנֶה[w] וּבִצָּה[x]׃
22 יְסֻכֻּהוּ[y] צֶאֱלִים[u] צִלְלוֹ[z] יְסֻבּוּהוּ[4] עַרְבֵי[aa]־נָחַל׃
23 הֵן יַעֲשֹׁק[ab] נָהָר לֹא יַחְפּוֹז[ac] יִבְטַח ׀ כִּי־יָגִיחַ[ad] יַרְדֵּן אֶל־פִּיהוּ׃
24 בְּעֵינָיו יִקָּחֶנּוּ[5] בְּמוֹקְשִׁים[ae] יִנְקָב[af]־אָף׃

a בְּהֵמוֹת Behemoth. (1)
b חָצִיר grass, herbage. (19)
c מָתְנַיִם loins. (47)
d אוֹן vigour, wealth. (12)
e שָׁרִיר sinew, muscle. (1)
f בֶּטֶן (f) belly, body, womb. (72)
g חָפֵץ to bend down. (1)
h זָנָב tail, end, stump. (11)
i אֶרֶז cedar. (73)
j גִּיד sinew. (7)
k פַּחַד thigh. (1)
l [שׂרג] to be intertwined. (2)
m אָפִיק channel. (19)
n נְחוּשָׁה (f) copper, bronze. (10)
o גֶּרֶם bone, strength, self. (5)
p מְטִיל wrought-metal rod. (1)
q בַּרְזֶל iron. (76)
r רֵאשִׁית (f) first, beginning, chief. (51)
s בּוּל produce, outgrowth. (2)
t שָׂחַק to laugh, jest. (36)
u צֶאֱלִים lotus. (2)
v סֵתֶר covering, hiding place, secrecy. (35)
w קָנֶה stalk, reed. (62)
x בִּצָּה (f) swamp. (3)
y סָכַךְ to overshadow, screen, cover. (18) *qal impf. 3mp + 3ms suf.*
z צֵלֶל shadow. (4)
aa עֲרָבָה poplar, willow. (5)
ab עָשַׁק to oppress, wrong, extort. (36)
ac חָפַז to be terrified, hurry. (9)
ad גִּיחַ to burst forth. (6)
ae מוֹקֵשׁ bait, snare. (27)
af נָקַב to pierce. (22) *qal impf. 3ms*

1 עָשָׂה *qal pf. 1cs*
2 עָשָׂה *qal ptc. ms con. + 3ms suf.*
3 נָשָׂא *qal impf. 3mp*
4 סָבַב *qal impf. 3mp + 3ms suf.*
5 לָקַח *qal impf. 3ms + 3ms suf.*

25 תִּמְשֹׁךְ[a] לִוְיָתָן[b] בְּחַכָּה[c] וּבְחֶבֶל[d] תַּשְׁקִיעַ[e] לְשֹׁנוֹ׃
26 הֲתָשִׂים אַגְמֹן[f] בְּאַפּוֹ וּבְחוֹחַ[g] תִּקּוֹב[h] לֶחֱיוֹ[i]׃
27 הֲיַרְבֶּה אֵלֶיךָ תַּחֲנוּנִים[j] אִם־יְדַבֵּר אֵלֶיךָ רַכּוֹת[k]׃
28 הֲיִכְרֹת בְּרִית עִמָּךְ תִּקָּחֶנּוּ[1] לְעֶבֶד עוֹלָם׃
29 הַתְשַׂחֶק[l]־בּוֹ כַּצִּפּוֹר[m] וְתִקְשְׁרֶנּוּ[n] לְנַעֲרוֹתֶיךָ[o]׃
30 יִכְרוּ[p] עָלָיו חַבָּרִים[q] יֶחֱצוּהוּ[r] בֵּין כְּנַעֲנִים׃
31 הַתְמַלֵּא בְשֻׂכּוֹת[s] עוֹרוֹ וּבְצִלְצַל[t] דָּגִים[u] רֹאשׁוֹ׃
32 שִׂים־עָלָיו כַּפֶּךָ זְכֹר מִלְחָמָה אַל־תּוֹסַף[2]׃

41 הֵן־תֹּחַלְתּוֹ[a] נִכְזָבָה[b] הֲגַם אֶל־מַרְאָיו יֻטָל[c]׃
2 לֹא־אַכְזָר[d] כִּי יְעוּרֶנּוּ[e] וּמִי הוּא לְפָנַי יִתְיַצָּב[f]׃
3 מִי הִקְדִּימַנִי[g] וַאֲשַׁלֵּם תַּחַת כָּל־הַשָּׁמַיִם לִי־הוּא׃

a מָשַׁךְ to draw, drag. (36)
b לִוְיָתָן Leviathan, serpent, dragon. (6)
c חַכָּה (f) hook fastened in jaw, fish-hook. (3)
d חֶבֶל cord, rope, territory. (50)
e שָׁקַע to sink, sink down. (5)
f אַגְמֹן rush, bulrush. (5)
g חוֹחַ brier, bramble; hook, ring, fetter. (11)
h נָקַב to pierce. (22) *qal impf. 2ms*
i לְחִי jaw, cheek. (21)
j תַּחֲנוּן supplication for favour. (18)
k רַךְ tender, delicate, soft. (16)
l שָׂחַק to laugh, jest. (36)
m צִפּוֹר (f) bird. (40)
n קָשַׁר to bind, tie, conspire. (44) *qal impf. 2ms + 3ms suf.*
o נַעֲרָה (f) maiden, young woman. (63)
p כָּרָה to dig. (16)
q חַבָּר associate. (1)
r חָצָה to divide. (15) *qal impf. 3mp + 3ms suf.*
s שֻׂכָּה (f) barb, spear. (1)
t צִלְצָל spear. (1)
u דָּג fish. (19)

41

a תּוֹחֶלֶת (f) hope. (6)
b [כזב] to lie, be a liar. (18)
c [טול] to hurl, cast. (14) *ho. impf. 3ms*
d אַכְזָר cruel, fierce. (4)
e עוּר to rouse oneself, awake. (80) *qal impf. 3ms + 3ms suf.*
f [יצב] to station oneself, take stand. (48)
g [קדם] to meet, come or be in front. (26) *hi. pf. 3ms + 1cs suf.*

[1] לָקַח *qal impf. 2ms + 3ms suf.* [2] יָסַף *hi. juss. 2ms*

4 לֹֽא־אַחֲרִ֣ישׁ[a] בַּדָּ֑יו[b] וּדְבַר־גְּ֝בוּר֗וֹת[c] וְחִ֣ין[d] עֶרְכּֽוֹ[e]׃ לוֹ
5 מִֽי־גִ֭לָּה פְּנֵ֣י לְבוּשׁ֑וֹ[f] בְּכֶ֥פֶל[g] רִ֝סְנ֗וֹ[h] מִ֣י יָבֽוֹא׃
6 דַּלְתֵ֣י פָ֭נָיו מִ֣י פִתֵּ֑חַ סְבִיב֖וֹת שִׁנָּ֣יו[i] אֵימָֽה[j]׃
7 גַּ֭אֲוָה[k] אֲפִיקֵ֣י[l] מָֽגִנִּ֑ים[m] סָ֝ג֗וּר[1] חוֹתָ֥ם[n] צָֽר[o]׃
8 אֶחָ֣ד בְּאֶחָ֣ד יִגַּ֑שׁוּ[2] וְ֝ר֗וּחַ לֹא־יָב֥וֹא בֵינֵיהֶֽם׃
9 אִישׁ־בְּאָחִ֥יהוּ יְדֻבָּ֑קוּ[p] יִ֝תְלַכְּד֗וּ וְלֹ֣א יִתְפָּרָֽדוּ[q]׃
10 עֲ֭טִישֹׁתָיו[r] תָּ֣הֶל[s] א֑וֹר וְ֝עֵינָ֗יו כְּעַפְעַפֵּי[t]־שָֽׁחַר[u]׃
11 מִ֭פִּיו לַפִּידִ֣ים[v] יַהֲלֹ֑כוּ כִּיד֥וֹדֵי[w] אֵ֝֗שׁ יִתְמַלָּֽטוּ׃
12 מִ֭נְּחִירָיו[x] יֵצֵ֣א עָשָׁ֑ן[y] כְּד֖וּד[z] נָפ֣וּחַ[aa] וְאַגְמֹֽן[ab]׃
13 נַ֭פְשׁוֹ גֶּחָלִ֣ים[ac] תְּלַהֵ֑ט[ad] וְ֝לַ֗הַב[ae] מִפִּ֥יו יֵצֵֽא׃
14 בְּֽ֭צַוָּארוֹ[af] יָלִ֣ין[ag] עֹ֑ז וּ֝לְפָנָ֗יו תָּד֥וּץ[ah] דְּאָבָֽה[ai]׃

---

a חָרֵשׁ to be silent, deaf. (47)
b בַּד empty talk, idle talk. (6)
c גְּבוּרָה (f) strength, might. (61)
d חִין grace of his proportions. (1)
e עֵ֫רֶךְ order, row, estimate. (33)
f לְבוּשׁ clothing, garment. (33)
g כֶּ֫פֶל double. (3)
h רֶ֫סֶן bridle, restraint. (4)
i שֵׁן (f) tooth, ivory. (55)
j אֵימָה (f) terror, dread. (17)
k גַּאֲוָה (f) majesty, pride. (19)
l אָפִיק channel. (19)
m מָגֵן shield. (63)
n חֹתָם seal, signet ring. (14)
o צַר narrow, tight. (7)
p דָּבַק to cleave, cling. (54)
q [פרד] to separate, divide. (26)
r עֲטִישָׁה (f) sneezing. (1)
s [הלל] to shine. (4) *hi. impf. 3fs*
t עַפְעַף eyelid. (10)
u שַׁ֫חַר dawn. (24)
v לַפִּיד torch. (14)
w כִּידוֹד spark. (1)
x נָחִיר nostril. (1)
y עָשָׁן smoke. (25)
z דּוּד pot, jar. (7)
aa נָפַח to breathe, blow. (12) *qal pass. ptc. ms abs.*
ab אַגְמֹן rush, bulrush. (5)
ac גַּ֫חֶלֶת (f) coal. (18)
ad [להט] to blaze up, flame. (11)
ae לַ֫הַב flame, blade. (12)
af צַוָּאר neck, back of neck. (40)
ag לוּן to lodge, pass the night, abide. (69)
ah דּוּץ to spring, leap, dance. (1)
ai דְּאָבָה (f) faintness, failure of mental energy, dismay. (1)

41

[1] סָגַר *qal pass. ptc. ms abs.*

[2] נָגַשׁ *qal impf. 3mp*

15 מַפְּלֵי[a] בְשָׂרוֹ דָבֵקוּ[b] יָצוּק[c] עָלָיו בַּל[d]־יִמּוֹט[e]׃
16 לִבּוֹ יָצוּק[c] כְּמוֹ־אָבֶן וְיָצוּק[c] כְּפֶלַח[f] תַּחְתִּית[g]׃
17 מִשֵּׂתוֹ[h] יָגוּרוּ[i] אֵלִים מִשְּׁבָרִים[j] יִתְחַטָּאוּ׃
18 מַשִּׂיגֵהוּ[k] חֶרֶב בְּלִי[l] תָקוּם חֲנִית[m] מַסָּע[n] וְשִׁרְיָה[o]׃
19 יַחְשֹׁב לְתֶבֶן[p] בַּרְזֶל[q] לְעֵץ רִקָּבוֹן[r] נְחוּשָׁה[s]׃
20 לֹא־יַבְרִיחֶנּוּ[t] בֶן־קָשֶׁת[u] לְקַשׁ[v] נֶהְפְּכוּ־לוֹ
אַבְנֵי־קָלַע[w]׃
21 כְּקַשׁ[v] נֶחְשְׁבוּ תוֹתָח[x] וְיִשְׂחַק[y] לְרַעַשׁ[z] כִּידוֹן[aa]׃
22 תַּחְתָּיו חַדּוּדֵי[ab] חָרֶשׂ[ac] יִרְפַּד[ad] חָרוּץ[ae] עֲלֵי־טִיט[af]׃
23 יַרְתִּיחַ[ag] כַּסִּיר[ah] מְצוּלָה[ai] יָם יָשִׂים כַּמֶּרְקָחָה[aj]׃

---

a מַפָּל refuse, hanging parts. (2)
b דָּבַק to cleave, cling. (54)
c יָצַק to pour (out), cast, flow. (51) *qal pass. ptc. ms abs.*
d בַּל not. (71)
e מוֹט to totter, shake, slip. (38)
f פֶּלַח (f) cleavage, millstone. (6)
g תַּחְתִּי lower, lowest. (19)
h שְׂאֵת (f) elevation, dignity, swelling. (14)
i גּוּר to dread. (10)
j שֶׁבֶר breaking, fracture, crash. (44)
k [נשׂג] to reach, overtake, attain. (50) *hi. ptc. ms con. + 3ms suf.*
l בְּלִי without, not. (58)
m חֲנִית (f) spear. (47)
n מַסָּע missile, dart. (1)
o שִׁרְיָה (f) lance, javelin. (1)
p תֶּבֶן straw. (17)
q בַּרְזֶל iron. (76)
r רִקָּבוֹן rottenness. (1)
s נְחוּשָׁה (f) copper, bronze. (10)
t בָּרַח to go through, flee. (65) *hi. impf. 3ms + 3ms suf.*
u קֶשֶׁת (f) bow. (76)
v קַשׁ stubble, chaff. (16)
w קֶלַע sling. (6)
x תּוֹתָח club. (1)
y שָׂחַק to laugh, jest. (36)
z רַעַשׁ quaking, shaking. (17)
aa כִּידוֹן dart, javelin. (9)
ab חַדּוּד sharpened, sharp, pointed. (1)
ac חֶרֶשׂ earthenware, potsherd. (17)
ad רָפַד to spread. (3)
ae חָרוּץ sharp, diligent. (9)
af טִיט mud, mire, clay. (13)
ag [רתח] to boil. (3)
ah סִיר pot. (29)
ai מְצוּלָה (f) depth, the deep sea. (11)
aj מֶרְקָחָה (f) ointment pot, seasoning. (2)

24 אַחֲרָיו יָאִיר[a] נָתִיב[b] יַחְשֹׁב תְּהוֹם[c] לְשֵׂיבָה[d]׃
25 אֵין־עַל־עָפָר מָשְׁלוֹ[e] הֶעָשׂוּ[1] לִבְלִי[f]־חָת[g]׃
26 אֵת־כָּל־גָּבֹהַּ[h] יִרְאֶה הוּא מֶלֶךְ עַל־כָּל־בְּנֵי־שָׁחַץ[i]׃ ס

42 וַיַּעַן[1] אִיּוֹב אֶת־יְהוָה וַיֹּאמַר׃
2 ידעת כִּי־כֹל תּוּכָל וְלֹא־יִבָּצֵר[a] מִמְּךָ מְזִמָּה[b]׃ יָדַעְתִּי
3 מִי זֶה ׀ מַעְלִים[c] עֵצָה בְּלִי[d] דָעַת לָכֵן הִגַּדְתִּי וְלֹא
אָבִין נִפְלָאוֹת[e] מִמֶּנִּי וְלֹא אֵדָע׃
4 שְׁמַע־נָא וְאָנֹכִי אֲדַבֵּר אֶשְׁאָלְךָ[2] וְהוֹדִיעֵנִי[3]׃
5 לְשֵׁמַע[f]־אֹזֶן שְׁמַעְתִּיךָ[4] וְעַתָּה עֵינִי רָאָתְךָ[5]׃
6 עַל־כֵּן אֶמְאַס[g] וְנִחַמְתִּי עַל־עָפָר וָאֵפֶר[h]׃ פ

7 וַיְהִי אַחַר דִּבֶּר יְהוָה אֶת־הַדְּבָרִים הָאֵלֶּה אֶל־אִיּוֹב
וַיֹּאמֶר יְהוָה אֶל־אֱלִיפַז הַתֵּימָנִי חָרָה אַפִּי בְךָ וּבִשְׁנֵי
רֵעֶיךָ כִּי לֹא דִבַּרְתֶּם אֵלַי נְכוֹנָה כְּעַבְדִּי אִיּוֹב׃
8 וְעַתָּה קְחוּ־לָכֶם שִׁבְעָה־פָרִים וְשִׁבְעָה אֵילִים וּלְכוּ[6] ׀
אֶל־עַבְדִּי אִיּוֹב וְהַעֲלִיתֶם עוֹלָה בַּעַדְכֶם וְאִיּוֹב עַבְדִּי
יִתְפַּלֵּל עֲלֵיכֶם כִּי אִם־פָּנָיו אֶשָּׂא[7] לְבִלְתִּי עֲשׂוֹת[8] עִמָּכֶם

a אוֹר to be or become light. (42)
b נָתִיב path, pathway. (6)
c תְּהוֹם (f) great deep, abyss. (36)
d שֵׂיבָה (f) grey-headed, old age. (19)
e מֹשֶׁל likeness, one like. (1)
f בְּלִי without, not. (58)
g חַת terror, fear. (2)
h גָּבֹהַּ high, exalted. (37)
i שַׁחַץ dignity, pride. (2)

42

a בָּצַר to cut off, fortify, make inaccessible. (37)
b מְזִמָּה (f) purpose, discretion, device; evil thought. (19)
c [עלם] to conceal. (28)
d בְּלִי without, not. (58)
e [פלא] to be extraordinary, wonderful. (71)
f שֵׁמַע hearing, report. (17)
g מָאַס to reject, despise. (74)
h אֵפֶר ashes. (22)

[1] עָשָׂה *qal pass. ptc. ms abs.*

42

[1] עָנָה *qal wyqtl. 3ms*
[2] שָׁאַל *qal impf. 1cs + 2ms suf.*
[3] יָדַע *hi. impv. 2ms + 1cs suf.*
[4] שָׁמַע *qal pf. 1cs + 2ms suf.*
[5] רָאָה *qal pf. 3fs + 2ms suf.*
[6] הָלַךְ *qal impv. 2mp*
[7] נָשָׂא *qal impf. 1cs*
[8] עָשָׂה *qal inf. con.*

נְבָלָה[a] כִּי לֹא דִבַּרְתֶּם אֵלַי נְכוֹנָה כְּעַבְדִּי אִיּוֹב׃
9 וַיֵּלְכוּ אֱלִיפַז הַתֵּימָנִי וּבִלְדַּד הַשּׁוּחִי צֹפַר הַנַּעֲמָתִי
וַיַּעֲשׂוּ[1] כַּאֲשֶׁר דִּבֶּר אֲלֵיהֶם יְהוָה וַיִּשָּׂא[2] יְהוָה אֶת־פְּנֵי
אִיּוֹב׃ 10 וַיהוָה שָׁב[3] אֶת־שבית[b] אִיּוֹב בְּהִתְפַּלְלוֹ[4] בְּעַד שְׁבוּת
רֵעֵהוּ וַיֹּסֶף[5] יְהוָה אֶת־כָּל־אֲשֶׁר לְאִיּוֹב לְמִשְׁנֶה[c]׃
11 וַיָּבֹאוּ אֵלָיו כָּל־אֶחָיו וְכָל־אחיותיו וְכָל־יֹדְעָיו[6] לְפָנִים אַחְיֹתָיו
וַיֹּאכְלוּ עִמּוֹ לֶחֶם בְּבֵיתוֹ וַיָּנֻדוּ[d] לוֹ וַיְנַחֲמוּ[7] אֹתוֹ
עַל כָּל־הָרָעָה אֲשֶׁר־הֵבִיא יְהוָה עָלָיו וַיִּתְּנוּ[8]־לוֹ אִישׁ
קְשִׂיטָה[e] אֶחָת וְאִישׁ נֶזֶם[f] זָהָב אֶחָד׃ ס 12 וַיהוָה
בֵּרַךְ אֶת־אַחֲרִית[g] אִיּוֹב מֵרֵאשִׁתוֹ[h] וַיְהִי־לוֹ אַרְבָּעָה
עָשָׂר אֶלֶף צֹאן וְשֵׁשֶׁת אֲלָפִים גְּמַלִּים[i] וְאֶלֶף־צֶמֶד[j]
בָּקָר וְאֶלֶף אֲתוֹנוֹת[k]׃ 13 וַיְהִי־לוֹ שִׁבְעָנָה[l] בָנִים וְשָׁלוֹשׁ
בָּנוֹת׃ 14 וַיִּקְרָא שֵׁם־הָאַחַת יְמִימָה וְשֵׁם הַשֵּׁנִית קְצִיעָה
וְשֵׁם הַשְּׁלִישִׁית קֶרֶן הַפּוּךְ׃ 15 וְלֹא נִמְצָא נָשִׁים יָפוֹת[m]
כִּבְנוֹת אִיּוֹב בְּכָל־הָאָרֶץ וַיִּתֵּן[9] לָהֶם אֲבִיהֶם נַחֲלָה
בְּתוֹךְ אֲחֵיהֶם׃ ס 16 וַיְחִי[10] אִיּוֹב אַחֲרֵי־זֹאת
מֵאָה וְאַרְבָּעִים שָׁנָה וירא[11] אֶת־בָּנָיו וְאֶת־בְּנֵי בָנָיו וַיִּרְאֶה
אַרְבָּעָה דֹּרוֹת׃ 17 וַיָּמָת אִיּוֹב זָקֵן וּשְׂבַע[n] יָמִים׃

a נְבָלָה (f) senselessness. (13)
b שְׁבִית (f) captivity. (30)
c מִשְׁנֶה double, copy, second. (35)
d נוּד to move to and fro, wander. (24)
e קְשִׂיטָה (f) unit of value. (3)
f נֶזֶם ring. (17)
g אַחֲרִית (f) after part, end, last. (61)
h רֵאשִׁית (f) first, beginning, chief. (51)
i גָּמָל camel. (54)
j צֶמֶד couple, pair. (15)
k אָתוֹן (f) she-ass. (34)
l שִׁבְעָנָה seven. (1)
m יָפֶה fair, beautiful, handsome. (43)
n שָׂבֵעַ sated, satisfied. (10)

1 עָשָׂה *qal wyqtl. 3mp*
2 נָשָׂא *qal wyqtl. 3ms*
3 שׁוּב *qal pf. 3ms*
4 [פלל] *hitp. inf. con. + 3ms suf.*
5 יָסַף *hi. wyqtl. 3ms*
6 יָדַע *qal ptc. mp con. + 3ms suf.*
7 [נחם] *pi. wyqtl. 3mp*
8 נָתַן *qal wyqtl. 3mp*
9 נָתַן *qal wyqtl. 3ms*
10 חָיָה *qal wyqtl. 3ms*
11 רָאָה *qal wyqtl. 3ms*

Appendices

Paradigms

This appendix contains paradigm charts for verbs, nouns, and adjectives. I added these reference tables to aid the reading process. I found that having them at hand can be very useful, especially when stuck reading tricky forms.

Independent personal pronouns

1cs	אֲנִי, אָנֹכִי	I
2ms	אַתָּה	you
2fs	אַתְּ	you
3ms	הוּא	he/it
3fs	הִיא *	she/it
1cp	אֲנַ֫חְנוּ, נַ֫חְנוּ, אֲנוּ	we
2mp	אַתֶּם	you
2fp	אַתֵּן, אַתֵּ֫נָה	you
3mp	הֵם, הֵ֫מָּה	they
3fp	הֵן, הֵ֫נָּה	they

* הִוא in the Torah.

Demonstrative pronouns

This/these

	sg.	pl.
masc.	זֶה	אֵלֶּה
fem.	זֹאת	

That/those

	sg.	pl.
masc.	הוּא	הֵ֫מָּה (הֵם)
fem.	הִיא	הֵ֫נָּה (הֵן)

Pronominal Suffixes on Nouns

Pronominal Suffixes on Singular Nouns

3ms	וֹ	his	3mp	ָם◌	their
3fs	ָהּ◌	her	3fp	ָן◌	their
2ms	ְךָ◌	your	2mp	ְכֶם◌	your
2fs	ֵךְ◌	your	2fp	ְכֶן◌	your
1cs	ִי◌	my	1cp	ֵ֫נוּ◌	our

Pronominal Suffixes on Plural Nouns

3ms	◌ָיו	his	3mp	◌ֵיהֶם	their
3fs	◌ֶ֫יהָ	her	3fp	◌ֵיהֶן	their
2ms	◌ֶ֫יךָ	your	2mp	◌ֵיכֶם	your
2fs	◌ַ֫יִךְ	your	2fp	◌ֵיכֶן	your
1cs	◌ַי	my	1cp	◌ֵ֫ינוּ	our

Pronominal Suffixes for inseparable prepositions בְּ and לְ

3ms	וֹ	him	3mp	◌ָהֶם	them
3fs	◌ָהּ	her	3fp	◌ָהֶן	them
2ms	◌ְךָ	you	2mp	◌ָכֶם	you
2fs	◌ָךְ	you	2fp	◌ָכֶן	you
1cs	◌ִי	me	1cp	◌ָ֫נוּ	us

Noun and Adjective Base Paradigms

These tables classify nouns and adjectives by their Proto-Northwest Semitic base form. Forms are given in the singular and plural for the absolute and construct states. Then the words are shown with first person common singular suffix attached. If as a form is not given, then I have not been able to locate such as form in the Bible.

Nouns and adjectives are divided according to their etymological base patterns. I have listed the most common words for each paradigm, with only a couple of exceptions. For instance I use רֶ֫שֶׁת not דַּ֫עַת for *qilṭ* forms, to avoid the guttural. Further

details and a full listing may be found in Hebrew grammars such as Joüon-Muraoka *A Grammar of Biblical Hebrew*,[1] or for the student, see especially, Reymond, *Intermediate Biblical Hebrew Grammar.* [2]

The paradigms use the letters *qṭl* (קטל) to represent the etymological base of each word interspersed with vowels. For example, segolate nouns are found under *qaṭl*, *qiṭl*, and *quṭl*. The initial vowel is visible in the plural construct For example, מַלְכֵי from מֶ֫לֶךְ. Note, *qVṭāl* represents some Aramaic forms found especially in later books of the Hebrew Bible, such as Esther, Daniel, Ezra–Nehemiah.[3] In order to save space, I have omitted dual forms, such as דְּלָתַ֫יִם, דֶּ֫לֶת, דַּלְתֵי; or the more common, עֵינַ֫יִם, עֵינֵי, and עֵינַי.

[1] P. Joüon and T. Muraoka. *A Grammar of Biblical Hebrew. Fifth Reprint of the Second Edition.* Vol. 27. Subsida Biblica. Rome: Gregorian & Biblical Press, 2018.
[2] Eric D. Reymond, *Intermediate Biblical Hebrew Grammar: Student's Guide to Phonology and Morphology* Atlanta, GA, SBL Press, 2018, pp. 115-162, 217-264.
[3] For example, כִּכְתָבָהּ (Esther 1:22). See ibid. pp. 238.

qāl base

	Sg.	Pl.
Abs.	יוֹם	יָמִים
Cons.	יוֹם	יָמֵי
Suf.	יוֹמִי	יָמַי

qalt base

	Sg.	Pl.
Abs.	דֶּ֫לֶת	דְּלָתוֹת
Cons.	דֶּ֫לֶת	דַּלְתוֹת
Suf.	דַּלְתִי	דַּלְתוֹתַי

qalat base

	Sg.	Pl.
Abs.	שָׁנָה	שָׁנִים
Cons.	שְׁנַת	שְׁנֵי
Suf.	שְׁנָתִי	שְׁנוֹתַי

qaṭal base

	Sg.	Pl.
Abs.	דָּבָר	דְּבָרִים
Cons.	דְּבַר	דִּבְרֵי
Suf.	דְּבָרִי	דְּבָרַי

qall base

	Sg.	Pl.
Abs.	עַם	עַמִּים
Cons.	עַם	עַמֵּי
Suf.	עַמִּי	עַמַּי

qaṭalat base

	Sg.	Pl.
Abs.	אֲדָמָה	אֲדָמוֹת
Cons.	אַדְמַת	אַדְמוֹת
Suf.	אַדְמָתִי	אַדְמוֹתַי

qallat base

	Sg.	Pl.
Abs.	חַיָּה	חַיּוֹת
Cons.	חַיַּת	חַיּוֹת
Suf.	חַיָּתִי	חַיּוֹתַי

qaṭīl base

	Sg.	Pl.
Abs.	נָבִיא	נְבִיאִים
Cons.	נְבִיא	נְבִיאֵי
Suf.	נְבִיאִי	נְבִיאַי

***qaṭilat* base**

	Sg.	Pl.
Abs.	בְּהֵמָה	בְּהֵמוֹת
Cons.	בֶּהֱמַת	בַּהֲמוֹת
Suf.	בְּהֶמְתִּי	בַּהֲמוֹתַי

***qaṭl* base**

	Sg.	Pl.
Abs.	מֶ֫לֶךְ	מְלָכִים
Cons.	מֶ֫לֶךְ	מַלְכֵי
Suf.	מַלְכִּי	מְלָכַי

***qaṭlat* base**

	Sg.	Pl.
Abs.	מַלְכָּה	מְלָכוֹת
Cons.	מַלְכַּת	מַלְכוֹת
Suf.	מַלְכָּתִי	מַלְכוֹתַי

***qaṭṭalat* base**

	Sg.	Pl.
Abs.	בַּלָּהָה	בַּלָּהוֹת
Cons.	בַּלָּהַת	בַּלְהוֹת
Suf.	בַּלָּהָתִי	בַּלְהוֹתַי

***qaṭṭalt* base**

	Sg.	Pl.
Abs.	שַׁבָּת	שַׁבָּתוֹת
Cons.	שַׁבַּת	שַׁבְּתוֹת
Suf.	שַׁבַּתִּי	שַׁבְּתוֹתַי

***qaṭul* base**

	Sg.	Pl.
Abs.	קָדוֹשׁ	קְדוֹשִׁים
Cons.	קָדוֹשׁ	קְדֹשֵׁי
Suf.	קְדוֹשִׁי	קְדוֹשַׁי

***qaṭūlat* base**

	Sg.	Pl.
Abs.	בְּתוּלָה	בְּתוּלוֹת
Cons.	בְּתוּלַת	בְּתֻלוֹת
Suf.	בְּתוּלָתִי	בְּתוּלֹתַי

***qaṭull* base**

	Sg.	Pl.
Abs.	עָמֹק	עֲ֫מֻקִּים
Suf.		

qil **base**

	Sg.	Pl.
Abs.	בֵּן	בָּנִים
Cons.	בֶּן , בֵּן	בְּנֵי
Suf.	בְּנִי	בָּנַי

qilt **base**

	Sg.	Pl.
Abs.	רֶ֫שֶׁת	רֲשָׁתוֹת
Cons.	רֶ֫שֶׁת	רִשְׁתוֹת
Suf.	רִשְׁתִּי	רִשְׁתוֹתַי

qilat **base**

	Sg.	Pl.
Abs.	מֵאָה	מֵאוֹת
Cons.	מְאַת	מֵאוֹת
Suf.	מְאָתִי	מֵאוֹתַי

qiṭāl **base**

	Sg.	Pl.
Abs.	זְרוֹעַ	זְרוֹעוֹת
Cons.	זְרוֹעַ	זְרוֹעוֹת
Suf.	זְרוֹעִי	זְרוֹעוֹתַי

qill **base**

	Sg.	Pl.
Abs.	לֵב	לִבִּים
Cons.	לֵב	לִבֵּי
Suf.	לִבִּי	לִבַּי

qiṭl **base**

	Sg.	Pl.
Abs.	קֶ֫רֶב	קְרָבִים
Cons.	קֶ֫רֶב	קִרְבֵי
Suf.	קִרְבִּי	קְרָבַי

qillat **base**

	Sg.	Pl.
Abs.	אִשָׁה	נֳשִׁים
Cons.	אֵשֶׁת	נֳשֵׁי
Suf.	אֵשָׁתִי	נֳשַׁי

qiṭlat **base**

	Sg.	Pl.
Abs.	מִנְחָה	מְנָחוֹת
Cons.	מִנְחַת	מִנְחוֹת
Suf.	מִנְחָתִי	מִנְחוֹתַי

***qūl* base**

	Sg.	Pl.
Abs.	סוּס	סוּסִים
Cons.	סוּס	סוּסֵי
Suf.	סוּסִי	סוּסַי

***qūlat* base**

	Sg.	Pl.
Abs.	סוּסָה	סוּסוֹת
Cons.	סוּסַת	סוּסוֹת
Suf.	סוּסִי	סוּסוֹתַי

***qull* base**

	Sg.	Pl.
Abs.	כֹּל	כֻּלִּים
Cons.	כָּל־ , כֹּל	כֻּלֵּי
Suf.	כֻּלִּי	כֻּלַּי

***qullat* base**

	Sg.	Pl.
Abs.	חֻקָּה	חֻקּוֹת
Cons.	חֻקַּת	חֻקּוֹת
Suf.	חֻקָּתִי	חֻקּוֹתַי

***quṭl* base**

	Sg.	Pl.
Abs.	קֹ֫דֶשׁ	קֳ֫דָשִׁים
Cons.	קֹ֫דֶשׁ	קָדְשֵׁי
Suf.	קָדְשִׁי	קֳדָשַׁי

***quṭlat* base**

	Sg.	Pl.
Abs.	חָכְמָה	חֱכָמוֹת
Cons.	חָכְמַת	חָכְמוֹת
Suf.	חָכְמָתִי	חָכְמוֹתַי

***quṭul* base**

	Sg.	Pl.
Abs.	אֲרוֹן	אֲרוֹנִים
Cons.	אֲרוֹן	אֲרוֹנֵי
Suf.	אֲרוֹנִי	אֲרוֹנַי

***quṭull* base**

	Sg.	Pl.
Abs.	לְאֹם	לָאֻמִּים
Suf.		

quṭullat **base**

	Sg.	Pl.
Abs.	אֲחֻזָּה	אֲחֻזוֹת
Cons.	אֲחֻזַּת	אֲחֻזוֹת
Suf.	אֲחֻזָּתִי	אֲחֻזוֹתַי

qVṭāl **base**

	Sg.	Pl.
Abs.	כְּתָב	
Cons.	כְּתָב	
Suf.	כְּתָבִי	

Verbs

Listed here are tables for Hebrew verb paradigms. The following verb paradigms list the verbal forms for strong and weak verbs. I start with the special and slightly irregular verb to be.

The verb *to be*

	Qal	Niph^{c}al
	qaṭal (Perfect)	
3ms	הָיָה	נִהְיָה
3fs	הָיְתָה	נִהְיְתָה
2ms	הָיִיתָ	נִהְיֵיתָ
2fs	הָיִית	נִהְיֵית
1cs	הָיִיתִי	נִהְיֵיתִי
3cp	הָיוּ	נִהְיוּ
2mp	הֱיִיתֶם	נִהְיֵיתֶם
2fp	הֱיִיתֶן	נִהְיֵיתֶן
1cp	הָיִינוּ	נִהְיֵינוּ
	yiqṭol (Imperfect)	
3ms	יִהְיֶה	
3fs	תִּהְיֶה	
2ms	תִּהְיֶה	
2fs	תִּהְיִי	
1cs	אֶהְיֶה	
3mp	יִהְיוּ	
3fp	תִּהְיֶינָה	
2mp	תִּהְיוּ	
2fp	תִּהְיֶינָה	
1cp	נִהְיֶה	

	Qal	Niph^{c}al
	Imperative	
ms	הֱיֵה	
fs	הֲיִי	
mp	הֱיוּ	
fp	הֱיֶינָה	
	Infinitive Construct	
	הֱיוֹת	
	Infinitive Absolute	
	הָיֹה	
	Active Participle	
ms	הוֹיֶה	
mp	הוֹיִים	
fs	הוֹיָה	
fp	הוֹיוֹת	
	Passive Participle	
ms		נִהְיֶה
mp		נִהְיִים
fs		נִהְיָה
fp		נִהְיוֹת
	Jussive	
3ms	יְהִי	
	wayyiqṭol (Waw Consecutive)	
3ms	וַיְהִי	

	Qal	Niphᶜal	Piᶜel	Puᶜal	Hitpaᶜel	Hiphᶜil	Hophᶜal
				qaṭal (Perfect)			
3ms	כָּתַב	נִכְתַּב	כִּתֵּב	כֻּתַּב	הִתְכַּתֵּב	הִכְתִּיב	הָכְתַּב
3fs	כָּתְבָה	נִכְתְּבָה	כִּתְּבָה	כֻּתְּבָה	הִתְכַּתְּבָה	הִכְתִּיבָה	הָכְתְּבָה
2ms	כָּתַבְתָּ	נִכְתַּבְתָּ	כִּתַּבְתָּ	כֻּתַּבְתָּ	הִתְכַּתַּבְתָּ	הִכְתַּבְתָּ	הָכְתַּבְתָּ
2fs	כָּתַבְתְּ	נִכְתַּבְתְּ	כִּתַּבְתְּ	כֻּתַּבְתְּ	הִתְכַּתַּבְתְּ	הִכְתַּבְתְּ	הָכְתַּבְתְּ
1cs	כָּתַבְתִּי	נִכְתַּבְתִּי	כִּתַּבְתִּי	כֻּתַּבְתִּי	הִתְכַּתַּבְתִּי	הִכְתַּבְתִּי	הָכְתַּבְתִּי
3cp	כָּתְבוּ	נִכְתְּבוּ	כִּתְּבוּ	כֻּתְּבוּ	הִתְכַּתְּבוּ	הִכְתִּיבוּ	הָכְתְּבוּ
2mp	כְּתַבְתֶּם	נִכְתַּבְתֶּם	כִּתַּבְתֶּם	כֻּתַּבְתֶּם	הִתְכַּתַּבְתֶּם	הִכְתַּבְתֶּם	הָכְתַּבְתֶּם
2fp	כְּתַבְתֶּן	נִכְתַּבְתֶּן	כִּתַּבְתֶּן	כֻּתַּבְתֶּן	הִתְכַּתַּבְתֶּן	הִכְתַּבְתֶּן	הָכְתַּבְתֶּן
1cp	כָּתַבְנוּ	נִכְתַּבְנוּ	כִּתַּבְנוּ	כֻּתַּבְנוּ	הִתְכַּתַּבְנוּ	הִכְתַּבְנוּ	הָכְתַּבְנוּ
				yiqṭol (Imperfect)			
3ms	יִכְתֹּב	יִכָּתֵב	יְכַתֵּב	יְכֻתַּב	יִתְכַּתֵּב	יַכְתִּיב	יָכְתַּב
3fs	תִּכְתֹּב	תִּכָּתֵב	תְּכַתֵּב	תְּכֻתַּב	תִּתְכַּתֵּב	תַּכְתִּיב	תָּכְתַּב
2ms	תִּכְתֹּב	תִּכָּתֵב	תְּכַתֵּב	תְּכֻתַּב	תִּתְכַּתֵּב	תַּכְתִּיב	תָּכְתַּב
2fs	תִּכְתְּבִי	תִּכָּתְבִי	תְּכַתְּבִי	תְּכֻתְּבִי	תִּתְכַּתְּבִי	תַּכְתִּיבִי	תָּכְתְּבִי
1cs	אֶכְתֹּב	אֶכָּתֵב	אֲכַתֵּב	אֲכֻתַּב	אֶתְכַּתֵּב	אַכְתִּיב	אָכְתַּב
3mp	יִכְתְּבוּ	יִכָּתְבוּ	יְכַתְּבוּ	יְכֻתְּבוּ	יִתְכַּתְּבוּ	יַכְתִּיבוּ	יָכְתְּבוּ
3fp	תִּכְתֹּבְנָה	תִּכָּתַבְנָה	תְּכַתֵּבְנָה	תְּכֻתַּבְנָה	תִּתְכַּתֵּבְנָה	תַּכְתֵּבְנָה	תָּכְתַּבְנָה
2mp	תִּכְתְּבוּ	תִּכָּתְבוּ	תְּכַתְּבוּ	תְּכֻתְּבוּ	תִּתְכַּתְּבוּ	תַּכְתִּיבוּ	תָּכְתְּבוּ
2fp	תִּכְתֹּבְנָה	תִּכָּתַבְנָה	תְּכַתֵּבְנָה	תְּכֻתַּבְנָה	תִּתְכַּתֵּבְנָה	תַּכְתֵּבְנָה	תָּכְתַּבְנָה
1cp	נִכְתֹּב	נִכָּתֵב	נְכַתֵּב	נְכֻתַּב	נִתְכַּתֵּב	נַכְתִּיב	נָכְתַּב

				Imperative			
ms	כְּתֹב	הִכָּתֵב	כַּתֵּב		הִתְכַּתֵּב	הַכְתֵּב	
fs	כִּתְבִי	הִכָּתְבִי	כַּתְּבִי		הִתְכַּתְּבִי	הַכְתִּיבִי	
mp	כִּתְבוּ	הִכָּתְבוּ	כַּתְּבוּ		הִתְכַּתְּבוּ	הַכְתִּיבוּ	
fp	כְּתֹבְנָה	הִכָּתַבְנָה	כַּתֵּבְנָה		הִתְכַּתֵּבְנָה	הַכְתֵּבְנָה	
				Infinitive Construct			
	כְּתֹב	הִכָּתֵב	כַּתֵּב	כֻּתַּב	הִתְכַּתֵּב	הַכְתִּיב	הָכְתַּב
				Infinitive Absolute			
	כָּתוֹב	הִכָּתֹב	כַּתֹּב	כֻּתֹּב	הִתְכַּתֵּב	הַכְתֵּב	הָכְתֵּב
				Active Participle			
ms	כֹּתֵב		מְכַתֵּב		מִתְכַּתֵּב	מַכְתִּיב	
mp	כֹּתְבִים		מְכַתְּבִים		מִתְכַּתְּבִים	מַכְתִּיבִים	
fs	כֹּתְבָה		מְכַתְּבָה		מִתְכַּתְּבָה	מַכְתִּיבָה	
fp	כֹּתְבוֹת		מְכַתְּבוֹת		מִתְכַּתְּבוֹת	מַכְתִּיבוֹת	
				Passive Participle			
ms	כָּתוּב	נִכְתָּב		מְכֻתָּב			מָכְתָּב
mp	כְּתוּבִים	נִכְתָּבִים		מְכֻתָּבִים			מָכְתָּבִים
fs	כְּתוּבָה	נִכְתָּבָה		מְכֻתָּבָה			מָכְתָּבָה
fp	כְּתוּבוֹת	נִכְתָּבוֹת		מְכֻתָּבוֹת			מָכְתָּבוֹת
				wayyiqṭol (Waw Consecutive)			
3ms	וַיִּכְתֹּב	וַיִּכָּתֵב	וַיְכַתֵּב	וַיְכֻתַּב	וַיִּתְכַּתֵּב	וַיַּכְתֵּב	וַיָּכְתַּב

	Qal	Niph^cal	Pi^cel	Pu^cal	Hitpa^cel	Hiph^cil	Hoph^cal
				qaṭal (Perfect)			
3ms	עָבַר	נֶעֱבַר	עִבֵּר	עֻבַּר	הִתְעַבֵּר	הֶעֱבִיר	הָעֳבַר
3fs	עָבְרָה	נֶעֶבְרָה	עִבְּרָה	עֻבְּרָה	הִתְעַבְּרָה	הֶעֱבִירָה	הָעָבְרָה
2ms	עָבַרְתָּ	נֶעֱבַרְתָּ	עִבַּרְתָּ	עֻבַּרְתָּ	הִתְעַבַּרְתָּ	הֶעֱבַרְתָּ	הָעֳבַרְתָּ
2fs	עָבַרְתְּ	נֶעֱבַרְתְּ	עִבַּרְתְּ	עֻבַּרְתְּ	הִתְעַבַּרְתְּ	הֶעֱבַרְתְּ	הָעֳבַרְתְּ
1cs	עָבַרְתִּי	נֶעֱבַרְתִּי	עִבַּרְתִּי	עֻבַּרְתִּי	הִתְעַבַּרְתִּי	הֶעֱבַרְתִּי	הָעֳבַרְתִּי
3cp	עָבְרוּ	נֶעֶבְרוּ	עִבְּרוּ	עֻבְּרוּ	הִתְעַבְּרוּ	הֶעֱבִירוּ	הָעָבְרוּ
2mp	עֲבַרְתֶּם	נֶעֱבַרְתֶּם	עִבַּרְתֶּם	עֻבַּרְתֶּם	הִתְעַבַּרְתֶּם	הֶעֱבַרְתֶּם	הָעֳבַרְתֶּם
2fp	עֲבַרְתֶּן	נֶעֱבַרְתֶּן	עִבַּרְתֶּן	עֻבַּרְתֶּן	הִתְעַבַּרְתֶּן	הֶעֱבַרְתֶּן	הָעֳבַרְתֶּן
1cp	עָבַרְנוּ	נֶעֱבַרְנוּ	עִבַּרְנוּ	עֻבַּרְנוּ	הִתְעַבַּרְנוּ	הֶעֱבַרְנוּ	הָעֳבַרְנוּ
				yiqṭol (Imperfect)			
3ms	יַעֲבֹר	יֵעָבֵר	יְעַבֵּר	יְעֻבַּר	יִתְעַבֵּר	יַעֲבִיר	יָעֳבַר
3fs	תַּעֲבֹר	תֵּעָבֵר	תְּעַבֵּר	תְּעֻבַּר	תִּתְעַבֵּר	תַּעֲבִיר	תָּעֳבַר
2ms	תַּעֲבֹר	תֵּעָבֵר	תְּעַבֵּר	תְּעֻבַּר	תִּתְעַבֵּר	תַּעֲבִיר	תָּעֳבַר
2fs	תַּעַבְרִי	תֵּעָבְרִי	תְּעַבְּרִי	תְּעֻבְּרִי	תִּתְעַבְּרִי	תַּעֲבִירִי	תָּעָבְרִי
1cs	אֶעֱבֹר	אֵעָבֵר	אֲעַבֵּר	אֲעֻבַּר	אֶתְעַבֵּר	אַעֲבִיר	אָעֳבַר
3mp	יַעַבְרוּ	יֵעָבְרוּ	יְעַבְּרוּ	יְעֻבְּרוּ	יִתְעַבְּרוּ	יַעֲבִירוּ	יָעָבְרוּ
3fp	תַּעֲבֹרְנָה	תֵּעָבַרְנָה	תְּעַבֵּרְנָה	תְּעֻבַּרְנָה	תִּתְעַבֵּרְנָה	תַּעֲבֵרְנָה	תָּעֳבַרְנָה
2mp	תַּעַבְרוּ	תֵּעָבְרוּ	תְּעַבְּרוּ	תְּעֻבְּרוּ	תִּתְעַבְּרוּ	תַּעֲבִירוּ	תָּעָבְרוּ
2fp	תַּעֲבֹרְנָה	תֵּעָבַרְנָה	תְּעַבֵּרְנָה	תְּעֻבַּרְנָה	תִּתְעַבֵּרְנָה	תַּעֲבֵרְנָה	תָּעֳבַרְנָה
1cp	נַעֲבֹר	נֵעָבֵר	נְעַבֵּר	נְעֻבַּר	נִתְעַבֵּר	נַעֲבִיר	נָעֳבַר

				Imperative			
ms	עֲבֹר	הֵעָבֵר	עַבֵּר		הִתְעַבֵּר	הַעֲבֵר	
fs	עִבְרִי	הֵעָבְרִי	עַבְּרִי		הִתְעַבְּרִי	הַעֲבִ֫ירִי	
mp	עִבְרוּ	הֵעָבְרוּ	עַבְּרוּ		הִתְעַבְּרוּ	הַעֲבִ֫ירוּ	
fp	עֲבֹ֫רְנָה	הֵעָבַ֫רְנָה	עַבֵּ֫רְנָה		הִתְעַבֵּ֫רְנָה	הַעֲבֵ֫רְנָה	
				Infinitive Construct			
	עֲבֹר	הֵעָבֵר	עַבֵּר	עֻבַּר	הִתְעַבֵּר	הַעֲבִיר	
				Infinitive Absolute			
	עָבוֹר	נַעֲבֹר	עַבֹּר	עֻבֹּר	הִתְעַבֵּר	הַעֲבֵר	הָעֳבֵר
				Active Participle			
ms	עֹבֵר		מְעַבֵּר		מִתְעַבֵּר	מַעֲבִיר	
mp	עֹבְרִים		מְעַבְּרִים		מִתְעַבְּרִים	מַעֲבִירִים	
fs	עֹבְרָה		מְעַבְּרָה		מִתְעַבְּרָה	מַעֲבִירָה	
fp	עֹבְרוֹת		מְעַבְּרוֹת		מִתְעַבְּרוֹת	מַעֲבִירוֹת	
				Passive Participle			
ms	עָבוּר	נֶעֱבָר		מְעֻבָּר			מָעֳבָר
mp	עֲבוּרִים	נֶעֱבָרִים		מְעֻבָּרִים			מָעֳבָרִים
fs	עֲבוּרָה	נֶעֱבָרָה		מְעֻבָּרָה			מָעֳבָרָה
fp	עֲבוּרוֹת	נֶעֱבָרוֹת		מְעֻבָּרוֹת			מָעֳבָרוֹת
				wayyiqṭol (Waw Consecutive)			
3ms	וַיַּעֲבֹר	וַיֵּעָבֵר				וַיַּעֲבֵר	

	Qal	Nipḥᶜal	Piᶜel	Puᶜal	Hitpaᶜel	Hipḥᶜil	Hopḥᶜal
				qaṭal (Perfect)			
3ms	אָסַף	נֶאֱסַף	אִסֵּף	אֻסַּף	הִתְאַסֵּף	הֶאֱסִיף	הָאֳסַף
3fs	אָסְפָה	נֶאֶסְפָה	אִסְּפָה	אֻסְּפָה	הִתְאַסְּפָה	הֶאֱסִיפָה	הָאָסְפָה
2ms	אָסַפְתָּ	נֶאֱסַפְתָּ	אִסַּפְתָּ	אֻסַּפְתָּ	הִתְאַסַּפְתָּ	הֶאֱסַפְתָּ	הָאֳסַפְתָּ
2fs	אָסַפְתְּ	נֶאֱסַפְתְּ	אִסַּפְתְּ	אֻסַּפְתְּ	הִתְאַסַּפְתְּ	הֶאֱסַפְתְּ	הָאֳסַפְתְּ
1cs	אָסַפְתִּי	נֶאֱסַפְתִּי	אִסַּפְתִּי	אֻסַּפְתִּי	הִתְאַסַּפְתִּי	הֶאֱסַפְתִּי	הָאֳסַפְתִּי
3cp	אָסְפוּ	נֶאֶסְפוּ	אִסְּפוּ	אֻסְּפוּ	הִתְאַסְּפוּ	הֶאֱסִיפוּ	הָאָסְפוּ
2mp	אֲסַפְתֶּם	נֶאֱסַפְתֶּם	אִסַּפְתֶּם	אֻסַּפְתֶּם	הִתְאַסַּפְתֶּם	הֶאֱסַפְתֶּם	הָאֳסַפְתֶּם
2fp	אֲסַפְתֶּן	נֶאֱסַפְתֶּן	אִסַּפְתֶּן	אֻסַּפְתֶּן	הִתְאַסַּפְתֶּן	הֶאֱסַפְתֶּן	הָאֳסַפְתֶּן
1cp	אָסַפְנוּ	נֶאֱסַפְנוּ	אִסַּפְנוּ	אֻסַּפְנוּ	הִתְאַסַּפְנוּ	הֶאֱסַפְנוּ	הָאֳסַפְנוּ
				yiqṭol (Imperfect)			
3ms	יֶאֱסֹף	יֵאָסֵף	יְאַסֵּף	יְאֻסַּף	יִתְאַסֵּף	יַאֲסִיף	יָאֳסַף
3fs	תֶּאֱסֹף	תֵּאָסֵף	תְּאַסֵּף	תְּאֻסַּף	תִּתְאַסֵּף	תַּאֲסִיף	תָּאֳסַף
2ms	תֶּאֱסֹף	תֵּאָסֵף	תְּאַסֵּף	תְּאֻסַּף	תִּתְאַסֵּף	תַּאֲסִיף	תָּאֳסַף
2fs	תַּאַסְפִי	תֵּאָסְפִי	תְּאַסְּפִי	תְּאֻסְּפִי	תִּתְאַסְּפִי	תַּאֲסִיפִי	תָּאָסְפִי
1cs	אֶאֱסֹף	אֵאָסֵף	אֲאַסֵּף	אֲאֻסַּף	אֶתְאַסֵּף	אַאֲסִיף	אָאֳסַף
3mp	יַאַסְפוּ	יֵאָסְפוּ	יְאַסְּפוּ	יְאֻסְּפוּ	יִתְאַסְּפוּ	יַאֲסִיפוּ	יָאָסְפוּ
3fp	תֶּאֱסֹפְנָה	תֵּאָסַפְנָה	תְּאַסֵּפְנָה	תְּאֻסַּפְנָה	תִּתְאַסֵּפְנָה	תַּאֲסֵפְנָה	תָּאֳסַפְנָה
2mp	תַּאַסְפוּ	תֵּאָסְפוּ	תְּאַסְּפוּ	תְּאֻסְּפוּ	תִּתְאַסְּפוּ	תַּאֲסִיפוּ	תָּאָסְפוּ
2fp	תֶּאֱסֹפְנָה	תֵּאָסַפְנָה	תְּאַסֵּפְנָה	תְּאֻסַּפְנָה	תִּתְאַסֵּפְנָה	תַּאֲסֵפְנָה	תָּאֳסַפְנָה
1cp	נֶאֱסֹף	נֵאָסֵף	נְאַסֵּף	נְאֻסַּף	נִתְאַסֵּף	נַאֲסִיף	נָאֳסַף

			Imperative				
ms	אֱסֹף	הֵאָסֵף	אַסֵּף		הִתְאַסֵּף	הַאֲסֵף	
fs	אִסְפִי	הֵאָסְפִי	אַסְּפִי		הִתְאַסְּפִי	הַאֲסִ֫יפִי	
mp	אִסְפוּ	הֵאָסְפוּ	אַסְּפוּ		הִתְאַסְּפוּ	הַאֲסִ֫יפוּ	
fp	אֱסֹ֫פְנָה	הֵאָסַ֫פְנָה	אַסֵּ֫פְנָה		הִתְאַסֵּ֫פְנָה	הַאֲסֵ֫פְנָה	
			Infinitive Construct				
	אֱסֹף	הֵאָסֵף	אַסֵּף	אֻסַּף	הִתְאַסֵּף	הַאֲסִיף	
			Infinitive Absolute				
	אָסוֹף	נֵאָסֹף	אַסֹּף	אֻסֹּף	הִתְאַסֵּף	הַאֲסֵף	הָאֳסֵף
			Active Participle				
ms	אֹסֵף		מְאַסֵּף		מִתְאַסֵּף	מַאֲסִיף	
mp	אֹסְפִים		מְאַסְּפִים		מִתְאַסְּפִים	מַאֲסִיפִים	
fs	אֹסְפָה		מְאַסְּפָה		מִתְאַסְּפָה	מַאֲסִיפָה	
fp	אֹסְפוֹת		מְאַסְּפוֹת		מִתְאַסְּפוֹת	מַאֲסִיפוֹת	
			Passive Participle				
ms	אָסוּף	נֶאֱסָף		מְאֻסָּף			מָאֳסָף
mp	אֲסוּפִים	נֶאֱסָפִים		מְאֻסָּפִים			מָאֳסָפִים
fs	אֲסוּפָה	נֶאֱסָפָה		מְאֻסָּפָה			מָאֳסָפָה
fp	אֲסוּפוֹת	נֶאֱסָפוֹת		מְאֻסָּפוֹת			מָאֳסָפוֹת
			wayyiqṭol (Waw Consecutive)				
3ms	וַיֶּאֱסֹף	וַיֵּאָסֵף				וַיַּאֲסֵף	

	Qal	Niph^{c}al	Pi^{c}el	Pu^{c}al	Hitpa^{c}el	Hiph^{c}il	Hoph^{c}al
				qaṭal (Perfect)			
3ms	בָּחַר	נִבְחַר	בִּחֵר	בֻּחַר	הִתְבַּחֵר	הִבְחִיר	הָבְחַר
3fs	בָּחֲרָה	נִבְחֲרָה	בִּחֲרָה	בֻּחֲרָה	הִתְבַּחֲרָה	הִבְחִירָה	הָבְחֲרָה
2ms	בָּחַרְתָּ	נִבְחַרְתָּ	בִּחַרְתָּ	בֻּחַרְתָּ	הִתְבַּחַרְתָּ	הִבְחַרְתָּ	הָבְחַרְתָּ
2fs	בָּחַרְתְּ	נִבְחַרְתְּ	בִּחַרְתְּ	בֻּחַרְתְּ	הִתְבַּחַרְתְּ	הִבְחַרְתְּ	הָבְחַרְתְּ
1cs	בָּחַרְתִּי	נִבְחַרְתִּי	בִּחַרְתִּי	בֻּחַרְתִּי	הִתְבַּחַרְתִּי	הִבְחַרְתִּי	הָבְחַרְתִּי
3cp	בָּחֲרוּ	נִבְחֲרוּ	בִּחֲרוּ	בֻּחֲרוּ	הִתְבַּחֲרוּ	הִבְחִירוּ	הָבְחֲרוּ
2mp	בְּחַרְתֶּם	נִבְחַרְתֶּם	בִּחַרְתֶּם	בֻּחַרְתֶּם	הִתְבַּחַרְתֶּם	הִבְחַרְתֶּם	הָבְחַרְתֶּם
2fp	בְּחַרְתֶּן	נִבְחַרְתֶּן	בִּחַרְתֶּן	בֻּחַרְתֶּן	הִתְבַּחַרְתֶּן	הִבְחַרְתֶּן	הָבְחַרְתֶּן
1cp	בָּחַרְנוּ	נִבְחַרְנוּ	בִּחַרְנוּ	בֻּחַרְנוּ	הִתְבַּחַרְנוּ	הִבְחַרְנוּ	הָבְחַרְנוּ
				yiqṭol (Imperfect)			
3ms	יִבְחַר	יִבָּחֵר	יְבַחֵר	יְבֻחַר	יִתְבַּחֵר	יַבְחִיר	יָבְחַר
3fs	תִּבְחַר	תִּבָּחֵר	תְּבַחֵר	תְּבֻחַר	תִּתְבַּחֵר	תַּבְחִיר	תָּבְחַר
2ms	תִּבְחַר	תִּבָּחֵר	תְּבַחֵר	תְּבֻחַר	תִּתְבַּחֵר	תַּבְחִיר	תָּבְחַר
2fs	תִּבְחֲרִי	תִּבָּחֲרִי	תְּבַחֲרִי	תְּבֻחֲרִי	תִּתְבַּחֲרִי	תַּבְחִירִי	תָּבְחֲרִי
1cs	אֶבְחַר	אֶבָּחֵר	אֲבַחֵר	אֲבֻחַר	אֶתְבַּחֵר	אַבְחִיר	אָבְחַר
3mp	יִבְחֲרוּ	יִבָּחֲרוּ	יְבַחֲרוּ	יְבֻחֲרוּ	יִתְבַּחֲרוּ	יַבְחִירוּ	יָבְחֲרוּ
3fp	תִּבְחַרְנָה	תִּבָּחַרְנָה	תְּבַחֵרְנָה	תְּבֻחַרְנָה	תִּתְבַּחֵרְנָה	תַּבְחֵרְנָה	תָּבְחַרְנָה
2mp	תִּבְחֲרוּ	תִּבָּחֲרוּ	תְּבַחֲרוּ	תְּבֻחֲרוּ	תִּתְבַּחֲרוּ	תַּבְחִירוּ	תָּבְחֲרוּ
2fp	תִּבְחַרְנָה	תִּבָּחַרְנָה	תְּבַחֵרְנָה	תְּבֻחַרְנָה	תִּתְבַּחֵרְנָה	תַּבְחֵרְנָה	תָּבְחַרְנָה
1cp	נִבְחַר	נִבָּחֵר	נְבַחֵר	נְבֻחַר	נִתְבַּחֵר	נַבְחִיר	נָבְחַר

Imperative

ms	בְּחַר	הִבָּחֵר	בַּחֵר		הִתְבַּחֵר	הַבְחֵר	
fs	בַּחֲרִי	הִבָּחֲרִי	בַּחֲרִי		הִתְבַּחֲרִי	הַבְחִ֫ירִי	
mp	בַּחֲרוּ	הִבָּחֲרוּ	בַּחֲרוּ		הִתְבַּחֲרוּ	הַבְחִ֫ירוּ	
fp	בְּחַ֫רְנָה	הִבָּחַ֫רְנָה	בַּחֵ֫רְנָה		הִתְבַּחֵ֫רְנָה	הַבְחֵ֫רְנָה	

Infinitive Construct

	בְּחֹר	הִבָּחֵר	בַּחֵר	בֹּחַר	הִתְבַּחֵר	הַבְחִיר	הָבְחַר

Infinitive Absolute

	בָּחוֹר	נִבְחֹר	בַּחֵר		הִתְבַּחֵר	הַבְחֵר	הָבְחֵר

Active Participle

ms	בֹּחֵר		מְבַחֵר		מִתְבַּחֵר	מַבְחִיר	
mp	בֹּחֲרִים		מְבַחֲרִים		מִתְבַּחֲרִים	מַבְחִירִים	
fs	בֹּחֲרָה		מְבַחֲרָה		מִתְבַּחֲרָה	מַבְחִירָה	
fp	בֹּחֲרוֹת		מְבַחֲרוֹת		מִתְבַּחֲרוֹת	מַבְחִירוֹת	

Passive Participle

ms	בָּחוּר	נִבְחָר		מְבֶחָר			מָבְחָר
mp	בְּחוּרִים	נִבְחָרִים		מְבֶחֲרִים			מָבְחָרִים
fs	בְּחוּרָה	נִבְחָרָה		מְבֶחֲרָה			מָבְחָרָה
fp	בְּחוּרוֹת	נִבְחָרוֹת		מְבֶחֲרוֹת			מָבְחָרוֹת

wayyiqṭol (Waw Consecutive)

3ms	וַיִּבְחַר	וַיִּבָּ֫חֶר	וַיְבַ֫חֶר	וַיְבֻ֫חַר	וַיִּתְבַּ֫חֶר		

	Qal	Niphᶜal	Piᶜel	Puᶜal	Hitpaᶜel	Hiphᶜil	Hophᶜal
				qaṭal (Perfect)			
3ms	שָׁמַע	נִשְׁמַע	שִׁמַּע	שֻׁמַּע	הִשְׁתַּמַּע	הִשְׁמִיעַ	הָשְׁמַע
3fs	שָֽׁמְעָה	נִשְׁמְעָה	שִׁמְּעָה	שֻׁמְּעָה	הִשְׁתַּמְּעָה	הִשְׁמִ֫יעָה	הָשְׁמְעָה
2ms	שָׁמַ֫עְתָּ	נִשְׁמַ֫עְתָּ	שִׁמַּ֫עְתָּ	שֻׁמַּ֫עְתָּ	הִשְׁתַּמַּ֫עְתָּ	הִשְׁמַ֫עְתָּ	הָשְׁמַ֫עְתָּ
2fs	שָׁמַ֫עַתְּ	נִשְׁמַ֫עַתְּ	שִׁמַּ֫עַתְּ	שֻׁמַּ֫עַתְּ	הִשְׁתַּמַּ֫עַתְּ	הִשְׁמַ֫עַתְּ	הָשְׁמַ֫עַתְּ
1cs	שָׁמַ֫עְתִּי	נִשְׁמַ֫עְתִּי	שִׁמַּ֫עְתִּי	שֻׁמַּ֫עְתִּי	הִשְׁתַּמַּ֫עְתִּי	הִשְׁמַ֫עְתִּי	הָשְׁמַ֫עְתִּי
3cp	שָֽׁמְעוּ	נִשְׁמְעוּ	שִׁמְּעוּ	שֻׁמְּעוּ	הִשְׁתַּמְּעוּ	הִשְׁמִ֫יעוּ	הָשְׁמְעוּ
2mp	שְׁמַעְתֶּם	נִשְׁמַעְתֶּם	שִׁמַּעְתֶּם	שֻׁמַּעְתֶּם	הִשְׁתַּמַּעְתֶּם	הִשְׁמַעְתֶּם	הָשְׁמַעְתֶּם
2fp	שְׁמַעְתֶּן	נִשְׁמַעְתֶּן	שִׁמַּעְתֶּן	שֻׁמַּעְתֶּן	הִשְׁתַּמַּעְתֶּן	הִשְׁמַעְתֶּן	הָשְׁמַעְתֶּן
1cp	שָׁמַ֫עְנוּ	נִשְׁמַ֫עְנוּ	שִׁמַּ֫עְנוּ	שֻׁמַּ֫עְנוּ	הִשְׁתַּמַּ֫עְנוּ	הִשְׁמַ֫עְנוּ	הָשְׁמַ֫עְנוּ
				yiqṭol (Imperfect)			
3ms	יִשְׁמַע	יִשָּׁמַע	יְשַׁמַּע	יְשֻׁמַּע	יִשְׁתַּמַּע	יַשְׁמִיעַ	יָשְׁמַע
3fs	תִּשְׁמַע	תִּשָּׁמַע	תְּשַׁמַּע	תְּשֻׁמַּע	תִּשְׁתַּמַּע	תַּשְׁמִיעַ	תָּשְׁמַע
2ms	תִּשְׁמַע	תִּשָּׁמַע	תְּשַׁמַּע	תְּשֻׁמַּע	תִּשְׁתַּמַּע	תַּשְׁמִיעַ	תָּשְׁמַע
2fs	תִּשְׁמְעִי	תִּשָּֽׁמְעִי	תְּשַׁמְּעִי	תְּשֻׁמְּעִי	תִּשְׁתַּמְּעִי	תַּשְׁמִ֫יעִי	תָּשְׁמְעִי
1cs	אֶשְׁמַע	אֶשָּׁמַע	אֲשַׁמַּע	אֲשֻׁמַּע	אֶשְׁתַּמַּע	אַשְׁמִיעַ	אָשְׁמַע
3mp	יִשְׁמְעוּ	יִשָּֽׁמְעוּ	יְשַׁמְּעוּ	יְשֻׁמְּעוּ	יִשְׁתַּמְּעוּ	יַשְׁמִ֫יעוּ	יָשְׁמְעוּ
3fp	תִּשְׁמַ֫עְנָה	תִּשָּׁמַ֫עְנָה	תְּשַׁמַּ֫עְנָה	תְּשֻׁמַּ֫עְנָה	תִּשְׁתַּמַּ֫עְנָה	תַּשְׁמַ֫עְנָה	תָּשְׁמַ֫עְנָה
2mp	תִּשְׁמְעוּ	תִּשָּֽׁמְעוּ	תְּשַׁמְּעוּ	תְּשֻׁמְּעוּ	תִּשְׁתַּמְּעוּ	תַּשְׁמִ֫יעוּ	תָּשְׁמְעוּ
2fp	תִּשְׁמַ֫עְנָה	תִּשָּׁמַ֫עְנָה	תְּשַׁמַּ֫עְנָה	תְּשֻׁמַּ֫עְנָה	תִּשְׁתַּמַּ֫עְנָה	תַּשְׁמַ֫עְנָה	תָּשְׁמַ֫עְנָה
1cp	נִשְׁמַע	נִשָּׁמַע	נְשַׁמַּע	נְשֻׁמַּע	נִשְׁתַּמַּע	נַשְׁמִיעַ	נָשְׁמַע

				Imperative			
ms	שְׁמַע	הִשָּׁמַע	שַׁמַּע		הִשְׁתַּמַּע	הַשְׁמַע	
fs	שִׁמְעִי	הִשָּֽׁמְעִי	שַׁמְּעִי		הִשְׁתַּמְּעִי	הַשְׁמִ֫יעִי	
mp	שִׁמְעוּ	הִשָּֽׁמְעוּ	שַׁמְּעוּ		הִשְׁתַּמְּעוּ	הַשְׁמִ֫יעוּ	
fp	שְׁמַ֫עְנָה	הִשָּׁמַ֫עְנָה	שַׁמַּ֫עְנָה		הִשְׁתַּמַּ֫עְנָה	הַשְׁמַ֫עְנָה	
				Infinitive Construct			
	שְׁמֹעַ	הִשָּׁמַע	שַׁמַּע	שֻׁמַּע	הִשְׁתַּמַּע	הַשְׁמִיעַ	הָשְׁמַע
				Infinitive Absolute			
	שָׁמוֹעַ	נִשְׁמֹעַ	שַׁמֵּעַ	שֻׁמֹּעַ	הִשְׁתַּמֹּעַ	הַשְׁמֵעַ	הָשְׁמֵעַ
				Active Participle			
ms	שֹׁמֵעַ		מְשַׁמֵּעַ		מִשְׁתַּמֵּעַ	מַשְׁמִיעַ	
mp	שֹׁמְעִים		מְשַׁמְּעִים		מִשְׁתַּמְּעִים	מַשְׁמִיעִים	
fs	שֹׁמְעָה		מְשַׁמְּעָה		מִשְׁתַּמְּעָה	מַשְׁמִיעָה	
fp	שֹׁמְעוֹת		מְשַׁמְּעוֹת		מִשְׁתַּמְּעוֹת	מַשְׁמִיעוֹת	
				Passive Participle			
ms	שָׁמוּעַ	נִשְׁמָע		מְשֻׁמָּע			מָשְׁמָע
mp	שְׁמוּעִים	נִשְׁמָעִים		מְשֻׁמָּעִים			מָשְׁמָעִים
fs	שְׁמוּעָה	נִשְׁמָעָה		מְשֻׁמָּעָה			מָשְׁמָעָה
fp	שְׁמוּעוֹת	נִשְׁמָעוֹת		מְשֻׁמָּעוֹת			מָשְׁמָעוֹת
				***wayyiqṭol* (Waw Consecutive)**			
3ms	וַיִּשְׁמַע	וַיִּשָּׁמַע	וַיְשַׁמַּע	וַיְשֻׁמַּע	וַיִּשְׁתַּמַּע	וַיַּשְׁמַע	וַיָּשְׁמַע

	Qal	Niphᶜal	Piᶜel	Puᶜal	Hitpaᶜel	Hiphᶜil	Hophᶜal
				qaṭal (Perfect)			
3ms	מָצָא	נִמְצָא	מִצֵּא	מֻצָּא	הִתְמַצֵּא	הִמְצִיא	הֻמְצָא
3fs	מָֽצְאָה	נִמְצְאָה	מִצְּאָה	מֻצְּאָה	הִתְמַצְּאָה	הִמְצִיאָה	הֻמְצְאָה
2ms	מָצָאתָ	נִמְצֵאתָ	מִצֵּאתָ	מֻצֵּאתָ	הִתְמַצֵּאתָ	הִמְצֵאתָ	הֻמְצֵאתָ
2fs	מָצָאת	נִמְצֵאת	מִצֵּאת	מֻצֵּאת	הִתְמַצֵּאת	הִמְצֵאת	הֻמְצֵאת
1cs	מָצָאתִי	נִמְצֵאתִי	מִצֵּאתִי	מֻצֵּאתִי	הִתְמַצֵּאתִי	הִמְצֵאתִי	הֻמְצֵאתִי
3cp	מָֽצְאוּ	נִמְצְאוּ	מִצְּאוּ	מֻצְּאוּ	הִתְמַצְּאוּ	הִמְצִיאוּ	הֻמְצְאוּ
2mp	מְצָאתֶם	נִמְצֵאתֶם	מִצֵּאתֶם	מֻצֵּאתֶם	הִתְמַצֵּאתֶם	הִמְצֵאתֶם	הֻמְצֵאתֶם
2fp	מְצָאתֶן	נִמְצֵאתֶן	מִצֵּאתֶן	מֻצֵּאתֶן	הִתְמַצֵּאתֶן	הִמְצֵאתֶן	הֻמְצֵאתֶן
1cp	מָצָאנוּ	נִמְצֵאנוּ	מִצֵּאנוּ	מֻצֵּאנוּ	הִתְמַצֵּאנוּ	הִמְצֵאנוּ	הֻמְצֵאנוּ
				yiqṭol (Imperfect)			
3ms	יִמְצָא	יִמָּצֵא	יְמַצֵּא	יְמֻצָּא	יִתְמַצֵּא	יַמְצִיא	יֻמְצָא
3fs	תִּמְצָא	תִּמָּצֵא	תְּמַצֵּא	תְּמֻצָּא	תִּתְמַצֵּא	תַּמְצִיא	תֻּמְצָא
2ms	תִּמְצָא	תִּמָּצֵא	תְּמַצֵּא	תְּמֻצָּא	תִּתְמַצֵּא	תַּמְצִיא	תֻּמְצָא
2fs	תִּמְצְאִי	תִּמָּצְאִי	תְּמַצְּאִי	תְּמֻצְּאִי	תִּתְמַצְּאִי	תַּמְצִיאִי	תֻּמְצְאִי
1cs	אֶמְצָא	אֶמָּצֵא	אֲמַצֵּא	אֲמֻצָּא	אֶתְמַצֵּא	אַמְצִיא	אֻמְצָא
3mp	יִמְצְאוּ	יִמָּצְאוּ	יְמַצְּאוּ	יְמֻצְּאוּ	יִתְמַצְּאוּ	יַמְצִיאוּ	יֻמְצְאוּ
3fp	תִּמְצֶאנָה	תִּמָּצֶאנָה	תְּמַצֶּאנָה	תְּמֻצֶּאנָה	תִּתְמַצֶּאנָה	תַּמְצֶאנָה	תֻּמְצֶאנָה
2mp	תִּמְצְאוּ	תִּמָּצְאוּ	תְּמַצְּאוּ	תְּמֻצְּאוּ	תִּתְמַצְּאוּ	תַּמְצִיאוּ	תֻּמְצְאוּ
2fp	תִּמְצֶאנָה	תִּמָּצֶאנָה	תְּמַצֶּאנָה	תְּמֻצֶּאנָה	תִּתְמַצֶּאנָה	תַּמְצֶאנָה	תֻּמְצֶאנָה
1cp	נִמְצָא	נִמָּצֵא	נְמַצֵּא	נְמֻצָּא	נִתְמַצֵּא	נַמְצִיא	נֻמְצָא

				Imperative			
ms	מְצָא	הִמָּצֵא	מַצֵּא		הִתְמַצֵּא	הַמְצֵא	
fs	מִצְאִי	הִמָּצְאִי	מַצְּאִי		הִתְמַצְּאִי	הַמְצִ֫יאִי	
mp	מִצְאוּ	הִמָּצְאוּ	מַצְּאוּ		הִתְמַצְּאוּ	הַמְצִ֫יאוּ	
fp	מְצֶ֫אנָה	הִמָּצֶ֫אנָה	מַצֶּ֫אנָה		הִתְמַצֶּ֫אנָה	הַמְצֶ֫אנָה	
				Infinitive Construct			
	מְצֹא	הִמָּצֵא	מַצֵּא	מֻצָּא	הִתְמַצֵּא	הַמְצִיא	הֻמְצָא
				Infinitive Absolute			
	מָצוֹא	נִמְצֹא	מַצֹּא	מֻצֹּא	הִתְמַצֵּא	הַמְצֵא	הֻמְצֵא
				Active Participle			
ms	מֹצֵא		מְמַצֵּא		מִתְמַצֵּא	מַמְצִיא	
mp	מֹצְאִים		מְמַצְּאִים		מִתְמַצְּאִים	מַמְצִיאִים	
fs	מֹצֵאת		מְמַצֵּאת		מִתְמַצֵּאת	מַמְצִיאָה	
fp	מֹצְאוֹת		מְמַצְּאוֹת		מִתְמַצְּאוֹת	מַמְצִיאוֹת	
				Passive Participle			
ms	מָצוּא	נִמְצָא		מְמֻצָּא			מֻמְצָא
mp	מְצוּאִים	נִמְצָאִים		מְמֻצָּאִים			מֻמְצָאִים
fs	מְצוּאָה	נִמְצֵאת		מְמֻצָּאָה			מֻמְצָאָה
fp	מְצוּאוֹת	נִמְצָאוֹת		מְמֻצָּאוֹת			מֻמְצָאוֹת
				***wayyiqṭol* (Waw Consecutive)**			
3ms	וַיִּמְצָא	וַיִּמָּצֵא	וַיְמַצֵּא	וַיְמֻצָּא	וַיִּתְמַצֵּא	וַיַּמְצֵא	וַיֻּמְצָא

	Qal	Niph^{c}al	Pi^{c}el	Pu^{c}al	Hitpa^{c}el	Hiph^{c}il	Hoph^{c}al
				qaṭal (Perfect)			
3ms	בָּנָה	נִבְנָה	בִּנָּה	בֻּנָּה	הִתְבַּנָּה	הִבְנָה	הָבְנָה
3fs	בָּֽנְתָה	נִבְנְתָה	בִּנְּתָה	בֻּנְּתָה	הִתְבַּנְּתָה	הִבְנְתָה	הָבְנְתָה
2ms	בָּנִ֫יתָ	נִבְנֵ֫יתָ	בִּנִּ֫יתָ	בֻּנֵּ֫יתָ	הִתְבַּנִּ֫יתָ	הִבְנִ֫יתָ	הָבְנֵ֫יתָ
2fs	בָּנִית	נִבְנֵית	בִּנִּית	בֻּנֵּית	הִתְבַּנִּית	הִבְנִית	הָבְנֵית
1cs	בָּנִ֫יתִי	נִבְנֵ֫יתִי	בִּנִּ֫יתִי	בֻּנֵּ֫יתִי	הִתְבַּנִּ֫יתִי	הִבְנִ֫יתִי	הָבְנֵ֫יתִי
3cp	בָּנוּ	נִבְנוּ	בִּנּוּ	בֻּנּוּ	הִתְבַּנּוּ	הִבְנוּ	הָבְנוּ
2mp	בְּנִיתֶם	נִבְנֵיתֶם	בִּנִּיתֶם	בֻּנֵּיתֶם	הִתְבַּנִּיתֶם	הִבְנִיתֶם	הָבְנֵיתֶם
2fp	בְּנִיתֶן	נִבְנֵיתֶן	בִּנִּיתֶן	בֻּנֵּיתֶן	הִתְבַּנִּיתֶן	הִבְנִיתֶן	הָבְנֵיתֶן
1cp	בָּנִ֫ינוּ	נִבְנֵ֫ינוּ	בִּנִּ֫ינוּ	בֻּנֵּ֫ינוּ	הִתְבַּנִּ֫ינוּ	הִבְנִ֫ינוּ	הָבְנֵ֫ינוּ
				yiqṭol (Imperfect)			
3ms	יִבְנֶה	יִבָּנֶה	יְבַנֶּה	יְבֻנֶּה	יִתְבַּנֶּה	יַבְנֶה	יָבְנֶה
3fs	תִּבְנֶה	תִּבָּנֶה	תְּבַנֶּה	תְּבֻנֶּה	תִּתְבַּנֶּה	תַּבְנֶה	תָּבְנֶה
2ms	תִּבְנֶה	תִּבָּנֶה	תְּבַנֶּה	תְּבֻנֶּה	תִּתְבַּנֶּה	תַּבְנֶה	תָּבְנֶה
2fs	תִּבְנִי	תִּבָּנִי	תְּבַנִּי	תְּבֻנִּי	תִּתְבַּנִּי	תַּבְנִי	תָּבְנִי
1cs	אֶבְנֶה	אֶבָּנֶה	אֲבַנֶּה	אֲבֻנֶּה	אֶתְבַּנֶּה	אַבְנֶה	אָבְנֶה
3mp	יִבְנוּ	יִבָּנוּ	יְבַנּוּ	יְבֻנּוּ	יִתְבַּנּוּ	יַבְנוּ	יָבְנוּ
3fp	תִּבְנֶ֫ינָה	תִּבָּנֶ֫ינָה	תְּבַנֶּ֫ינָה	תְּבֻנֶּ֫ינָה	תִּתְבַּנֶּ֫ינָה	תַּבְנֶ֫ינָה	תָּבְנֶ֫ינָה
2mp	תִּבְנוּ	תִּבָּנוּ	תְּבַנּוּ	תְּבֻנּוּ	תִּתְבַּנּוּ	תַּבְנוּ	תָּבְנוּ
2fp	תִּבְנֶ֫ינָה	תִּבָּנֶ֫ינָה	תְּבַנֶּ֫ינָה	תְּבֻנֶּ֫ינָה	תִּתְבַּנֶּ֫ינָה	תַּבְנֶ֫ינָה	תָּבְנֶ֫ינָה
1cp	נִבְנֶה	נִבָּנֶה	נְבַנֶּה	נְבֻנֶּה	נִתְבַּנֶּה	נַבְנֶה	נָבְנֶה

Imperative

ms	בְּנֵה	הִבָּנֵה	בַּנֵּה		הִתְבַּנֵּה	הַבְנֵה	
fs	בְּנִי	הִבָּנִי	בַּנִּי		הִתְבַּנִּי	הַבְנִי	
mp	בְּנוּ	הִבָּנוּ	בַּנּוּ		הִתְבַּנּוּ	הַבְנוּ	
fp	בְּנֶ֫ינָה	הִבָּנֶ֫ינָה	בַּנֶּ֫ינָה		הִתְבַּנֶּ֫ינָה	הַבְנֶ֫ינָה	

Infinitive Construct

	בְּנוֹת	הִבָּנוֹת	בַּנּוֹת	בֻּנּוֹת	הִתְבַּנּוֹת	הַבְנוֹת	הָבְנוֹת

Infinitive Absolute

	בָּנֹה	נִבְנֹה	בַּנֹּה	בֻּנֹּה	הִתְבַּנֹּה	הַבְנֵה	הָבְנֵה

Active Participle

ms	בֹּנֶה		מְבַנֶּה		מִתְבַּנֶּה	מַבְנֶה	
mp	בֹּנִים		מְבַנִּים		מִתְבַּנִּים	מַבְנִים	
fs	בֹּנָה		מְבַנָּה		מִתְבַּנָּה	מַבְנָה	
fp	בֹּנוֹת		מְבַנּוֹת		מִתְבַּנּוֹת	מַבְנוֹת	

Passive Participle

ms	בָּנוּי	נִבְנֶה		מְבֻנֶּה			מָבְנֶה
mp	בְּנוּיִים	נִבְנִים		מְבֻנִּים			מָבְנִים
fs	בְּנוּיָה	נִבְנָה		מְבֻנָּה			מָבְנָה
fp	בְּנוּיוֹת	נִבְנוֹת		מְבֻנּוֹת			מָבְנוֹת

wayyiqṭol (Waw Consecutive)

3ms	וַיִּ֫בֶן	וַיִּבָּן	וַיְבַן	וַיְבֻן	וַיִּתְבַּן	וַיֶּ֫בֶן	

	Qal	Niph^cal	Pi^cel	Pu^cal	Hitpa^cel	Hiph^cil	Hoph^cal
				qaṭal (Perfect)			
3ms	נָגַד	נִגַּד	נִגֵּד	נֻגַּד	הִתְנַגֵּד	הִגִּיד	הֻגַּד
3fs	נָֽגְדָה	נִגְּדָה	נִגְּדָה	נֻגְּדָה	הִתְנַגְּדָה	הִגִּ֫ידָה	הֻגְּדָה
2ms	נָגַ֫דְתָּ	נִגַּ֫דְתָּ	נִגַּ֫דְתָּ	נֻגַּ֫דְתָּ	הִתְנַגַּ֫דְתָּ	הִגַּ֫דְתָּ	הֻגַּ֫דְתָּ
2fs	נָגַדְתְּ	נִגַּדְתְּ	נִגַּדְתְּ	נֻגַּדְתְּ	הִתְנַגַּדְתְּ	הִגַּדְתְּ	הֻגַּדְתְּ
1cs	נָגַ֫דְתִּי	נִגַּ֫דְתִּי	נִגַּ֫דְתִּי	נֻגַּ֫דְתִּי	הִתְנַגַּ֫דְתִּי	הִגַּ֫דְתִּי	הֻגַּ֫דְתִּי
3cp	נָֽגְדוּ	נִגְּדוּ	נִגְּדוּ	נֻגְּדוּ	הִתְנַגְּדוּ	הִגִּ֫ידוּ	הֻגְּדוּ
2mp	נְגַדְתֶּם	נִגַּדְתֶּם	נִגַּדְתֶּם	נֻגַּדְתֶּם	הִתְנַגַּדְתֶּם	הִגַּדְתֶּם	הֻגַּדְתֶּם
2fp	נְגַדְתֶּן	נִגַּדְתֶּן	נִגַּדְתֶּן	נֻגַּדְתֶּן	הִתְנַגַּדְתֶּן	הִגַּדְתֶּן	הֻגַּדְתֶּן
1cp	נָגַ֫דְנוּ	נִגַּ֫דְנוּ	נִגַּ֫דְנוּ	נֻגַּ֫דְנוּ	הִתְנַגַּ֫דְנוּ	הִגַּ֫דְנוּ	הֻגַּ֫דְנוּ
				yiqṭol (Imperfect)			
3ms	יִגֹּד	יִנָּגֵד	יְנַגֵּד	יְנֻגַּד	יִתְנַגֵּד	יַגִּיד	יֻגַּד
3fs	תִּגֹּד	תִּנָּגֵד	תְּנַגֵּד	תְּנֻגַּד	תִּתְנַגֵּד	תַּגִּיד	תֻּגַּד
2ms	תִּגֹּד	תִּנָּגֵד	תְּנַגֵּד	תְּנֻגַּד	תִּתְנַגֵּד	תַּגִּיד	תֻּגַּד
2fs	תִּגְּדִי	תִּנָּֽגְדִי	תְּנַגְּדִי	תְּנֻגְּדִי	תִּתְנַגְּדִי	תַּגִּ֫ידִי	תֻּגְּדִי
1cs	אֶגֹּד	אֶנָּגֵד	אֲנַגֵּד	אֲנֻגַּד	אֶתְנַגֵּד	אַגִּיד	אֻגַּד
3mp	יִגְּדוּ	יִנָּֽגְדוּ	יְנַגְּדוּ	יְנֻגְּדוּ	יִתְנַגְּדוּ	יַגִּ֫ידוּ	יֻגְּדוּ
3fp	תִּגֹּ֫דְנָה	תִּנָּגַ֫דְנָה	תְּנַגֵּ֫דְנָה	תְּנֻגַּ֫דְנָה	תִּתְנַגֵּ֫דְנָה	תַּגֵּ֫דְנָה	תֻּגַּ֫דְנָה
2mp	תִּגְּדוּ	תִּנָּֽגְדוּ	תְּנַגְּדוּ	תְּנֻגְּדוּ	תִּתְנַגְּדוּ	תַּגִּ֫ידוּ	תֻּגְּדוּ
2fp	תִּגֹּ֫דְנָה	תִּנָּגַ֫דְנָה	תְּנַגֵּ֫דְנָה	תְּנֻגַּ֫דְנָה	תִּתְנַגֵּ֫דְנָה	תַּגֵּ֫דְנָה	תֻּגַּ֫דְנָה
1cp	נִגֹּד	נִנָּגֵד	נְנַגֵּד	נְנֻגַּד	נִתְנַגֵּד	נַגִּיד	נֻגַּד

Imperative							
ms	נְגֹד	הִנָּגֵד	נַגֵּד		הִתְנַגֵּד	הַגֵּד	
fs	נִגְדִי	הִנָּגְדִי	נַגְּדִי		הִתְנַגְּדִי	הַגִּידִי	
mp	נִגְדוּ	הִנָּגְדוּ	נַגְּדוּ		הִתְנַגְּדוּ	הַגִּידוּ	
fp	נְגֹדְנָה	הִנָּגַדְנָה	נַגֵּדְנָה		הִתְנַגֵּדְנָה	הַגֵּדְנָה	
Infinitive Construct							
	נְגֹד	הִנָּגֵד	נַגֵּד	נֻגַּד	הִתְנַגֵּד	הַגִּיד	הֻגַּד
Infinitive Absolute							
	נָגוֹד	הִנָּגֵד	נַגֹּד	נֻגֹּד	הִתְנַגֵּד	הַגֵּד	הֻגֵּד
Active Participle							
ms	נֹגֵד		מְנַגֵּד		מִתְנַגֵּד	מַגִּיד	
mp	נֹגְדִים		מְנַגְּדִים		מִתְנַגְּדִים	מַגִּידִים	
fs	נֹגְדָה		מְנַגְּדָה		מִתְנַגְּדָה	מַגִּידָה	
fp	נֹגְדוֹת		מְנַגְּדוֹת		מִתְנַגְּדוֹת	מַגִּידוֹת	
Passive Participle							
ms	נָגוּד	נִגָּד		מְנֻגָּד			מֻגָּד
mp	נְגוּדִים	נִגָּדִים		מְנֻגָּדִים			מֻגָּדִים
fs	נְגוּדָה	נִגָּדָה		מְנֻגָּדָה			מֻגָּדָה
fp	נְגוּדוֹת	נִגָּדוֹת		מְנֻגָּדוֹת			מֻגָּדוֹת
***wayyiqtol* (Waw Consecutive)**							
3ms	וַיִּגֹּד	וַיִּנָּגֶד	וַיְנַגֵּד	וַיְנֻגַּד	וַיִּתְנַגֵּד	וַיַּגֵּד	וַיֻּגַּד

	Qal	Niphᶜal	Polel	Polal	Hitpolel	Hiphᶜil	Hophᶜal
				qaṭal (Perfect)			
3ms	קָם	נָקוֹם	קוֹמֵם	קוֹמַם	הִתְקוֹמֵם	הֵקִים	הוּקַם
3fs	קָ֫מָה	נָ֫קוֹמָה	קוֹמְמָה	קוֹמְמָה	הִתְקוֹמְמָה	הֵ֫קִימָה	הוּקְמָה
2ms	קַ֫מְתָּ	נְקוּמ֫וֹתָ	קוֹמַ֫מְתָּ	קוֹמַ֫מְתָּ	הִתְקוֹמַ֫מְתָּ	הֲקִימ֫וֹתָ	הוּקַ֫מְתָּ
2fs	קַמְתְּ	נְקוּמוֹת	קוֹמַ֫מְתְּ	קוֹמַ֫מְתְּ	הִתְקוֹמַ֫מְתְּ	הֲקִימוֹת	הוּקַמְתְּ
1cs	קַ֫מְתִּי	נְקוּמ֫וֹתִי	קוֹמַ֫מְתִּי	קוֹמַ֫מְתִּי	הִתְקוֹמַ֫מְתִּי	הֲקִימ֫וֹתִי	הוּקַ֫מְתִּי
3cp	קָ֫מוּ	נָ֫קוֹמוּ	קוֹמְמוּ	קוֹמְמוּ	הִתְקוֹמְמוּ	הֵ֫קִימוּ	הוּקְמוּ
2mp	קַמְתֶּם	נְקוּמוֹתֶם	קוֹמַמְתֶּם	קוֹמַמְתֶּם	הִתְקוֹמַמְתֶּם	הֲקִימוֹתֶם	הוּקַמְתֶּם
2fp	קַמְתֶּן	נְקוּמוֹתֶן	קוֹמַמְתֶּן	קוֹמַמְתֶּן	הִתְקוֹמַמְתֶּן	הֲקִימוֹתֶן	הוּקַמְתֶּן
1cp	קַ֫מְנוּ	נְקוּמ֫וֹנוּ	קוֹמַ֫מְנוּ	קוֹמַ֫מְנוּ	הִתְקוֹמַ֫מְנוּ	הֲקִימ֫וֹנוּ	הוּקַ֫מְנוּ
				yiqṭol (Imperfect)			
3ms	יָקוּם	יִקּוֹם	יְקוֹמֵם	יְקוֹמַם	יִתְקוֹמֵם	יָקִים	יוּקַם
3fs	תָּקוּם	תִּקּוֹם	תְּקוֹמֵם	תְּקוֹמַם	תִּתְקוֹמֵם	תָּקִים	תּוּקַם
2ms	תָּקוּם	תִּקּוֹם	תְּקוֹמֵם	תְּקוֹמַם	תִּתְקוֹמֵם	תָּקִים	תּוּקַם
2fs	תָּ֫קוּמִי	תִּ֫קּוֹמִי	תְּקוֹמְמִי	תְּקוֹמְמִי	תִּתְקוֹמְמִי	תָּ֫קִימִי	תּוּקְמִי
1cs	אָקוּם	אֶקּוֹם	אֲקוֹמֵם	אֲקוֹמַם	אֶתְקוֹמֵם	אָקִים	אוּקַם
3mp	יָ֫קוּמוּ	יִ֫קּוֹמוּ	יְקוֹמְמוּ	יְקוֹמְמוּ	יִתְקוֹמְמוּ	יָ֫קִימוּ	יוּקְמוּ
3fp	תְּקוּמֶ֫ינָה	תִּקּ֫וֹמְנָה	תְּקוֹמֵ֫מְנָה	תְּקוֹמַ֫מְנָה	תִּתְקוֹמֵ֫מְנָה	תָּקֵ֫מְנָה	תּוּקַ֫מְנָה
2mp	תָּ֫קוּמוּ	תִּ֫קּוֹמוּ	תְּקוֹמְמוּ	תְּקוֹמְמוּ	תִּתְקוֹמְמוּ	תָּ֫קִימוּ	תּוּקְמוּ
2fp	תְּקוּמֶ֫ינָה	תִּקּ֫וֹמְנָה	תְּקוֹמֵ֫מְנָה	תְּקוֹמַ֫מְנָה	תִּתְקוֹמֵ֫מְנָה	תָּקֵ֫מְנָה	תּוּקַ֫מְנָה
1cp	נָקוּם	נִקּוֹם	נְקוֹמֵם	נְקוֹמַם	נִתְקוֹמֵם	נָקִים	נוּקַם

				Imperative			
ms	קוּם	הִקּוֹם	קוֹמֵם		הִתְקוֹמֵם	הָקֵם	
fs	קוּמִי	הִקּוֹמִי	קוֹמְמִי		הִתְקוֹמְמִי	הָקִימִי	
mp	קוּמוּ	הִקּוֹמוּ	קוֹמְמוּ		הִתְקוֹמְמוּ	הָקִימוּ	
fp	קֹמְנָה	הִקּוֹמְנָה	קוֹמֵמְנָה		הִתְקוֹמֵמְנָה	הָקֵמְנָה	
				Infinitive Construct			
	קוּם	הִקּוֹם	קוֹמֵם	קוֹמַם	הִתְקוֹמֵם	הָקִים	הוּקַם
				Infinitive Absolute			
	קוֹם	הִקּוֹם	קוֹמֵם	קוֹמַם	הִתְקוֹמֵם	הָקֵם	הוּקֵם
				Active Participle			
ms	קָם		מְקוֹמֵם		מִתְקוֹמֵם	מֵקִים	
mp	קָמִים		מְקוֹמְמִים			מְקִימִים	
fs	קָמָה		מְקוֹמְמָה			מְקִימָה	
fp	קָמוֹת		מְקוֹמְמוֹת		מִתְקוֹמֶמֶת	מְקִימוֹת	
				Passive Participle			
ms	קוּם	נָקוֹם		מְקוֹמָם			מוּקָם
mp		נְקוֹמִים					מוּקָמִים
fs		נְקוֹמָה					מוּקָמָה
fp		נְקוֹמוֹת					מוּקָמוֹת
				***wayyiqṭol* (Waw Consecutive)**			
3ms	וַיָּקָם	וַיִּקּוֹם				וַיָּקֶם	וַיּוּקַם

	Qal	Niphᶜal	Piᶜel	Puᶜal	Hitpaᶜel	Hiphᶜil	Hophᶜal
				qaṭal (Perfect)			
3ms	יָרַשׁ	נוֹרַשׁ	יִרֵשׁ	יֻרַשׁ	הִתְיַרֵשׁ	הוֹרִישׁ	הוּרַשׁ
3fs	יָֽרְשָׁה	נֽוֹרְשָׁה	יִרְשָׁה	יֻֽרְשָׁה	הִתְיַרְשָׁה	הוֹרִ֫ישָׁה	הֽוּרְשָׁה
2ms	יָרַ֫שְׁתָּ	נוֹרַ֫שְׁתָּ	יִרַ֫שְׁתָּ	יֻרַ֫שְׁתָּ	הִתְיַרַ֫שְׁתָּ	הוֹרַ֫שְׁתָּ	הוּרַ֫שְׁתָּ
2fs	יָרַשְׁתְּ	נוֹרַשְׁתְּ	יִרַשְׁתְּ	יֻרַשְׁתְּ	הִתְיַרַשְׁתְּ	הוֹרַשְׁתְּ	הוּרַשְׁתְּ
1cs	יָרַ֫שְׁתִּי	נוֹרַ֫שְׁתִּי	יִרַ֫שְׁתִּי	יֻרַ֫שְׁתִּי	הִתְיַרַ֫שְׁתִּי	הוֹרַ֫שְׁתִּי	הוּרַ֫שְׁתִּי
3cp	יָֽרְשׁוּ	נֽוֹרְשׁוּ	יִרְשׁוּ	יֻֽרְשׁוּ	הִתְיַרְשׁוּ	הוֹרִ֫ישׁוּ	הֽוּרְשׁוּ
2mp	יְרַשְׁתֶּם	נֽוֹרַשְׁתֶּם	יִרַשְׁתֶּם	יֻרַשְׁתֶּם	הִתְיַרַשְׁתֶּם	הֽוֹרַשְׁתֶּם	הֽוּרַשְׁתֶּם
2fp	יְרַשְׁתֶּן	נֽוֹרַשְׁתֶּן	יִרַשְׁתֶּן	יֻרַשְׁתֶּן	הִתְיַרַשְׁתֶּן	הֽוֹרַשְׁתֶּן	הֽוּרַשְׁתֶּן
1cp	יָרַ֫שְׁנוּ	נוֹרַ֫שְׁנוּ	יִרַ֫שְׁנוּ	יֻרַ֫שְׁנוּ	הִתְיַרַ֫שְׁנוּ	הוֹרַ֫שְׁנוּ	הוּרַ֫שְׁנוּ
				yiqṭol (Imperfect)			
3ms	יִירַשׁ	יִוָּרֵשׁ	יְיַרֵשׁ	יְיֻרַשׁ	יִתְיַרֵשׁ	יוֹרִישׁ	יוּרַשׁ
3fs	תִּירַשׁ	תִּוָּרֵשׁ	תְּיַרֵשׁ	תְּיֻרַשׁ	תִּתְיַרֵשׁ	תּוֹרִישׁ	תּוּרַשׁ
2ms	תִּירַשׁ	תִּוָּרֵשׁ	תְּיַרֵשׁ	תְּיֻרַשׁ	תִּתְיַרֵשׁ	תּוֹרִישׁ	תּוּרַשׁ
2fs	תִּֽירְשִׁי	תִּוָּֽרְשִׁי	תְּיַרְשִׁי	תְּיֻֽרְשִׁי	תִּתְיַרְשִׁי	תּוֹרִ֫ישִׁי	תֽוּרְשִׁי
1cs	אִירַשׁ	אִוָּרֵשׁ	אֲיַרֵשׁ	אֲיֻרַשׁ	אֶתְיַרֵשׁ	אוֹרִישׁ	אוּרַשׁ
3mp	יִֽירְשׁוּ	יִוָּֽרְשׁוּ	יְיַרְשׁוּ	יְיֻֽרְשׁוּ	יִתְיַרְשׁוּ	יוֹרִ֫ישׁוּ	יֽוּרְשׁוּ
3fp	תִּירַ֫שְׁנָה	תִּוָּרַ֫שְׁנָה	תְּיַרֵ֫שְׁנָה	תְּיֻרַ֫שְׁנָה	תִּתְיַרֵ֫שְׁנָה	תּוֹרֵ֫שְׁנָה	תּוּרַ֫שְׁנָה
2mp	תִּֽירְשׁוּ	תִּוָּֽרְשׁוּ	תְּיַרְשׁוּ	תְּיֻֽרְשׁוּ	תִּתְיַרְשׁוּ	תּוֹרִ֫ישׁוּ	תֽוּרְשׁוּ
2fp	תִּירַ֫שְׁנָה	תִּוָּרַ֫שְׁנָה	תְּיַרֵ֫שְׁנָה	תְּיֻרַ֫שְׁנָה	תִּתְיַרֵ֫שְׁנָה	תּוֹרֵ֫שְׁנָה	תּוּרַ֫שְׁנָה
1cp	נִירַשׁ	נִוָּרֵשׁ	נְיַרֵשׁ	נְיֻרַשׁ	נִתְיַרֵשׁ	נוֹרִישׁ	נוּרַשׁ

			Imperative				
ms	רֵשׁ	הִוָּרֵשׁ	יַרֵשׁ		הִתְיַרֵשׁ	הוֹרֵשׁ	
fs	רְשִׁי	הִוָּרְשִׁי	יַרְשִׁי		הִתְיַרְשִׁי	הוֹרִ֫ישִׁי	
mp	רְשׁוּ	הִוָּרְשׁוּ	יַרְשׁוּ		הִתְיַרְשׁוּ	הוֹרִ֫ישׁוּ	
fp	רֵ֫שְׁנָה	הִוָּרַ֫שְׁנָה	יַרֵ֫שְׁנָה		הִתְיַרֵ֫שְׁנָה	הוֹרֵ֫שְׁנָה	
			Infinitive Construct				
	רֶ֫שֶׁת	הִוָּרֵשׁ	יַרֵשׁ	יֻרַשׁ	הִתְיַרֵשׁ	הוֹרִישׁ	הוּרַשׁ
			Infinitive Absolute				
	יָרוֹשׁ	הִוָּרֵשׁ	יַרֹּשׁ	יֻרֹשׁ	הִתְיַרֵשׁ	הוֹרֵשׁ	הוּרֵשׁ
			Active Participle				
ms	יוֹרֵשׁ		מְיַרֵשׁ		מִתְיַרֵשׁ	מוֹרִישׁ	
mp	יוֹרְשִׁים		מְיַרְשִׁים		מִתְיַרְשִׁים	מוֹרִישִׁים	
fs	יֹרְשָׁה		מְיַרְשָׁה		מִתְיַרְשָׁה	מוֹרִישָׁה	
fp			מְיַרְשׁוֹת		מִתְיַרְשׁוֹת	מוֹרִישׁוֹת	
			Passive Participle				
ms	יָרוּשׁ	נוֹרָשׁ		מְיֻרָשׁ			מוּרָשׁ
mp	יְרוּשִׁים	נוֹרָשִׁים		מְיֻרָשִׁים			מוּרָשִׁים
fs	יְרוּשָׁה	נוֹרָשָׁה		מְיֻרָשָׁה			מוּרָשָׁה
fp		נוֹרָשׁוֹת		מְיֻרָשׁוֹת			מוּרָשׁוֹת
			wayyiqṭol (Waw Consecutive)				
3ms	וַיֵּ֫רַשׁ	וַיִּוָּרֵשׁ				וַיּ֫וֹרֶשׁ	

	Qal	Niphᶜal	Piᶜel	Puᶜal	Hitpaᶜel	Hiphᶜil	Hophᶜal
			qaṭal (Perfect)				
3ms	יָטַב		יִטֵּב	יֻטַּב	הִתְיַטֵּב	הֵיטִיב	
3fs	יָטְבָה		יִטְּבָה	יֻטְּבָה	הִתְיַטְּבָה	הֵיטִיבָה	
2ms	יָטַבְתָּ		יִטַּבְתָּ	יֻטַּבְתָּ	הִתְיַטַּבְתָּ	הֵיטַבְתָּ	
2fs	יָטַבְתְּ		יִטַּבְתְּ	יֻטַּבְתְּ	הִתְיַטַּבְתְּ	הֵיטַבְתְּ	
1cs	יָטַבְתִּי		יִטַּבְתִּי	יֻטַּבְתִּי	הִתְיַטַּבְתִּי	הֵיטַבְתִּי	
3cp	יָטְבוּ		יִטְּבוּ	יֻטְּבוּ	הִתְיַטְּבוּ	הֵיטִיבוּ	
2mp	יְטַבְתֶּם		יִטַּבְתֶּם	יֻטַּבְתֶּם	הִתְיַטַּבְתֶּם	הֵיטַבְתֶּם	
2fp	יְטַבְתֶּן		יִטַּבְתֶּן	יֻטַּבְתֶּן	הִתְיַטַּבְתֶּן	הֵיטַבְתֶּן	
1cp	יָטַבְנוּ		יִטַּבְנוּ	יֻטַּבְנוּ	הִתְיַטַּבְנוּ	הֵיטַבְנוּ	
			yiqṭol (Imperfect)				
3ms	יִיטַב		יְיַטֵּב	יְיֻטַּב	יִתְיַטֵּב	יֵיטִיב	
3fs	תִּיטַב		תְּיַטֵּב	תְּיֻטַּב	תִּתְיַטֵּב	תֵּיטִיב	
2ms	תִּיטַב		תְּיַטֵּב	תְּיֻטַּב	תִּתְיַטֵּב	תֵּיטִיב	
2fs	תִּיטְבִי		תְּיַטְּבִי	תְּיֻטְּבִי	תִּתְיַטְּבִי	תֵּיטִיבִי	
1cs	אִיטַב		אֲיַטֵּב	אֲיֻטַּב	אֶתְיַטֵּב	אֵיטִיב	
3mp	יִיטְבוּ		יְיַטְּבוּ	יְיֻטְּבוּ	יִתְיַטְּבוּ	יֵיטִיבוּ	
3fp	תִּיטַבְנָה		תְּיַטֵּבְנָה	תְּיֻטַּבְנָה	תִּתְיַטֵּבְנָה	תֵּיטֵבְנָה	
2mp	תִּיטְבוּ		תְּיַטְּבוּ	תְּיֻטְּבוּ	תִּתְיַטְּבוּ	תֵּיטִיבוּ	
2fp	תִּיטַבְנָה		תְּיַטֵּבְנָה	תְּיֻטַּבְנָה	תִּתְיַטֵּבְנָה	תֵּיטֵבְנָה	
1cp	נִיטַב		נְיַטֵּב	נְיֻטַּב	נִתְיַטֵּב	נֵיטִיב	

			Imperative		
ms	טֵב	יַטֵּב		הִתְיַטֵּב	הֵיטֵב
fs	טְבִי	יַטְּבִי		הִתְיַטְּבִי	הֵיטִ֫יבִי
mp	טְבוּ	יַטְּבוּ		הִתְיַטְּבוּ	הֵיטִ֫יבוּ
fp	טֵ֫בְנָה	יַטֵּ֫בְנָה		הִתְיַטֵּ֫בְנָה	הֵיטֵ֫בְנָה
			Infinitive Construct		
	טֶ֫בֶת	יַטֵּב	יֻטַּב	הִתְיַטֵּב	הֵיטִיב
			Infinitive Absolute		
	יָטוֹב	יַטֹּב	יֻטֹּב	הִתְיַטֵּב	הֵיטֵב
			Active Participle		
ms	יֹטֵב	מְיַטֵּב		מִתְיַטֵּב	מֵיטִיב
mp	יֹטְבִים	מְיַטְּבִים		מִתְיַטְּבִים	מֵיטִיבִים
fs	יֹטְבָה	מְיַטְּבָה		מִתְיַטְּבָה	מֵיטִיבָה
fp	יֹטְבוֹת	מְיַטְּבוֹת		מִתְיַטְּבוֹת	מֵיטִיבוֹת
			Passive Participle		
ms			מְיֻטָּב		
mp			מְיֻטָּבִים		
fs			מְיֻטָּבָה		
fp			מְיֻטָּבוֹת		
			***wayyiqṭol* (Waw Consecutive)**		
3ms	וַיִּיטַב				

	Qal	Nipḥᶜal	Piᶜel	Puᶜal	Hitpaᶜel	Hipḥᶜil	Hopḥᶜal
				qaṭal (Perfect)			
3ms	סַב	נָסַב	סִבֵּב	סֻבַּב	הִסְתַּבֵּב	הֵסֵב	הוּסַב
3fs	סַ֫בָּה	נָסַ֫בָּה	סִבְּבָה	סֻבְּבָה	הִסְתַּבְּבָה	הֵסַ֫בָּה	הוּסַ֫בָּה
2ms	סַבּ֫וֹתָ	נְסַבּ֫וֹתָ	סִבַּ֫בְתָּ	סֻבַּ֫בְתָּ	הִסְתַּבַּ֫בְתָּ	הֲסִבּוֹתָ	הוּסַבּ֫וֹתָ
2fs	סַבּוֹת	נְסַבּוֹת	סִבַּבְתְּ	סֻבַּבְתְּ	הִסְתַּבַּבְתְּ	הֲסִבּוֹת	הוּסַבּוֹת
1cs	סַבּ֫וֹתִי	נְסַבּ֫וֹתִי	סִבַּ֫בְתִּי	סֻבַּ֫בְתִּי	הִסְתַּבַּ֫בְתִּי	הֲסִבּ֫וֹתִי	הוּסַבּ֫וֹתִי
3cp	סַ֫בּוּ	נָסַ֫בּוּ	סִבְּבוּ	סֻבְּבוּ	הִסְתַּבְּבוּ	הֵסַ֫בּוּ	הוּסַ֫בּוּ
2mp	סַבּוֹתֶם	נְסַבּוֹתֶם	סִבַּבְתֶּם	סֻבַּבְתֶּם	הִסְתַּבַּבְתֶּם	הֲסִבּוֹתֶם	הוּסַבּוֹתֶם
2fp	סַבּוֹתֶן	נְסַבּוֹתֶן	סִבַּבְתֶּן	סֻבַּבְתֶּן	הִסְתַּבַּבְתֶּן	הֲסִבּוֹתֶן	הוּסַבּוֹתֶן
1cp	סַבּ֫וֹנוּ	נְסַבּ֫וֹנוּ	סִבַּ֫בְנוּ	סֻבַּ֫בְנוּ	הִסְתַּבַּ֫בְנוּ	הֲסִבּ֫וֹנוּ	הוּסַבּ֫וֹנוּ
				yiqṭol (Imperfect)			
3ms	יָסֹב	יִסַּב	יְסַבֵּב	יְסֻבַּב	יִסְתַּבֵּב	יָסֵב	יוּסַב
3fs	תָּסֹב	תִּסַּב	תְּסַבֵּב	תְּסֻבַּב	תִּסְתַּבֵּב	תָּסֵב	תּוּסַב
2ms	תָּסֹב	תִּסַּב	תְּסַבֵּב	תְּסֻבַּב	תִּסְתַּבֵּב	תָּסֵב	תּוּסַב
2fs	תָּסֹ֫בִּי	תִּסַּ֫בִּי	תְּסַבְּבִי	תְּסֻבְּבִי	תִּסְתַּבְּבִי	תָּסֵ֫בִּי	תּוּסַ֫בִּי
1cs	אָסֹב	אֶסַּב	אֲסַבֵּב	אֲסֻבַּב	אֶסְתַּבֵּב	אָסֵב	אוּסַב
3mp	יָסֹ֫בּוּ	יִסַּ֫בּוּ	יְסַבְּבוּ	יְסֻבְּבוּ	יִסְתַּבְּבוּ	יָסֵ֫בּוּ	יוּסַ֫בּוּ
3fp	תְּסֻבֶּ֫ינָה	תִּסַּבֶּ֫ינָה	תְּסַבֵּ֫בְנָה	תְּסֻבַּ֫בְנָה	תִּסְתַּבֵּ֫בְנָה	תְּסִבֶּ֫ינָה	תּוּסַבֶּ֫ינָה
2mp	תָּסֹ֫בּוּ	תִּסַּ֫בּוּ	תְּסַבְּבוּ	תְּסֻבְּבוּ	תִּסְתַּבְּבוּ	תָּסֵ֫בּוּ	תּוּסַ֫בּוּ
2fp	תְּסֻבֶּ֫ינָה	תִּסַּבֶּ֫ינָה	תְּסַבֵּ֫בְנָה	תְּסֻבַּ֫בְנָה	תִּסְתַּבֵּ֫בְנָה	תְּסִבֶּ֫ינָה	תּוּסַבֶּ֫ינָה
1cp	נָסֹב	נִסַּב	נְסַבֵּב	נְסֻבַּב	נִסְתַּבֵּב	נָסֵב	נוּסַב

				Imperative			
ms	סֹב	הִסַּב	סַבֵּב		הִסְתַּבֵּב	הָסֵב	
fs	סֹ֫בִּי	הִסַּ֫בִּי	סַבְּבִי		הִסְתַּבְּבִי	הָסֵ֫בִּי	
mp	סֹ֫בּוּ	הִסַּ֫בּוּ	סַבְּבוּ		הִסְתַּבְּבוּ	הָסֵ֫בּוּ	
fp	סֻבֶּ֫ינָה	הִסַּבֶּ֫ינָה	סַבֵּ֫בְנָה		הִסְתַּבֵּ֫בְנָה	הֲסִבֶּ֫ינָה	
				Infinitive Construct			
	סֹב	הִסַּב	סַבֵּב	סֻבַּב	הִסְתַּבֵּב	הָסֵב	הוּסַב
				Infinitive Absolute			
	סָבוֹב	הִסֹּב	סַבֹּב	סֻבֹּב	הִסְתַּבֵּב	הָסֵב	הוּסֵב
				Active Participle			
ms	סֹבֵב		מְסַבֵּב		מִסְתַּבֵּב	מֵסֵב	
mp	סֹבְבִים		מְסַבְּבִים		מִסְתַּבְּבִים	מְסִבִּים	
fs	סֹבְבָה		מְסַבְּבָה		מִסְתַּבְּבָה	מְסִבָּה	
fp	סֹבְבוֹת		מְסַבְּבוֹת		מִסְתַּבְּבוֹת	מְסִבּוֹת	
				Passive Participle			
ms	סָבוּב	נָסָב		מְסֻבָּב			מוּסָב
mp	סְבוּבִים	נְסַבִּים		מְסֻבָּבִים			מוּסַבִּים
fs	סְבוּבָה	נְסַבָּה		מְסֻבָּבָה			מוּסַבָּה
fp	סְבֻבוֹת	נְסַבּוֹת		מְסֻבָּבוֹת			מוּסַבּוֹת
				wayyiqṭol (Waw Consecutive)			
3ms	וַיָּ֫סָב	וַיִּ֫סַּב	וַיְסַבֵּב	וַיְסֻבַּב	וַיִּסְתַּבֵּב	וַיָּ֫סֶב	וַיּוּסַב

Pronominal Suffixes on Strong Verbs

Here are pronominal suffixes attached to a strong Qal verb.

Suffixes on Perfects

	3ms	3fs	2ms	2fs	1cs
	כָּתַב	כָּֽתְבָה	כָּתַבְתָּ	כָּתַבְתְּ	כָּתַבְתִּי
1cs	כְּתָבַנִי	כְּתָבַתְנִי	כְּתַבְתַּנִי	כְּתַבְתִּינִי	
2ms	כְּתָבְךָ	כְּתָבַתְךָ			כְּתַבְתִּיךָ
2fs	כְּתָבֵךְ	כְּתָבָתֶךְ			כְּתַבְתִּיךְ
3ms	כְּתָבָהוּ/וֹ	כְּתָבַתְהוּ/תּוּ	כְּתַבְתָּהוּ/וֹ	כְּתַבְתִּיהוּ	כְּתַבְתִּיהוּ/ו
3fs	כְּתָבָהּ	כְּתָבַתָּה	כְּתַבְתָּהּ	כְּתַבְתִּיהָ	כְּתַבְתִּיהָ
1cp	כְּתָבָנוּ	כְּתָבַתְנוּ	כְּתַבְתָּנוּ	כְּתַבְתִּינוּ	
2mp					כְּתַבְתִּיכֶם
2fp					כְּתַבְתִּיכֶן
3mp	כְּתָבָם	כְּתָבָתַם	כְּתַבְתָּם	כְּתַבְתִּים	כְּתַבְתִּים
3fp	כְּתָבָן	כְּתָבָתַן	כְּתַבְתָּן	כְּתַבְתִּין	כְּתַבְתִּין

	3cp	2mp	2fp	1cp
	כָּֽתְבוּ	כְּתַבְתֶּם	כְּתַבְתֶּן	כָּתַבְנוּ
1cs	כְּתָבוּנִי	כְּתַבְתּוּנִי	כְּתַבְתּוּנִי	
2ms	כְּתָבוּךָ			כְּתַבְנוּךָ
2fs	כְּתָבוּךְ			כְּתַבְנוּךְ
3ms	כְּתָבוּהוּ	כְּתַבְתּוּהוּ	כְּתַבְתּוּהוּ	כְּתַבְנוּהוּ
3fs	כְּתָבוּהָ	כְּתַבְתּוּהָ	כְּתַבְתּוּהָ	כְּתַבְנוּהָ
1cp	כְּתָבוּנוּ	כְּתַבְתּוּנוּ	כְּתַבְתּוּנוּ	
2mp				כְּתַבְנוּכֶם
2fp				כְּתַבְנוּכֶן
3mp	כְּתָבוּם	כְּתַבְתּוּם	כְּתַבְתּוּם	כְּתַבְנוּם
3fp	כְּתָבוּן	כְּתַבְתּוּן	כְּתַבְתּוּן	כְּתַבְנוּן

Suffixes on Imperfects

	3ms	3fs	2ms	2fs	1cs
	יִכְתֹּב	תִּכְתֹּב	תִּכְתֹּב	תִּכְתְּבִי	אֶכְתֹּב
1cs	יִכְתְּבֵנִי	תִּכְתְּבֵנִי	תִּכְתְּבֵנִי	תִּכְתְּבִינִי	
2ms	יִכְתָּבְךָ	תִּכְתָּבְךָ			אֶכְתָּבְךָ
2fs	יִכְתְּבֵךְ	תִּכְתְּבֵךְ			אֶכְתְּבֵךְ
3ms	יִכְתְּבֵהוּ	תִּכְתְּבֵהוּ	תִּכְתְּבֵהוּ	תִּכְתְּבִיהוּ	אֶכְתְּבֵהוּ
3fs	יִכְתְּבֶהָ	תִּכְתְּבֶהָ	תִּכְתְּבֶהָ	תִּכְתְּבִיהָ	אֶכְתְּבֶהָ
1cp	יִכְתְּבֵנוּ	תִּכְתְּבֵנוּ	תִּכְתְּבֵנוּ	תִּכְתְּבִינוּ	
2mp	יִכְתָּבְכֶם	תִּכְתָּבְכֶם			אֶכְתָּבְכֶם
2fp	יִכְתָּבְכֶן	תִּכְתָּבְכֶן			אֶכְתָּבְכֶן
3mp	יִכְתְּבֵם	תִּכְתְּבֵם	תִּכְתְּבֵם	תִּכְתְּבִים	אֶכְתְּבֵם
3fp	יִכְתְּבֵן	תִּכְתְּבֵן	תִּכְתְּבֵן	תִּכְתְּבִין	אֶכְתְּבֵן

	3mp	3fp	2mp	2fp	1cp
	יִכְתְּבוּ	יִכְתְּבוּ	תִּכְתְּבוּ	תִּכְתְּבוּ	נִכְתֹּב
1cs	יִכְתְּבוּנִי	יִכְתְּבוּנִי	תִּכְתְּבוּנִי	תִּכְתְּבוּנִי	
2ms	יִכְתְּבוּךָ	יִכְתְּבוּךָ			נִכְתָּבְךָ
2fs	יִכְתְּבוּךְ	יִכְתְּבוּךְ			נִכְתְּבֵךְ
3ms	יִכְתְּבוּהוּ	יִכְתְּבוּהוּ	תִּכְתְּבוּהוּ	תִּכְתְּבוּהוּ	נִכְתְּבֵהוּ
3fs	יִכְתְּבוּהָ	יִכְתְּבוּהָ	תִּכְתְּבוּהָ	תִּכְתְּבוּהָ	נִכְתְּבֶהָ
1cp	יִכְתְּבוּנוּ	יִכְתְּבוּנוּ	תִּכְתְּבוּנוּ	תִּכְתְּבוּנוּ	
2mp	יִכְתְּבוּכֶם	יִכְתְּבוּכֶם			נִכְתָּבְכֶם
2fp	יִכְתְּבוּכֶן	יִכְתְּבוּכֶן			נִכְתָּבְכֶן
3mp	יִכְתְּבוּם	יִכְתְּבוּם	תִּכְתְּבוּם	תִּכְתְּבוּם	נִכְתְּבֵם
3fp	יִכְתְּבוּן	יִכְתְּבוּן	תִּכְתְּבוּן	תִּכְתְּבוּן	נִכְתְּבֵן

Suffixes on Imperatives

	ms	fs	mp
	כְּתֹב	כִּתְבִי	כִּתְבוּ
1cs	כָּתְבֵנִי	כִּתְבִינִי	כִּתְבוּנִי
3ms	כָּתְבֵהוּ	כִּתְבִיהוּ	כִּתְבוּהוּ
3fs	כָּתְבֶהָ	כִּתְבִיהָ	כִּתְבוּהָ
1cp	כָּתְבֵנוּ	כִּתְבִינוּ	כִּתְבוּנוּ
3mp	כָּתְבֵם	כִּתְבִים	כִּתְבוּם
3fp	כָּתְבֵן	כִּתְבִין	כִּתְבוּן

Suffixes on Infinitive Constructs

	With subject suffix	With object suffix
1cs	כָּתְבִי	כָּתְבֵנִי
2ms	כָּתְבְךָ	כְּתָבְךָ
2fs	כָּתְבֵךְ	כָּתְבֵךְ
3ms	כָּתְבוֹ	כָּתְבוֹ
3fs	כָּתְבָה	כָּתְבָה
1cp	כָּתְבֵנוּ	כָּתְבֵנוּ
2mp	כָּתְבָם	כְּתָבְכֶם
2fp	כָּתְבָן	כְּתָבְנֶם
3mp	כָּתְבָם	כָּתְבָם
3fp	כָּתְבָן	כָּתְבָן

Pronominal Suffixes on Lamed-He Verbs

Here are pronominal suffixes attached to a strong Qal verb.

Suffixes on Perfects

	3ms	3fs	2ms	2fs	1cs
	עָשָׂה	עֳשְׂתָה	עָשִׂ֫יתָ	עָשִׂית	עָשִׂ֫יתִי
1cs	עָשָׂ֫נִי	עָשָׂ֫תְנִי	עֲשִׂיתַ֫נִי	עֲשִׂיתִ֫נִי	
2ms	עֳשְׂךָ				עֲשִׂיתִ֫יךָ
2fs					עֲשִׂיתִיךְ
3ms	עָשָׂ֫הוּ				עֲשִׂיתִ֫יהוּ/ו
3fs	עָשָׂה		עֲשִׂיתָה		עֲשִׂיתִ֫יהָ
1cp	עָשָׂ֫נוּ				
2fp					
3mp	עָשָׂם		עֲשִׂיתָם		עֲשִׂיתִים

	3cp	2mp	2fp	1cp
	עָשׂוּ	עֲשִׂיתֶם	עֲשִׂיתֶן	עָשִׂ֫ינוּ
1cs	עָשׂ֫וּנִי			
2ms	עָשׂ֫וּךָ			
3ms	עָשׂ֫וּהוּ			
3fs	עָשׂ֫וּהָ			
2mp				
3mp	עָשׂוּם			

Suffixes on Imperfects

	3ms	3fs	2ms	2fs	1cs
	יַעֲשֶׂה	תַּעֲשֶׂה	תַּעֲשֶׂה	תַּעֲשִׂי	אֶעֱשֶׂה
1cs	יַעֲשֵׂנִי		יַעֲשֵׂנִי		
2ms	יַעַשְׂךָ	יַעֲשֶׂךָ			אֶעֶשְׂךָ
2fs					אֶעֱשֵׂךְ
3ms	יַעֲשֵׂהוּ		יַעֲשֶׂנּוּ		אֶעֱשֶׂנּוּ
3fs	יַעֲשֶׂהָ		יַעֲשֶׂהָ		אֶעֱשֶׂנָּה
2mp					
3mp	יַעֲשֵׂם		יַעֲשֵׂם		אֶעֱשֵׂם

	3mp	3fp	2mp	2fp	1cp
	יַעֲשׂוּ	תַּעֲשֶׂינָה	תַּעֲשׂוּ	תַּעֲשֶׂינָה	נַעֲשֶׂה
1cs	יַעֲשׂוּנִי		תַּעֲשׂוּנִי		
2fs					
3ms					נַעֲשֶׂנּוּ
3fs	יַעֲשׂוּהָ				נַעֲשֶׂנָּה
2mp					
3mp					

Synopsis of Hebrew Verbs in Qal

Pf.	Impf.	Impv.	Inf. Cons.	Inf. Abs.	Ptc.	Juss.	Wyqtl.
כָּתַב	יִכְתֹּב	כְּתֹב	כְּתֹב	כָּתוֹב	כֹּתֵב	יִכְתֹּב	וַיִּכְתֹּב
עָבַר	יַעֲבֹר	עֲבֹר	עֲבֹר	עָבוֹר	עֹבֵר	יַעֲבֹר	וַיַּעֲבֹר
אָסַף	יֶאֱסֹף	אֱסֹף	אֱסֹף	אָסוֹף	אֹסֵף	יֶאֱסֹף	וַיֶּאֱסֹף
בָּחַר	יִבְחַר	בְּחַר	בְּחֹר	בָּחוֹר	בֹּחֵר	יִבְחַר	וַיִּבְחַר
שָׁמַע	יִשְׁמַע	שְׁמַע	שְׁמֹעַ	שָׁמוֹעַ	שֹׁמֵעַ	יִשְׁמַע	וַיִּשְׁמַע
מָצָא	יִמְצָא	מְצָא	מְצֹא	מָצוֹא	מֹצֵא	יִמְצָא	וַיִּמְצָא
בָּנָה	יִבְנֶה	בְּנֵה	בְּנוֹת	בָּנֹה	בֹּנֶה	יִבֶן	וַיִּבֶן
הָיָה	יִהְיֶה	הֱיֵה	הֱיוֹת	הָיֹה	הוֹיֶה	יְהִי	וַיְהִי
נָגַד	יִגֹּד	נְגֹד	נְגֹד	נָגוֹד	נֹגֵד	יִגֹּד	וַיִּגֹּד
קָם	יָקוּם	קוּם	קוּם	קוֹם	קָם	יָקֹם	וַיָּקָם
יָרַשׁ	יִירַשׁ	רֵשׁ	רֶשֶׁת	יָרוֹשׁ	יוֹרֵשׁ	יִירַשׁ	וַיִּירַשׁ
יָטַב	יִיטַב	טֵב	טֹבֶת	יָטוֹב	יֹטֵב	יִיטַב	וַיִּיטַב
סַב	יָסֹב	סֹב	סֹב	סָבוֹב	סֹבֵב	יָסֹב	וַיָּסָב

Glossary

This glossary lists all the words that occur 80 or more times in the Hebrew Bible and are found in this book. Their familiar nature means that they are not glossed in the main text itself.

א

אָב father. (1213)

אָבַד to perish. (184)

אֶבֶן (f) stone. (273)

אָדוֹן lord. (328)

אָדָם man, humankind. (552)

אֲדָמָה (f) ground, land. (225)

אֲדֹנָי Lord. (445)

אָהֵב to love. (209)

אֹהֶל tent. (345)

אוֹ or. (320)

אוֹר light. (121)

אָז then, at that time. (122)

אֹזֶן (f) ear. (187)

אָח brother. (630)

אֶחָד one. (970)

אָחוֹת (f) sister. (114)

אַחַר behind, after. (714)

אַחֵר another, other. (166)

אֹיֵב enemy, to be hostile to. (282)

אַיִל ram. (156)

אַיִן nothing, not. (788)

אִישׁ man, humankind, husband. (2184)

אַךְ surely, only. (161)

אָכַל to eat, consume. (812)

אַל not, no. (724)

אֵל god. (245)

אֶל to, into, toward. (5510)

אֵ֫לֶּה these. (746)

אֱלֹהִים God, gods. (2598)

אֶ֫לֶף thousand. (505)

אֵם (f) mother. (220)

אִם if. (922)

[אמן] to be faithful, confirm, support. (108)

אָמַר to say, utter. (5308)

אֲנַ֫חְנוּ we. (119)

אֲנִי I. (874)

אָנֹכִי I. (359)

אָסַף to gather, remove. (202)

אַף nostril, nose, face, anger. (276)

אַף also. (134)

אַרְבַּע four. (318)

אַרְבָּעִים forty. (135)

אֹ֫רֶךְ length. (95)

אֶ֫רֶץ earth, land. (2504)

אֵשׁ (f) fire. (376)

אִשָּׁה (f) woman, wife. (781)

אֲשֶׁר who, which, what; that. (4954)

אֵת [Sign of direct object]. (10978)

אֵת with. (888)

אַתָּ֫ה you. (740)

אַתֶּם you. (283)

ב

בְּ in, by, with. (1376)

בֶּ֫גֶד garment, covering. (215)

בַּד (1) alone; (2) pole. (202)

בְּהֵמָה (f) beast, animal, cattle. (190)

בּוֹא to come in, come, go. (2569)

בּוֹשׁ to be ashamed, confounded. (113)

בָּחַר to choose. (170)

בָּטַח to trust. (120)

בֵּין between, among. (408)

בִּין to understand, discern. (169)

בַּ֫יִת house. (2051)

בָּכָה to weep, bewail. (116)

בְּכוֹר firstborn, oldest. (118)

בִּלְתִּי so as not, in order not. (112)

בָּמָה (f) high place. (102)

בֵּן son. (4929)

בָּנָה to build. (375)

בַּ֫עַד separation, away from, about. (103)

בַּעַל owner, lord. (83)

בָּעַר to burn, consume. (85)

בָּקָר herd, cattle, ox. (183)

בֹּ֫קֶר morning. (214)

[בקשׁ] to seek; exact. (225)

בְּרִית (f) covenant, treaty. (284)

[ברך] to bless, kneel. (330)

בָּשָׂר flesh. (270)

בַּת (f) daughter. (587)

ג

גָּאַל to redeem, act as kinsman. (103)

גְּבוּל border, boundary, territory. (241)

גִּבּוֹר strong, mighty; hero. (159)

גָּדוֹל great, large. (526)

גָּדַל to grow up, become great. (115)

גּוֹי nation, people. (559)

גּוּר to sojourn. (81)

גָּלָה to uncover, reveal; remove, exile. (186)

גַּם also, even, indeed. (769)

גֵּר sojourner. (92)

ד

דָּבָר word, thing, matter. (1442)

[דבר] to speak. (1142)

דּוֹר generation, period. (167)

דֶּ֫לֶת (f) door. (86)

דָּם blood. (360)

דַּ֫עַת (f) knowledge. (93)

דֶּ֫רֶךְ way, road, journey. (706)

דָּרַשׁ to seek, inquire, examine. (164)

ה

הוּא he, she, it. (1879)

הָיָה to be, become, happen. (3561)

הָלַךְ to go, walk. (1548)

הֵ֫מָּה they. (563)

הָמוֹן sound, murmur, roar, crowd. (82)

הֵן behold! see! (317)

הִנֵּה behold!, see! (842)

הָפַךְ to turn, overturn. (94)

הַר mountain, hill, hill country. (547)

הָרַג to kill, slay. (167)

חָכְמָה (f) wisdom. (149)

חֵלֶב fat. (92)

חָלָל pierced, slain. (90)

חֵמָה (f) heat, rage. (124)

חֲמוֹר donkey, ass. (96)

חָמֵשׁ five. (344)

חָנָה to decline, encamp, bend down. (143)

חֶסֶד goodness, kindness. (245)

חֹק statute. (127)

חֻקָּה (f) statute, ordinance. (105)

חֶרֶב (f) sword. (412)

חָרָה to burn, be kindled, of anger. (90)

חָשַׁב to think, devise, reckon. (124)

ט

טָהוֹר clean, pure. (93)

טָהֵר to be clean, pure. (95)

טוֹב good, pleasant. (410)

טוֹב good, welfare. (90)

טָמֵא unclean, impure. (88)

י

יָד (f) hand. (1617)

[ידה] to give thanks, throw, cast. (114)

ז

זֹאת this. (604)

זֶה this. (1177)

זָהָב gold. (389)

זָכַר to remember. (232)

זָקֵן old. (178)

זְרוֹעַ (f) arm, shoulder, strength. (91)

זֶרַע seed, offspring. (229)

ח

חֹדֶשׁ new moon, month. (283)

[חוה] to bow down. (172)

חוּץ outside, a street. (164)

חָזַק to be (become) strong, strengthen. (290)

חָטָא to sin, miss the mark. (238)

חַטָּאת (f) sin, sin-offering. (292)

חַי alive, living. (244)

חָיָה to live. (262)

חַיָּה (f) living thing, animal. (106)

חַיִּים life. (145)

חַיִל strength, wealth, army. (233)

חָכָם wise, skilled. (137)

יָדַע to know. (945)

יהוה The Lord. (6521)

יוֹם day. (2303)

יַחְדָּו together. (97)

יָטַב to be good, well, pleasing. (112)

יַ֫יִן wine. (141)

יָכֹל to be able, prevail. (193)

יָלַד to bear, bring forth, beget. (497)

יֶ֫לֶד child, son, boy, youth. (89)

יָם sea. (396)

יָמִין (f) right hand. (140)

יָסַף to add. (209)

יָצָא to go out, come out. (1068)

יָרֵא to fear. (329)

יָרַד to go down, descend. (379)

יַרְדֵּן (f) Jordan. (182)

יָרַשׁ to take possession of, inherit, dispossess. (231)

יֵשׁ there is, there are. (138)

יָשַׁב to sit, remain, dwell. (1082)

[ישע] to deliver, save. (206)

יָשָׁר straight, right, upright. (119)

יֶ֫תֶר rest, remainder, excess. (95)

כ

כַּאֲשֶׁר according as, as, when. (512)

כָּבֵד to be heavy, honour. (115)

כָּבוֹד glory, honour. (200)

כֶּ֫בֶשׂ lamb. (107)

כֹּהֵן priest. (750)

[כון] to be fixed, firm, established. (218)

כֹּחַ strength, power. (125)

כִּי אִם except, if, but rather. (148)

כִּי for, that, because. (4329)

כֹּל all, every, the whole. (5413)

כָּלָה to complete, finish, end. (204)

כְּלִי vessel, implement, weapon. (325)

כְּמוֹ like, as. (142)

כֵּן thus, so. (739)

כָּנָף (f) wing, edge, extremity. (109)

כִּסֵּא throne, seat of honour. (135)

מְאֹד very, exceedingly, much. (300)

מֵאָה (f) hundred. (578)

מִדְבָּר wilderness, desert. (270)

מָה what? how? (746)

מוֹעֵד appointed time, place, meeting. (223)

מָ֫וֶת death. (157)

מוּת to die. (836)

מַי water. (579)

מִי who? (423)

מָלֵא to be full, fill. (250)

מַלְאָךְ angel, messenger. (213)

מִלְחָמָה (f) war, battle. (319)

[מלט] to slip away, be delivered, escape. (95)

מָלַךְ to reign, become king. (347)

מֶ֫לֶךְ king. (2522)

מִן־ from, out of. (1226)

מִסְפָּר number, tale. (134)

מְעַט little, a few. (101)

מַ֫עַל higher part; above. (140)

מַ֫עַן for the sake of, on account of. (272)

מַעֲשֶׂה deed, work. (235)

[כסה] to cover, conceal. (152)

כֶּ֫סֶף silver, money. (403)

כַּף (f) hand, palm, sole. (193)

כֶּ֫רֶם vineyard. (92)

כָּרַת to cut off, cut down. (289)

כָּתַב to write. (225)

ל

לְ to, for, at. (4463)

לֹא not. (5186)

לֵב heart, mind, will, inner being. (594)

לֵבָב inner man, mind, will, heart. (252)

לָבֵשׁ to put on, clothe, wear. (110)

לֶ֫חֶם bread, food. (298)

לַ֫יְלָה night. (233)

לָכַד to capture, seize, take. (121)

לָמַד to learn, teach. (86)

לָקַח to take, capture. (966)

לָשׁוֹן tongue, language. (117)

מ

מִ out of, from. (98)

מָצָא to find, attain to. (455)

מִצְוָה (f) commandment. (181)

מָקוֹם standing place, place. (401)

מַרְאֶה sight, appearance, vision. (104)

מִשְׁכָּן dwelling place, tabernacle. (139)

מָשַׁל to rule, reign, have dominion. (81)

מִשְׁפָּחָה (f) family, clan. (303)

מִשְׁפָּט judgement, justice. (421)

נ

נָא please. (403)

נֶ֫גֶד before, in front of. (150)

[נגד] to tell, declare, be conspicuous. (370)

נָגַע to touch, reach, strike. (150)

נָגַשׁ to draw near, approach. (125)

נָהָר stream, river. (119)

נַ֫חַל torrent valley, wadi, stream. (140)

נַחֲלָה (f) possession, inheritance. (222)

[נחם] to be sorry, have compassion, repent. (108)

נָטָה to stretch out, extend. (214)

[נכה] to strike, kill. (501)

נָסַע to pull out, set out, journey. (146)

נַ֫עַר boy, youth, servant. (239)

נָפַל to fall, lie. (434)

נֶ֫פֶשׁ (f) soul, living being, life. (754)

[נצל] to deliver, rescue. (213)

נָשָׂא to lift, carry, take. (653)

נָתַן to give, put, set. (2011)

ס

סָבַב to turn about, go around, surround. (161)

סָבִיב around, surrounding. (335)

סָגַר to shut, close. (91)

סוּס horse. (137)

סוּר to turn aside. (300)

סָפַר to count, tell, recount, relate. (107)

סֵ֫פֶר book, scroll. (185)

[סתר] to hide, conceal. (81)

ע

עָבַד to work, serve. (289)

עֶ֫בֶד servant, slave. (800)

עָבַר to pass over, through, pass by. (546)

עֵ֫בֶר region across or beyond, side. (90)

עַד until, unto. (1262)

עֵדָה (f) congregation. (149)

עוֹד again, yet, still. (487)

עוֹלָם forever, ancient. (438)

עָוֺן iniquity, guilt, punishment (of sin). (232)

עוֹר skin. (99)

עֹז strength, might. (92)

עָזַב to abandon, leave, forsake. (214)

עָזַר to help, succour. (81)

עַ֫יִן (f) eye. (865)

עִיר (f) city, town. (1093)

עַל upon, above, about. (5764)

עָלָה to go up, ascend, climb. (889)

עֹלָה (f) whole burnt-offering. (287)

עַם people. (1837)

עִם with. (978)

עָמַד to stand, take one's stand. (524)

עַמּוּד pillar, column. (111)

עָנָה to answer, reply. (314)

עָנָן cloud. (87)

עָפָר dust, dry earth. (110)

עֵץ tree, trees, wood. (329)

עֵצָה (f) counsel, advice. (89)

עֶ֫צֶם (f) bone, substance, self. (126)

עֶ֫רֶב evening, sunset. (134)

עָשָׂה to do, make. (2626)

עָשָׂר ten. (338)

עֶ֫שֶׂר ten. (176)

עֵת (f) time. (296)

עַתָּ֫ה now. (433)

פ

פֶּה mouth. (497)

פֹּה here. (82)

[פלל] to pray, make intercession. (84)

פֶּן־ lest. (133)

פָּנָה to turn, turn towards, face. (135)

פָּנֶה face. (2127)

פַּ֫עַם (f) beat, pace, time. (118)

פָּקַד to visit, appoint, attend to. (302)

פַּר young bull. (133)

פֶּ֫שַׁע rebellion, transgression. (93)

פָּתַח to open. (135)

פֶּ֫תַח opening, doorway, entrance. (164)

צ

צֹאן (f) flock, sheep. (274)

צָבָא army, war, warfare. (199)

צַדִּיק just, righteous. (206)

צֶ֫דֶק righteousness, rightness. (119)

צְדָקָה (f) righteousness. (157)

[צוה] to command, give charge, charge. (493)

צָפוֹן (f) north. (153)

ק

קָבַר to bury. (133)

קָדוֹשׁ sacred, holy. (118)

קָדַשׁ to be holy, consecrate, set apart. (173)

קָהָל assembly, congregation. (123)

קוֹל voice, sound. (505)

קוּם to arise, stand up, stand. (627)

קָלַל to be swift, lighten. (82)

קָרָא to call, announce, read. (735)

קִרְאָה to encounter, befall. (100)

קָרַב to draw near, approach; (Hiph.) offer. (283)

קֶ֫רֶב inward part, midst. (227)

ר

רָאָה to see. (1305)

רֹאשׁ head, top. (596)

רִאשׁוֹן former, first, chief. (182)

רַב many, much, great. (433)

רֹב multitude, abundance, greatness. (147)

רָבָה to be or become great, many, multiply. (229)

רֶ֫גֶל (f) foot. (245)

רָדַף to pursue, chase, persecute. (143)

רוּחַ (f) spirit, wind, breath. (378)

רוּם to be high, exalted, rise. (188)

רוּץ to run. (103)

רֹ֫חַב breadth, width. (101)

רָחֹק distant, far away. (85)

רַע evil, distress, misery, injury, calamity. (104)

רַע bad, evil. (254)

רֵעַ friend, companion. (187)

רָעָב famine, hunger. (101)

רָעָה to pasture, tend, graze. (156)

רָעָה (f) evil, misery, distress, injury. (306)

רָעַע to be evil, bad. (94)

רַק only, except. (109)

רָשָׁע wicked, criminal, guilty. (262)

שׁ

שָׁאַל to ask, inquire. (173)

שָׁאַר to remain, be left over. (133)

שֵׁ֫בֶט rod, staff, sceptre, tribe. (190)

שֶׁ֫בַע seven. (393)

שָׁבַר to break, break in pieces. (148)

שׁוּב to turn back, turn, return. (1056)

שִׁיר to sing. (87)

שִׁית to put, place, set. (83)

שָׁכַב to lie down. (208)

שָׁכַח to forget. (102)

שָׁכַן to settle, abide, dwell. (128)

שָׁלוֹם peace, welfare, completeness. (237)

שָׁלַח to send. (847)

שְׁלִישִׁי third. (108)

[שׁלך] to throw, cast, fling. (125)

[שׁלם] to be complete, sound. (103)

שָׁלֹשׁ three. (429)

שָׁם there. (834)

שֵׁם name. (864)

שָׁמַיִם heaven, sky. (421)

שָׁמֵם to be desolated, appalled. (85)

שֶׁ֫מֶן fat, oil. (193)

שָׁמַע to hear, listen to, obey. (1159)

שָׁמַר to keep, guard, watch. (468)

שֶׁ֫מֶשׁ (f) sun. (134)

שָׁנָה (f) year. (877)

שֵׁנִי second. (157)

שְׁנַ֫יִם two. (768)

שַׁ֫עַר gate. (374)

שָׁפַט to judge, govern. (203)

שָׁפַךְ to pour, pour out; shed (blood). (115)

שָׂנֵא to hate. (146)

שָׂפָה (f) lip, speech, edge. (175)

שַׂר prince, ruler. (421)

ת

תָּוֶךְ midst. (418)

תּוֹרָה (f) law, instruction. (219)

תַּחַת under, below, instead of. (505)

תָּמִים complete, sound. (91)

שֶׁקֶר deception, falsehood. (113)

שֵׁשׁ six. (215)

שָׁתָה to drink. (217)

שׂ

שָׂבֵעַ to be satisfied; satisfy. (97)

שָׂדֶה field, land. (320)

שׂוּם to put, place, set. (581)

שָׂמַח to rejoice, be glad. (156)

שִׂמְחָה (f) joy, gladness. (94)

Accents Tables

Accents for Prose Books

These accents are found throughout the Hebrew Bible, except in Psalms, Proverbs, and Job.

Disjunctive Accents

Accent	Name	Example
׃ ◌◌ֽ◌	Sillûq	דָּבָֽר׃
◌◌֑◌	ᵓAṯnāḥ	דָּבָ֑ר
◌◌◌֒	Seḡôltā (*postpositive*)	דָּבָר֒
◌◌֓◌ ׀	Šalšèleṯ	דָּבָ֓ר ׀
◌◌֔◌	Zāqēp̄ qāṭôn	דָּבָ֔ר
◌◌֕◌	Zāqēp̄ gāḏôl	דָּבָ֕ר
◌◌֗◌	Reḇîaᶜ	דָּבָ֗ר
◌◌֖◌	Ṭip̄ḥā	דָּבָ֖ר
◌◌◌֮	Zarqā (*postpositive*)	דָּבָר֮
◌◌◌֙	Pašṭā (*postpositive*)	דָּבָר֙
◌֙◌◌֙	Alternative Pašṭā	מֶ֙לֶךְ֙
◌֚◌◌	Yeṯîḇ (*prepositive*)	מֶ֚לֶךְ
◌◌֛◌	Teḇîr	דָּבָ֛ר

◌◌֜◌	Gèreš or Ṭères	דָבָ֜ר
◌◌֞◌	Gerāšáyim	דָבָ֞ר
◌◌֡◌	Pāzēr	דָבָ֡ר
◌◌֟◌	Pāzēr gādôl or Qarnê pārā	דָבָ֟ר
◌◌◌֠	Telišā g̅edôlā (*prepositive*)	דָבָר֠
׀ ◌◌֣◌	Leg̅armēh	׀ דָבָ֣ר

Conjunctive Accents

◌◌֣◌	Mûnaḥ	דָבָ֣ר
◌◌֤◌	Mahpāḵ or Mehuppāḵ	דָבָ֤ר
◌◌֥◌	Mêreḵā	דָבָ֥ר
◌◌֦◌	Mêreḵā ḵep̄ûlā	דָבָ֦ר
◌◌֧◌	Darg̅ā	דָבָ֧ר
◌◌֨◌	ᵓAzlā	דָבָ֨ר
◌֩◌◌	Telišā qeṭannā (*postpositive*)	דָבָר֩
◌◌֪◌	Galgal or Yèraḥ	דָבָ֪ר
◌◌֛◌	Māyelā	וַיֵּצֵ֛א־נֹ֑חַ

Accents for Poetic Books

These accents are used only in Psalms, Proverbs, and Job.

Disjunctive Accents

Accent	Name	Example
◌◌ֽ◌	Sillûq	דָבָֽר
◌◌֥◌֫	ᶜÔlè weyôrēḏ	דָבָ֥ר֫

ᵓAṯnāḥ	דָבָ֑ר
Reḇiaᶜ gāḏôl	דָבָ֗ר
Reḇiaᶜ muḡrāš	דָ֜בָ֗ר
Šalšèleṯ geḏôlā	׀ דָבָ֓ר
Ṣinnôr or Zarqā (*postpositive*)	דָבָר֮
Reḇiaᶜ qāṭôn (before ᶜÔlè weyôrēḏ)	דָבָ֗ר
Deḥî or Ṭip̄ḥā (*prepositive*)	דָ֭בָר
Pāzēr	דָבָ֡ר
Mehuppāḵ leḡarmēh	׀ דָבָ֤ר
ᶜAzlā leḡarmēh	׀ דָבָ֨ר

Conjunctive Accents

Mûnaḥ	דָבָ֣ר
Mêreḵā	דָבָ֥ר
ᶜIllûy	דָבָ֬ר
Ṭarḥā	דָבָ֖ר
Galgal or Yèraḥ	דָבָ֪ר
Mehuppāḵ or Mahpāḵ	דָבָ֤ר
ᵓAzlā	דָבָ֨ר
Šalšèleṯ qeṭannā	דָבָ֓ר
Ṣinnôrîṯ (with Mêreḵā)	דָבָ֥֘ר
or Ṣinnôrîṯ (with Mahpāḵ)	דָבָ֤֘ר

A Note on Hebrew Poetry

Words are used in poetry, for which others are customary in prose, e.g. אֱנוֹשׁ *man* = אָדָם; אֹ֫רַח *path* = דֶּ֫רֶךְ; מִלָּה *word* = דָּבָר; חָזָה *to see* = רָאָה; אָתָה *to come* = בּוֹא.[1]

Of word-forms, we may note; e.g., the longer forms of prepositions of place עֲלֵי = עַל, אֱלֵי = אֶל, עֲדֵי = עַד; the endings ◌ִי, וֹ in the noun; the pronominal suffixes מוֹ, ◌ָ֫מוֹ, ◌ֵ֫מוֹ for ם, ◌ָם, ◌ֵם; the plural ending ◌ִין for ◌ִים. To the syntax belongs the far more sparing use of the article, of the relative pronoun, of the accusative particle אֵת; the construct state even before prepositions; the shortened imperfect with the same meaning as the ordinary form; the wider governing power of prepositions; and in general a forcible brevity of expression.

[1] This section is taken from Gesenius Hebrew Grammar (GKC 2^{s}).

Maps

This map shows regions and cities relevant for the period as presented in the biblical narrative.

	Major road
	Minor road
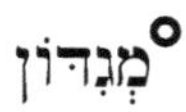	City or town
	Capital city
	Mountain
	Region
	River
	Journey

יָם
לְבָנוֹן
צִידוֹן
דַּמֶּשֶׂק
חֶרְמוֹן
בֵּית מַעֲכָה
צֹר
דָּן
גְּשׁוּר
אָשֵׁר
נַפְתָּלִי
חָצוֹר
בָּשָׁן
זְבוּלֻן
תָּבוֹר
כַּרְמֶל
מְנַשֶּׁה
יִשָּׂשכָר
מְגִדּוֹן
יִזְרְעֶאל
בֵּית שְׁאָן
רָמֹת גִּלְעָד
יָבֵשׁ גִּלְעָד
מְנַשֶּׁה
עֵיבָל
שְׁכֶם
גְּרִזִּים
אֶפְרָיִם
יָפוֹ
שִׁלֹה
גָּד
יַבֹּק
עַמּוֹן
דָּן
לֹד
בֵּית־אֵל
יְרִיחוֹ
רַבָּה
גֶּזֶר
מִצְפָּה
בִּנְיָמִן
חֶשְׁבּוֹן
אַשְׁדּוֹד
עֶקְרוֹן
קִרְיַת יְעָרִים
יְרוּשָׁלַיִם
גַּת
בֵּית שֶׁמֶשׁ
בֵּית לֶחֶם
אַשְׁקְלוֹן
רְאוּבֵן
יָם הַמֶּלַח
לָכִישׁ
חֶבְרוֹן
דִּיבוֹן
עֲרֹעֵר
עַזָּה
יְהוּדָה
עֵין גֶּדִי
אַרְנוֹן
צִקְלַג
גְּרָר
מוֹאָב
בְּאֵר שֶׁבַע
שִׁמְעוֹן
קִיר חֲרֶשׂ
זֶרֶד
אֱדוֹם
נֶגֶב
בָּצְרָה
קָדֵשׁ בַּרְנֵעַ
שֵׂעִיר

Hebrew Bible Readers

Many other titles are available in this series. To see the latest list, visit www.timothyalee.com. Other titles include

A First Hebrew Reader: Jonah, Ruth, and Esther
145 pages, ISBN 978-1-916854-19-2

Biblical Aramaic: A Reader
99 pages, ISBN 978-1-916854-20-8

The Book of Genesis: A Hebrew Reader
229 pages, ISBN 978-1-916854-21-5

The Book of Exodus: A Hebrew Reader
211 pages, ISBN 978-1-916854-22-2

The Book of Leviticus: A Hebrew Reader
169 pages, ISBN 978-1-916854-23-9

The Book of Numbers: A Hebrew Reader
195 pages, ISBN 978-1-916854-24-6

The Book of Deuteronomy: A Hebrew Reader
195 pages, ISBN 978-1-916854-25-3

The Book of Joshua: A Hebrew Reader
151 pages, ISBN 978-1-916854-26-0

The Book of Judges: A Hebrew Reader
159 pages, ISBN 978-1-916854-27-7

The Book of Samuel: A Hebrew Reader
261 pages, ISBN 978-1-916854-28-4

The Book of Kings: A Hebrew Reader
261 pages, ISBN 978-1-916854-29-1

The Book of Isaiah: A Hebrew Reader
285 pages, ISBN 978-1-916854-30-7

The Book of Jeremiah: A Hebrew Reader
275 pages, ISBN 978-1-916854-31-4

The Book of Ezekiel: A Hebrew Reader
237 pages, ISBN 978-1-916854-32-1

The Minor Prophets: A Hebrew Reader
249 pages, ISBN 978-1-916854-33-8

The Book of Psalms: A Hebrew Reader
335 pages, ISBN 978-1-916854-34-5

The Book of Proverbs: A Hebrew Reader
175 pages, ISBN 978-1-916854-35-2

The Megilloth: A Hebrew Reader
189 pages, ISBN 978-1-916854-37-6

The Book of Daniel: A Hebrew and Aramaic Reader
145 pages, ISBN 978-1-916854-38-3

The Books of Ezra and Nehemiah: A Hebrew and Aramaic Reader
175 pages, ISBN 978-1-916854-39-0

The Book of Chronicles: A Hebrew Reader
263 pages, ISBN 978-1-916854-40-6

The Torah: A Hebrew Reader
395 pages, ISBN 978-1-916854-41-3

The Prophets: A Hebrew Reader
767 pages, ISBN 978-1-916854-42-0

The Writings: A Hebrew and Aramaic Reader
591 pages, ISBN 978-1-916854-43-7

Many other titles are available in this series. To see the latest list, visit www.timothyalee.com. Other titles include:

Greek New Testament Readers

Septuagint Readers

Samaritan Pentateuch Readers

Parallel Targums

Vulgate Bibles

Also by the same author, but published by Gorgias Press:

Syriac New Testament Readers

Timothy A. Lee is a PhD student at the University of Cambridge. His research focuses on textual criticism of the Greek and Hebrew Bible, the Dead Sea Scrolls, biblical interpretation, ancient history, and theology. Some of his work is published in journals such as Textus and the Journal of Septuagint and Cognate Studies. He has three previous degrees from the Universities of Oxford and Durham.

36268265R00106

Printed in Poland
by Amazon Fulfillment
Poland Sp. z o.o., Wrocław

D1698170